U0553025

自动驾驶汽车关键技术丛书

智能驾驶汽车复杂场景感知技术

田　迪　李嘉波　王　艳　刘永涛　著

机械工业出版社

环境感知是智能驾驶技术的重要组成部分，也是实现智能决策与协同控制的信息基础。本书以智能驾驶汽车复杂场景感知技术为出发点，首先对智能驾驶环境感知技术背景、发展现状及关键挑战进行概述，随后从复杂场景感知的深度学习方法、面向智能驾驶复杂场景感知的目标检测技术、面向智能驾驶复杂场景的多任务感知关键技术、车联网场景下多传感器融合感知技术、复杂场景感知中的边缘计算技术、复杂感知技术在智能驾驶场景中的实际应用等方面对智能驾驶汽车复杂场景感知进行全面的介绍和讨论，具有较高的学术价值和市场需求。本书可供智能驾驶相关行业的汽车制造商、技术公司和学术研究者等阅读使用，也适用于大专院校中机械学院、汽车学院、计算机学院、人工智能学院的师生阅读参考。

图书在版编目（CIP）数据

智能驾驶汽车复杂场景感知技术／田迪等著.
北京：机械工业出版社，2025. 6. --（自动驾驶汽车关键技术丛书）. -- ISBN 978-7-111-78397-8

Ⅰ. U463. 61

中国国家版本馆 CIP 数据核字第 2025HE1023 号

机械工业出版社（北京市百万庄大街 22 号　邮政编码 100037）

策划编辑：孙　鹏　　　　　　　　　责任编辑：孙　鹏　高孟瑜
责任校对：王文凭　李可意　景　飞　　封面设计：鞠　杨
责任印制：单爱军

中煤（北京）印务有限公司印刷

2025 年 7 月第 1 版第 1 次印刷

169mm×239mm・15. 75 印张・277 千字

标准书号：ISBN 978-7-111-78397-8

定价：120. 00 元

电话服务　　　　　　　　　　　网络服务
客服电话：010-88361066　　　　机 工 官 网：www.cmpbook.com
　　　　　010-88379833　　　　机 工 官 博：weibo. com/cmp1952
　　　　　010-68326294　　　　金 书 网：www.golden-book.com
封底无防伪标均为盗版　　　机工教育服务网：www.cmpedu.com

前　言

随着汽车工业的快速发展，智能驾驶技术已经成为汽车产业的重要发展方向，并被视为推动交通运输体系革新的关键力量。实现安全、高效、可靠的自动驾驶，不仅能够显著提升交通运输的效率，减少交通事故的发生，还可以推动环保节能等多方面的社会效益提升。然而，车辆对复杂场景的准确感知与理解成为限制系统性能的关键问题，这也是当前智能驾驶技术在复杂环境中进一步推广应用的主要挑战。

在感知技术的发展历程中，智能驾驶系统经历了从单传感器感知、多传感器融合感知，再到车路协同感知等多个重要阶段。当前，我国在智能驾驶感知技术的发展中，正积极推动车路协同感知技术的应用，这种技术可以视为更广泛的多传感器融合技术，有效扩展了车辆的感知范围，提升了感知系统在复杂交通场景中的响应速度和决策能力。

本书针对智能驾驶汽车复杂场景感知技术的相关知识进行介绍，希望能为当前致力于智能驾驶场景感知技术的人员提供新的想法和思路。本书共分 7 章，第 1 章对智能驾驶汽车复杂场景感知技术进行了全面的概述，详细介绍了智能驾驶技术的发展背景与智能车辆的研究现状，深入分析了复杂场景感知技术的重要性，并对复杂场景感知技术的关键问题及未来的研究方向进行了讨论；第 2 章对复杂场景感知的深度学习方法进行了详细介绍，这些理论的快速发展为实现复杂场景感知提供了可能，也为后续章节具体方法的深入分析与讨论奠定了理论基础；第 3、4 章对场景感知中所涉及的目标检测、目标跟踪、语义分割和实例分割技术进行了详细讨论，系统地分析了这些技术目前的主流方法以及存在的关键问题；第 5、6 章对车联网多传感器融合系统以及车联网时代必不可少的边缘计算技术进行了概述，相关方法也是当前推动智能驾驶汽车复杂场景感知的关键，可为智能驾驶复杂场景感知的发展提供重要的参考价值；第 7 章对当前复杂感知技术在智能驾驶场景中的实际应用进行了详细阐述，包括机场自动驾驶托运车、矿业自动驾驶货车、港口货运自动驾驶货车、自动驾驶清扫车等典型案例，其表明了复杂感知技术在动态交通场景中的适应能力与发展潜力。

　　本书由田迪、李嘉波、王艳、刘永涛撰写，田迪负责第 1~6 章的撰写工作，李嘉波负责第 7 章的撰写工作，王艳、刘永涛负责参考文献的整理工作。本书得到了西安石油大学优秀学术著作出版基金、陕西省重点研发计划项目（2024CY2-GJHX-31）、陕西省自然科学基础研究计划项目（2025JC-YBQN-645）、陕西省教育厅科研计划项目（24JR128）的资助与支持，在此深表谢意。

　　本书力求做到文字准确、精练，插图清晰，帮助读者掌握智能驾驶汽车复杂场景感知技术的发展现状与研究方法，但由于作者水平有限，书中难免出现不妥之处，恳请读者批评指正，共同推动我国智能驾驶技术的发展。

作　者

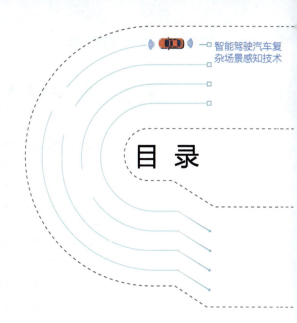

目　录

**第 7 章
复杂感知技术在智能驾驶场景中的实际应用**

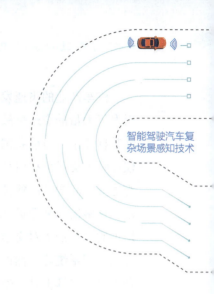

第1章
绪　论

1.1 智能驾驶环境感知技术背景

1.1.1 智能驾驶的发展背景

随着我国制造业及生活水平的飞速发展，汽车已经成为人们出行的主要交通工具之一。统计数据表明，近年来我国机动车保有量及汽车保有量不断上升，2016 年我国汽车保有量为 1.94 亿辆，而截至 2024 年末，汽车保有量已经达到了 3.53 亿辆，与此同时我国的机动车保有量更是高达 4.53 亿辆。汽车保有量的快速增长不仅反映了人民生活水平的显著提高，也体现了我国汽车产业的快速发展，随着汽车普及率显著提升，道路交通网络也随之扩展和完善。汽车保有量的飞速增长，展示了我国经济的繁荣和国民消费能力的增强，同时也带动了机械制造、电子信息、石油、维修等行业的蓬勃发展，为国民经济注入了新的活力，近年来我国汽车保有量的变化趋势如图 1-1 所示。

图 1-1　近年来我国汽车保有量的变化趋势

汽车产业的飞速发展虽然极大地促进了人们的便捷出行，但也不可避免地引发了大量的交通事故[1]，给人们的生命财产安全造成了巨大的损失。相关统计数据显示，目前我国每年因交通事故直接导致的伤亡人数高达数十万，这不仅反映出交通事故对社会安全的严重威胁，也揭示了在快速发展的现代社会中，交通安全问题的严峻性和复杂性。为了提高交通安全性，相关交通管理部门制定了许多措施来促进驾驶安全，包括加强交通法规的宣传和执行、提升驾驶员培训质量、加大对交通违法行为的处罚力度、改善道路基础设施以及引入智能交通管理系统等。然而，随着汽车保有量的不断增长，交通参与者的数量和复杂性也在持续上升，使得交通管理的难度显著增加。近年来，随着道路交通流量的增加和交通环境的复杂化，交通事故的总量及其造成的损失仍然居高不下，近年来我国发生的交通事故数及其造成的直接财产损失如图1-2所示。

图1-2　近年来我国发生的交通事故数及其造成的直接财产损失

道路交通是一个动态开放且极为复杂的系统，其安全既受系统自身内因的影响，也受外界环境干扰的影响。从宏观来看，交通事故主要是由于驾驶员、车辆和交通环境之间关系的不协调所引起的。因此，要降低交通事故的发生率，必须深入研究影响交通事故发生的各因素之间的关系。研究表明，大多数交通事故都与驾驶员的行为密切相关。例如，接打电话、酒后驾驶、疲劳驾驶、超速行驶、争道抢行、违章超载、逆行等行为都是导致交通事故的主要因素。有统计数据显示，人的因素在交通事故成因中占比超过90%[2]，而其中绝大部分是由机动车驾驶员所引起的。这一统计结果表明，驾驶员的具体行为和决策在交通安全中起着决定性作用。

驾驶员在交通系统中扮演着关键角色，其在不同情况下的反应和行为模式会显著影响交通事故的发生概率，直接影响交通系统的整体安全性。例如，在高压力和紧急情况下，驾驶员可能会做出不理性的决策，如紧急制动或紧急变道，这些行为可能会导致交通事故的发生。此外，驾驶员的疲劳状态也是事故发生的高危因素之一，疲劳驾驶会显著降低驾驶员的反应速度和判断力，从而增加事故风险。因此，要有效降低交通事故的发生率，必须从驾驶员的角度出发，深入研究道路交通管理问题，包括分析驾驶员在不同情境下的行为模式和决策过程，了解交通环境的变化及其对交通安全的影响等。通过对驾驶员决策模式的深入研究，可以有效提升整体交通安全性，常见的危险交通场景如图 1-3 所示。

a）接打电话　　　　　　　　　　b）争道抢行

c）违章超载　　　　　　　　　　d）逆行

图1-3　常见的危险交通场景

在传统驾驶模式中，驾驶员是所有交通行为的决策者和执行者，由于个体之间存在较大的认知差异，往往对同一场景会做出不同的反应。另外，疲劳驾驶、疏忽大意等不可控原因容易造成驾驶员的反应速度降低，进而导致交通事故的发生。随着人工智能的发展，人们希望通过智能驾驶代替人工驾驶，以避免由人的因素所造成的安全隐患，提高驾驶的安全性[3]。

智能驾驶是一种高度集成化的人工智能系统[4]，是车辆工程、计算机科学、自动控制、信息通信、传感器等多个学科知识的相互融合，其主要可分为环境感知、智能决策和协同控制三个部分。环境感知部分是利用摄像头、激光雷达、毫米波雷达等传感器对周围环境进行探测[5-6]，相当于驾驶员的"眼睛"。智能决策部分是在车载计算机上利用既定的算法对感知数据进行处理，决定车下一步的行驶状态[7]，相当于驾驶员的"大脑"。协同控制部分是根据智能决策的结果进一步控制车辆的加减速、转向、制动等机构，根据具体的行驶需求实时对车辆的行驶状态进行调整[8-9]，相当于驾驶员的"肢体"，当前典型的智能驾驶系统架构如图1-4所示。由于交通场景极其复杂多变且智能驾驶系统对安全性的要求非常高，目前距离真正实现完全无人驾驶尚有一段距离，然而在技术的发展过程中已经成功开发了许多相关的驾驶辅助系统[10-12]，包括车道保持辅助系统、自动泊车辅助系统、智能制动辅助系统等。

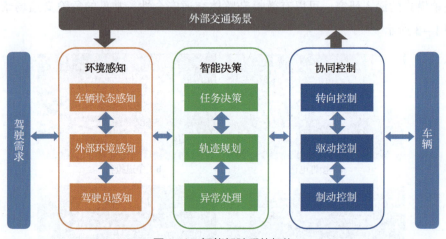

图1-4 智能驾驶系统架构

　　智能驾驶是汽车产业下一步的重点发展方向，也是人工智能、物联网等技术最重要的应用领域之一。2016年，美国发布了《联邦自动驾驶汽车政策》用于支持自动驾驶的发展和推广，为自动驾驶安全部署提供了重要的政策指导意见。2017年，德国发布了全球首个关于自动驾驶的法律《道路交通法第八修订案》，允许自动驾驶系统在特定情况下控制汽车，极大地推动了智能驾驶技术研究和测试的进展。2018年，欧盟出台了《通往自动化出行之路：欧盟未来出行战略》，提出欧盟的目标是2030年进入全自动化出行。2022年，美国发布的《无人驾驶乘员保护安全标准》中提出完全自动驾驶汽车可以不再配备传统的方向盘、制动或加速踏板等人工控制装置，进一步放宽了自动驾驶技术的相关法律规定。

　　为了促进我国智能驾驶技术的快速发展，我国也发布了一系列政策[13-14]，极大地促进了我国智能驾驶技术的发展。2015年发布的《中国制造2025》中就提到将无人驾驶汽车作为汽车产业未来转型升级的重要方向之一[15-16]，对我国智能驾驶技术的发展做出了重要规划。2017年，我国多部门联合发布了《汽车产业中长期发展规划》[17]，其中提到智能网联汽车是汽车产业的主要突破口，重点推动环境感知、智能决策、协同控制等核心关键技术的研究，促进传感器、车载终端等产业化应用。2019年，我国发布《交通强国建设纲要》[18]，其中提到加强智能网联汽车的研发，形成自主可控完整的产业链。2021年，我国发布的《国家综合立体交通网规划纲要》[19]等文件进一步推动了无人驾驶汽车上路条件的构建。2024年1月，工信部印发《关于开展智能网联汽车"车路云一体化"应用试点工作的通知》，旨在大力推动智能网联汽车商业化应用及智能网联汽车产业化发展[20]，部分国内外支持政策如图1-5所示。

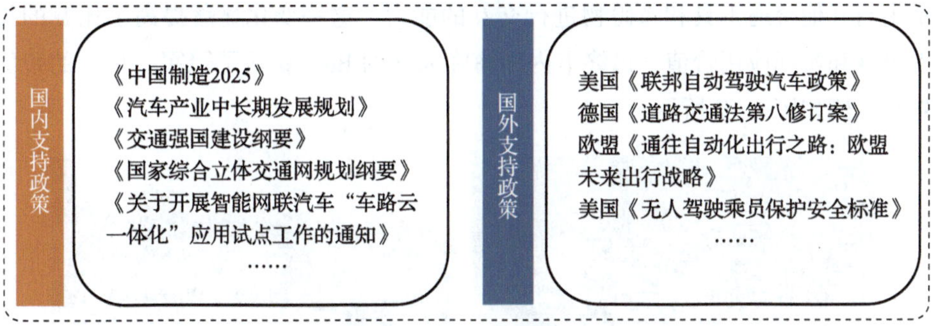

国内支持政策

《中国制造2025》
《汽车产业中长期发展规划》
《交通强国建设纲要》
《国家综合立体交通网规划纲要》
《关于开展智能网联汽车"车路云一体化"应用试点工作的通知》
……

国外支持政策

美国《联邦自动驾驶汽车政策》
德国《道路交通法第八修订案》
欧盟《通往自动化出行之路：欧盟未来出行战略》
美国《无人驾驶乘员保护安全标准》
……

图1-5 国内外支持政策

1.1.2 智能车辆的研究现状

国外对智能汽车的研究开始相对较早，美国早在20世纪中期就提出了智能汽车的概念。1984年，由卡内基梅隆大学推动了自主地面车辆（Autonomous Land Vehicle，ALV）计划，其主要任务是解决ALV系统复杂的感知和集成问题[21-22]。20世纪80年代末，卡内基梅隆大学成功地在一辆货车上实现了自动驾驶，并将其命名为Navlab-1，如图1-6所示。与现在的智能车辆类似，Navlab-1在外部使用了激光雷达和GPS等感知设备，由于当年硬件性能的限制，其内部装载

图1-6 Navlab-1自动驾驶汽车

了大量的计算处理设备。在Navlab-1的基础上，目前已经开发至Navlab-11平台，其在Wrangler吉普车的基础上配置了差分GPS、陀螺仪、激光扫描仪等多种传感器，系统中包括对象检测器、路肩检测器、防撞电子单元和控制子单元等。

　　自从卡内基梅隆大学开发出 Navlab-1 后，智能驾驶汽车就成为多方关注的研究热点。然而，虽然各类技术不断取得突破，当时的智能驾驶汽车还是只停留在实验室阶段，为了推动技术的快速发展与应用，美国国防部高级研究计划局（Defense Advanced Research Projects Agency，DARPA）从 2004 年开始举办无人驾驶挑战赛，此项挑战赛吸引了大量的科技公司加入智能汽车的研发，极大地推动了无人驾驶技术的飞跃，引起了传统汽车产业智能化的变革。2017 年，第三届智能驾驶比赛为推动自动驾驶技术的发展制定了大量严格且复杂的规则，与之前的比赛相比，这次赛事不仅要求参赛车辆具备自主行驶的能力，还需展示出与其他交通工具和障碍物进行交互的能力，这一变化显著提高了比赛的技术难度和实际应用价值，最终卡内基梅隆大学的 Boss 获得了冠军。早期的智能驾驶车辆如图 1-7 所示。

a）Stanley　　　　　　　　　　　　　　　b）Boss

图 1-7　早期的智能驾驶车辆

　　在 DARPA 比赛之后，大量的科技公司开始进行智能车辆的研发。随着自动驾驶技术的发展，为了更好地监督和管理自动驾驶技术，国际自动机工程师学会（SAE International，SAE）在 2014 年提出了自动驾驶汽车分级标准。该标准旨在统一行业术语和分类方法，为开发者、监管机构和消费者提供明确的指导[23]。SAE 的自动驾驶汽车分级标准将自动驾驶技术分为六个等级，从 L0 到 L5。其中，L0~L2 三个等级被划分为辅助驾驶，L0 级别完全由驾驶员控制，L1 级别包括单一的驾驶辅助功能，L2 级别则结合了多个辅助功能，系统可以实现汽车的横纵向控制。L3~L5 级别被划分为自动驾驶，L3 级别的系统能够在特定条件下自主驾驶，L4 级别的系统在大部分情况下能够完全自主驾驶，L5 级别代表完全自主驾驶，能够在所有条件下自主完成驾驶任务，这种分级标准不仅帮助业界更清晰地理解和发展自动驾驶技术，也为监管机构制定相关政策和法规提供了依据，具体的分级标准和对应的功能见表 1-1。

表1-1 自动驾驶分级

等级	名称	描述
L0	无智能化	所有驾驶任务完全由人类驾驶员负责
L1	驾驶辅助	系统可以在特定情况下协助完成某些驾驶任务,如自适应巡航控制或车道保持辅助,但驾驶员需要随时接管
L2	部分自动化	系统可以实现汽车的横纵向控制,但人类驾驶员必须时刻监控驾驶环境并准备接管
L3	有条件自动化	在特定条件下,系统可以完全控制车辆,但驾驶员需要在系统请求时接管
L4	高度自动化	系统可以在大多数情况下完全控制车辆,但在某些极端条件下仍需要人类驾驶员接管
L5	全自动化	系统可以在所有环境和情况下完全控制车辆,达到真正的无人驾驶状态

谷歌从2009年开始研发智能车辆,目前是全球最先进的智能驾驶企业之一,旗下的无人驾驶汽车已基本达到L4水平。2022年,谷歌的自动驾驶汽车部门Waymo宣布计划在美国旧金山运营无人驾驶出租车,专注于最新自动驾驶系统的实际应用。除谷歌之外,特斯拉、优步、奥迪、丰田等公司均陆续开展其无人驾驶技术的研发[24]。优步2015年开始研发自动驾驶技术,2016年宣布与沃尔沃合作使用其SUV进行出租车试运营,目前已经在多伦多、匹兹堡、华盛顿、旧金山等多个城市进行测试。2015年,特斯拉研发出Autopilot智能驾驶系统,参照人类可以仅通过眼睛实现环境感知,其在自动驾驶系统中主要使用摄像头进行环境感知。2017年,奥迪发布第五代A8车型,是全球范围内首先实现L3级别智能驾驶的量产车型。2020年,特斯拉推出了完全自动驾驶测试版(Full Self Driving Beta,FSD Beta),截至2024年5月,该系统已经更新至第12版,虽然还不能像人类一样完美处理各种情况,但是已经可以实现在任何道路上的自动驾驶,极大地推动了自动驾驶的应用进展。目前国外先进的无人驾驶车辆如图1-8所示。

a)谷歌无人车　　　　　b)优步无人车　　　　　c)特斯拉无人车

图1-8 目前国外先进的无人驾驶车辆

与国外的发展进程类似，我国于 20 世纪 80 年代开始了相关技术的研究探索。1992 年，中国人民解放军国防科技大学（简称国防科技大学）成功开发出我国第一辆无人驾驶汽车，这标志着我国无人驾驶技术正式起步。此后，随着科研投入的增加和技术的发展，我国在无人驾驶领域取得了一系列重要突破。2011 年，一汽集团与国防科技大学共同研制的 HQ3 无人驾驶汽车在长达 286km 的高速上完成了全程无人驾驶实验。这次实验不仅展示了我国在无人驾驶技术方面的实力，也为未来的技术研发奠定了坚实基础。2015 年，宇通客车在完全开放的道路环境下完成自动驾驶实验，最高车速 68km/h，完成了国内首次客车无人驾驶实验。

近年来，随着技术的不断发展，国内涌现了一批无人驾驶科技公司，包括百度、阿里巴巴、斯年智驾、文远知行、慧拓智能、驭势科技等。百度是国内最早开始智能驾驶技术研发的科技公司之一。2017 年，百度发布了阿波罗（Apollo）系统[25]，其旨在向汽车行业及自动驾驶领域的合作伙伴提供一个开放、安全的自动驾驶平台。Apollo 系统涵盖了从硬件到软件的全栈技术方案，为合作伙伴提供了完整的自动驾驶解决方案。2021 年，百度获得了国内首个自动驾驶收费订单，正式开始其商业化进程，这标志着百度在自动驾驶商业化道路上迈出了重要一步。相比于传统智能驾驶技术，阿里巴巴更关注车路协同技术在智能驾驶中的应用，其推出了专用的路侧基站，让智能汽车通过车联网（Vehicle-to-Everything，V2X）技术[26-27]获取路段设备采集的环境信息。这些信息包括交通信号、道路状况、行人和其他车辆的位置等，帮助车辆进行更加精准的智能决策，这种车路协同技术不仅提高了单车智能的效率，还大大提升了整体交通系统的安全性和流畅性。

在智能驾驶技术的研究不断深入之后，众多科技公司纷纷以固定场景为突破点，开启了智能驾驶技术的商业化进程。这些固定场景由于其相对简单和可控的环境，成为智能驾驶技术落地应用的理想场景。主要的应用场景包括港口货运、封闭园区、矿山码头、快递物流、清洁环保和机场托运等。例如，在港口货运中，无人驾驶货车和自动化码头设备可以实现货物从船舶到仓库的全自动转运过程，显著提高了操作效率并减少了对人力的依赖。在封闭园区，智能驾驶车辆可以用于人员和物资的运输，提供便利的内部交通服务。此外，在矿山和码头等危险环境中，无人驾驶技术的应用可以显著提高安全性，减少因人为操作失误导致的事故，不同应用场景的无人驾驶车辆如图 1-9 所示。这些应用场景的探索和实践，不仅推动了智能驾驶技术的快速发展，也为未来更广泛的自动驾驶技术应用奠定了重要基础。

a）斯年智驾无人货车

b）文远知行无人小型客车

c）慧拓智能无人矿用货车

d）京东无人物流车

e）塞特智能无人清扫车

f）驭势科技无人托运车

图1-9　不同应用场景的无人驾驶车辆

1.1.3　复杂场景感知技术的重要性

智能驾驶汽车要自主在交通场景中安全运行，必须能够准确地感知和理解周围的复杂环境，这也是限制智能驾驶性能的最主要因素，智能驾驶的环境感知[28]包括动态和静态物体的检测、环境的语义理解等。在复杂场景中，准确的环境感知是车辆进一步智能决策和协同控制的信息基础。例如，在城市道路上，智能驾驶汽车需要能够识别行人、其他车辆、交通信号灯、车道线等多种元素，并根据这些信息做出实时决策，如减速、停车或变道等。

与封闭园区、半开放道路或人烟稀少地区这些相对简单的交通场景不同，真实的驾驶环境包括复杂交通、恶劣天气、危险工况及复杂光照等各种情况，这导致复杂交通场景中的交通要素具有多样性和多变性，并且客观自然条件也具有不确定性。驾驶中常会遭遇行人违规穿行马路、前车紧急制动、后车超车、光线突变、能见度低等问题，这也是当前智能车辆实现完全无人驾驶的难点所在。

此外，与典型的商业化场景相比，特种车辆的实际应用场景更加复杂多变且不可预测。例如，油田运送场景通常荒凉偏僻，油田生产设施之间路途遥远，路况较差，并且常常面临沙尘、雨雪等恶劣天气条件；矿山运输场景常有大量灰尘和烟雾，山体遮挡和信号干扰等情况极为常见；军事运送场景更为复杂多变，任务存在极大的不确定性，对感知准确性要求极高。上述复杂场景对环境感知技术提出了更加严苛的要求，成为当前阻碍智能驾驶技术进一步发展的重点和难点，图 1-10 所示为部分复杂智能交通场景。

图 1-10　部分复杂智能交通场景

复杂场景感知技术在智能驾驶汽车中的应用显得尤为重要。本书针对智能驾驶汽车复杂场景感知技术进行深入分析与研究，探讨技术发展过程中所涉及的理论知识、关键问题及发展趋势，并对目前这些技术的实际应用进行讨论。通过系统性的分析与探讨，旨在揭示当前智能驾驶复杂场景感知技术的关键问题和未来发展方向，并提供详尽的理论参考，促进智能驾驶技术的进步和普及，推动完全自动驾驶技术的应用，从而提高交通安全、优化出行体验，最终实现更加智能化的未来交通系统。

1.2　复杂场景感知技术发展现状

1.2.1　早期理论探索与传统感知技术

20 世纪 60 年代开始，计算机视觉作为一个有广阔发展前景的研究领域而受到了广泛的关注，随后基于图像处理的方法应用与物体检测和识别任务，为后面的复杂场景感知技术奠定了坚实的基础。

在早期的计算机视觉技术中，学者们提出了许多经典的算法，如 Canny 边缘检测算法[29]、霍夫变换[30]和光流法[31]等，这些算法均在物体检测和运动分析中发挥了重要作用。Canny 边缘检测算法在图像处理中广泛应用于边缘检测、物体轮廓提取等任务，其拥有良好的检测性能、较强的抗噪能力和对边缘位置的精确定位。霍夫变换广泛应用于直线、圆和其他几何形状的检测，能够有效地检测出噪声环境下的几何形状，并且对不完全的形状边缘具有较好的鲁棒性。光流法在运动检测、物体跟踪和视频稳定等领域有广泛应用，其可以提供像素级别的运动估计，并且可用于复杂的运动场景。这类典型的计算机视觉算法推动了计算机视觉领域的不断进步，为复杂场景感知奠定了基础，使用 Canny 算子进行边缘检测如图 1-11 所示。

图 1-11　Canny 边缘检测示意图

除了上述经典算法之外，随着计算机视觉技术的不断发展，学者们还提出了一系列的机器学习方法，如支持向量机（SVM）[32]、决策树[33]、K 近邻算法（KNN）[34]及随机森林[35]等，极大地提高了物体识别的性能。

SVM 是一种强大的监督学习模型，其核心思想是通过找到一个最佳的决策边界，使得边界两侧不同类别之间的间隔最大化。SVM 尤其擅长处理高维空间中的数据，并且通过引入核函数能够处理线性不可分的问题，SVM 的鲁棒性和良好的泛化能力使其在文本分类、人脸识别和生物信息学等领域得到广泛应用。

决策树是一种基于树状结构的分类和回归方法，其通过递归地选择最优特征对数据进行划分，每个节点代表一个特征，节点的分支代表特征的不同取值，叶节点则代表分类结果。决策树模型适用于处理数值型和分类型数据，使其在分类问题、回归问题及异常检测等领域具有广泛应用。

KNN 是一种基于实例的监督学习算法，KNN 通过计算待分类样本与训练样本之间的距离，选择距离最近的 K 个邻居，并根据这些邻居的标签进行分类或回归来决定待分类样本的标签。KNN 不需要训练过程，适用于小规模数据集，使其在图像识别和文本分类等领域有广泛应用。

随机森林是一种集成学习方法，通过构建多个决策树并结合它们的预测结果来进行分类或回归。随机森林通过引入数据和特征的随机性来构建多样化的决策树，从而提高模型的鲁棒性和泛化能力。它能够有效处理高维数据，减少过拟合，并对噪声和缺失数据具有较强的抵抗力，因此在图像分类、文本分类等领域有广泛的应用。

除了上述所提到的机器学习方法之外，贝叶斯分类器[36]、Logistic 回归[37]等方法均极大地推动了物体识别及场景感知任务的发展，机器学习相关方法的发展进程如图 1-12 所示。

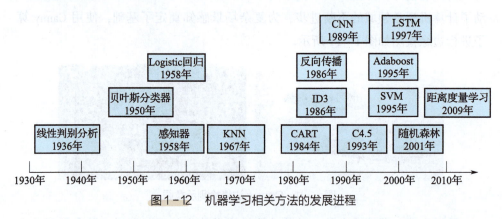

图 1-12　机器学习相关方法的发展进程

1.2.2　基于深度学习的复杂场景感知技术

虽然传统的机器学习方法[38]显著推动了计算机视觉的发展，然而受限于有限的特征提取能力及模型性能，在复杂场景感知方面仍然存在较大的障碍。深度学习[39]是机器学习领域的一项突破性技术，与传统的基于规则和手工特征提取的方法相比，深度学习通过构建多层神经网络，能够自动提取数据中的多层次特征。这种方法不仅减少了对人工设计特征的依赖，还能从大量数据中学习到更加丰富和抽象的特征表示，显著提升了环境感知的准确性和鲁棒性，为实现准确的复杂场景感知提供了可能。深度学习模型在图像分类、目标检测、语义分割等计算机视觉任务中均有广泛的应用，深度学习与机器学习的关系如图 1-13 所示。

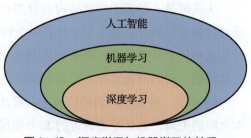

图 1-13　深度学习与机器学习的关系

基于深度学习的复杂场景感知技术已经取得了显著进展，并在智能驾驶的多项任务中展现出广泛的应用潜力。深度学习在智能驾驶中的广泛应用，不仅显著提升了系统的感知能力和安全性，还为智能驾驶技术的进一步发展奠定了坚实基础。当前，深度学习在智能驾驶中的发展主要集中在高精度物体检测、多传感器数据融合、语义分割与场景理解、动态场景中的时空感知等方面。

深度学习在物体检测和识别任务中表现出色，学者们基于深度学习相继提出了 Faster R-CNN、SSD 及 YOLO 等一系列高性能的检测模型，不断改善对复杂场景中多类物体的检测效果[40-42]。这些模型不仅在理论研究中取得了突破性的进展，也在实际应用中展现了卓越的性能，广泛应用于自动驾驶、智能安防等领域，有效推动了复杂场景感知技术的进步。通过高效、准确的物体检测和识别，这些模型显著提升了系统在复杂环境中的感知能力，为实现更为安全和智能的自动驾驶系统奠定了坚实基础。

由于单一传感器性能的局限性，为了提升智能驾驶感知的全面性，学者们利用深度学习模型将来自摄像头、激光雷达、毫米波雷达等多种传感器的数据进行融合[43]。通过结合不同传感器的优势，系统能够更好地应对复杂环境下的感知挑战，提供更加精确和全面的环境感知能力。摄像头[44]具有高分辨率和丰富的色彩信息，适用于物体识别和分类，而激光雷达[45]可以提供高精度的距离测量和三维点云数据，有助于实现精确的环境建模。毫米波雷达[46]则在穿透力和抗干扰能力方面表现出色，能够在低光照和恶劣天气条件下有效工作。深度学习模型通过多传感器数据融合，可以充分利用这些传感器各自的优势，弥补单一传感器的不足，增强系统在多种复杂环境中的感知能力。这种融合方法为智能驾驶技术的进一步发展提供了坚实基础，并为实现更加安全和高效的自动驾驶系统奠定了技术保障。

借助于深度学习的显著优势，语义分割技术也取得了显著的进展。通过特征融合和上下文信息的综合利用，深度学习模型实现了对图像中各类物体的精准分割。学者们基于深度学习提出了一系列高性能的语义分割模型[47-49]，这些语义分割模型不仅在理论研究中取得了显著成果，也在实际应用中展现了卓越的性能，广泛应用于自动驾驶、医学图像处理等领域。在自动驾驶中，语义分割技术可以准确识别和分割道路、车辆、行人等关键元素，可以为路径规划和障碍物检测提供重要信息，智能驾驶领域的语义分割任务如图1-14所示。

图 1-14　智能驾驶领域的语义分割任务

循环神经网络（RNN）[50-51]在处理时间序列数据方面展现出强大的能力，能够捕捉动态变化的信息，实现对复杂场景中移动物体的跟踪和行为预测，这对智能驾驶中移动物体的趋势预测具有重要的作用。如 RNN 可以有效捕捉车辆、行人等移动物体的轨迹变化，预测其未来的移动路径，从而辅助自动驾驶系统进行实时决策。此外，RNN 还可以用于检测和预测异常行为，如突然变道或紧急制动，进一步提升自动驾驶系统的安全性。为了进一步提升 RNN 在复杂场景中的性能，学者们提出了长短期记忆网络（LSTM）[52]和门控循环单元（GRU）[53]等改进模型，这些模型通过引入门控机制，解决了传统 RNN 在处理长时间依赖时容易出现的梯度消失和梯度爆炸问题，提高了模型的记忆和预测能力。通过有效跟踪和预测移动物体的行为，RNN 为智能驾驶系统提供了关键的感知和决策支持，显著提升了自动驾驶技术的安全性和可靠性。

深度学习技术在自动驾驶中的应用已成为当前研究的热点，具体应用实例如图 1-15 所示。通过综合利用目标检测、语义分割、多传感器融合及时空感知技术，自动驾驶系统能够实现对复杂交通环境的全面理解和实时响应[54]。特斯拉、Waymo、优步等公司在自动驾驶技术的研发中，广泛应用了这些深度学习技术，实现了高度自动化的驾驶功能。这些公司的先进产品证明，深度学习技术在自动驾驶中的集成应用，显著提升了系统的感知和决策能力，使得自动

图 1-15　深度学习在自动驾驶中的具体应用

驾驶车辆能够在复杂的交通环境中安全、高效地运行。随着深度学习技术的不断发展和优化，自动驾驶系统的性能和可靠性将进一步提升，为实现完全自动化的交通系统奠定坚实基础。

1.3　复杂场景的感知需求及关键挑战

1.3.1　复杂场景的具体感知需求

在智能驾驶系统中，可靠的环境感知是实现车辆准确决策与控制的基础，只有感知系统可以满足车辆在各种场景下的感知需求，智能车辆才可以在复杂的场景中安全运行。针对一般复杂场景的共同特性，本书认为环境感知需要满足的基本需求如下。

（1）高精度的物体检测

智能驾驶即车代替人进行决策，并根据决策内容控制车辆的行为。为了能够安全地完成自主行驶任务，智能驾驶系统需要准确检测和识别道路上的各种物体，包括车辆、行人、交通标志、交通信号灯、道路障碍物等。虽然各类传感器在理想的外界条件中可以较好地捕获环境信息，然而随着环境的变化，感知性能会受到显著影响。如激光雷达可以提供高精度的三维点云感知数据[55]，但在雨雪等恶劣天气条件下性能会有所下降；雷达则能够在各种天气条件下可靠工作，但其分辨率较低；摄像头可以捕捉丰富的颜色和纹理信息，但其对光照条件非常敏感。错误的检测可能导致严重的安全问题，因此感知系统需要在不同光照条件、天气状况和动态场景中具有高精度和高可靠性。智能交通场景中的物体检测如图1-16所示。

图1-16　智能交通场景中的物体检测

（2）实时数据处理能力

为了实现自动驾驶，感知系统必须具备实时处理能力，这也是实现自动驾驶的基础。例如，在车辆以高速行驶时，前方障碍物或突发状况需要在毫秒级内被检测和识别，随之进行相应的决策和控制，系统延迟可能会导致严重的交通事故。考虑到智能驾驶对实时性的极高需求，YOLO等具有更快检测速度的单阶段目标检测算法成为目前智能交通场景的主流检测方案。

硬件设备是影响数据处理速度的重要因素，为了确保智能驾驶系统的实时性，当前所用的主流高性能计算平台通常集成了多核中央处理器（CPU）、高性能图形处理单元（GPU）和专用 AI 加速芯片，能够支持复杂的深度学习和计算机视觉算法[56-58]。此外，相关企业也在针对智能驾驶任务研发专用芯片，以提供更高效的计算能力和更低的功耗。

虽然高性能计算平台在飞速发展，然而相比于智能驾驶极高的计算需求仍然存在不足之处，因此当前学者们提出了边缘计算与云计算。边缘计算通过在车辆本地部署计算节点，实现数据的路侧处理，一方面降低了车端的计算压力，另一方面减少了云端数据传输带来的延迟和网络依赖。而云计算则提供了强大的后台支持，可以辅助处理复杂的模型训练和大规模数据分析，边缘计算与云计算的相互结合，为智能驾驶的实时处理能力提供了极大的保障。

（3）动态场景预测

道路交通环境的动态变化对智能驾驶系统提出了极高的要求。为了实现真正的自动驾驶，系统不仅需要具备感知和处理当前环境信息的能力，还必须能够理解并预测其他道路使用者的行为。这种动态场景预测能力[59-60]是确保安全驾驶和顺畅交通流的重要因素，例如车辆行驶轨迹预测、行人行为预测等。智能驾驶动态场景预测中涉及的目标跟踪任务如图 1-17 所示。

车辆行驶轨迹预测通过分析周围车辆的当前运动状态（如位置、速度、加速度等）以及其可能的驾驶意图，预测其

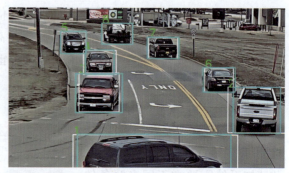

图 1-17　动态场景预测中涉及的目标跟踪任务

未来的行驶路径。基于此，智能驾驶系统可以尽可能避免碰撞和优化行驶路线。

行人行为预测通过分析和理解行人的位置、姿态和运动方向，并结合交通信号、道路情况等信息，预测行人可能的行为，如是否会过马路、是否会突然改变方向等。有效的行人行为预测使得智能车辆可以及时做出减速或停车的反应，不仅提高了行人和乘客的安全性，还提升了系统在复杂交通环境中的适应能力。

（4）复杂场景中的适应性

复杂场景对智能驾驶的影响极为严重，如恶劣天气条件（如大雾、大雨和暴雪）、复杂城市道路（如密集的十字路口、高架桥下及地下通道）以及突发

事件（如道路施工、交通事故和紧急避障）等均对系统的鲁棒性提出了极高的要求。这些复杂场景会显著影响传感器的性能，例如摄像头在低光照条件下的识别能力下降、激光雷达在雨雪天气中的测距误差增加等。为了确保感知结果的准确性，智能驾驶的环境感知系统必须具备极强的适应性，可以在各种复杂和极端环境下可靠运行。

为了提高感知系统的适应性，当前主流的解决方案是利用多传感器数据融合来弥补单一传感器在复杂环境中的缺陷。例如，在大雾或暴雨等能见度低的环境中，激光雷达和毫米波雷达可以提供更可靠的距离和速度信息，补偿摄像头在能见度受限情况下的不足。此外，V2X技术[61-62]结合其他车辆的信息、路侧设备、云端计算等可以获得更加广阔的视野，成为当前实现完全自动驾驶的主要发展方向。

（5）数据冗余与容错

数据冗余与容错对环境感知系统至关重要，其可以确保系统在面对传感器故障、数据丢失或环境干扰等情况时仍能稳定、可靠地运行。智能驾驶系统中一般所述的数据冗余与容错包括数据冗余、通信冗余及决策容错几个方面。

数据冗余是指通过多传感器融合和数据备份来提高系统的可靠性和稳定性[63]。例如，摄像头、激光雷达、毫米波雷达、超声波传感器等协同工作，即使其中某一个传感器发生故障，系统仍能通过其他传感器获得必要的环境信息。此外，感知系统可以进行实时数据备份并通过校验机制检测数据完整性和准确性，当某个数据源出现异常时，系统能够迅速进行数据切换，确保感知结果的连续性和可靠性。

通信冗余是指系统内部和外部通信链路的冗余设计，以确保在部分通信链路失效时，系统仍能通过备用链路保持信息的高效传输和接收，避免通信失效的情况发生[64]。一般智能驾驶系统所涉及的通信冗余设计包括多重通信、分布式通信及通信协议冗余等方面。

决策容错是指在环境感知数据不完整或不一致的情况下，系统能够迅速做出相应决策，以确保在各种复杂和极端环境下的行驶安全[65]。一般智能驾驶系统所涉及的决策容错包括多算法融合、容错机制设计、实时优化等方面。

1.3.2　复杂场景感知技术的关键问题

感知系统的结果极易受到环境变化的影响，而智能驾驶场景会常态化遭遇多变的环境条件，要实现智能驾驶的技术突破及推广应用必须提升感知系统在

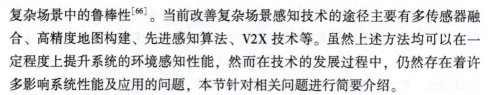

复杂场景中的鲁棒性[66]。当前改善复杂场景感知技术的途径主要有多传感器融合、高精度地图构建、先进感知算法、V2X 技术等。虽然上述方法均可以在一定程度上提升系统的环境感知性能，然而在技术的发展过程中，仍然存在着许多影响系统性能及应用的问题，本节针对相关问题进行简要介绍。

（1）多传感器数据同步

在多传感器融合技术中，多传感器数据同步是实现多传感器数据融合的前提，也是影响融合性能最重要的因素之一[67]。多传感器数据同步主要有时间同步及空间同步两个方面，只有确保不同传感器所采集的数据具有时间和空间上的一致性，多源数据才具有融合的基础。时间同步指确保所有传感器的数据具有一致的时间标记，空间同步指将不同传感器的数据在空间上进行对齐，使得不同格式的数据可以在共同的参照系中进行融合及分析，保证融合数据的准确性及一致性。除此之外，时间同步和空间同步是一个统一的过程，在空间同步的同时要解决时间同步的问题，这为数据同步问题提出了更高的要求。

（2）先进感知算法

先进感知算法[68]是影响最终感知结果的关键因素，为了实现高性能的感知，学者们提出了大量相关的算法，从传感器的数量上可以简单分为单传感器感知算法与多传感器融合算法两种类型，各类算法的相互结合构成了智能驾驶强大的感知系统，智能驾驶中的感知技术集成示意图如图 1-18 所示。

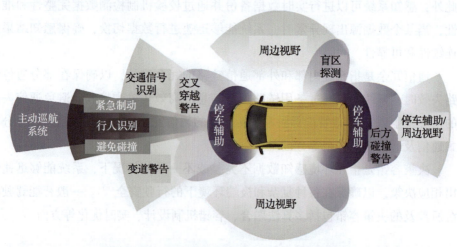

图 1-18　智能驾驶中的感知技术集成示意图

在多传感器融合中，根据不同的场景需求，当前主要有数据级融合、特征级融合和决策级融合三种策略[69]；而对于具体的融合策略，融合算法还包括卡尔曼滤波、贝叶斯滤波、信息滤波和深度学习等多种类型[70-72]。针对具体的任务需求选择和优化算法性能是实现智能驾驶高级环境感知的必要途径。虽然针对不同的感知目标，学者们已经提出了大量的相关算法，然而由于传感器固有特性的差异及环境多变等问题，要实现高质量的环境感知仍然存在许多问题。开发先进感知算法是提升复杂场景感知性能的主要途径之一，其对提高系统的可靠性与鲁棒性至关重要，是影响智能驾驶技术在复杂场景中应用及推广的关键因素。

（3）数据隐私与安全

智能驾驶的环境感知任务[73-74]涉及大量实时信息的获取与处理，如环境信息、车辆状态、位置、行驶路线等，这些数据对车辆的行驶安全至关重要。车辆数据的泄露和滥用不仅会严重影响车辆的安全运行，还会导致严重的用户信任及法律责任问题，如何确保数据在收集、传输及存储过程中的隐私安全对于智能驾驶推广应用至关重要。虽然已经有学者们在此方面进行了大量研究，然而由于数据量极大且涉及范围极为复杂，因此仍然存在许多问题。在智能驾驶环境感知中，数据隐私与安全是当前发展中的关键问题，只有确保数据隐私和安全，才能保证系统的可靠性和用户信任，从而促进智能驾驶的真正推广应用。

1.3.3 未来研究方向展望

环境感知是影响智能驾驶发展的技术基础，当前在复杂场景中感知系统的适应性不足、可靠性较差是影响感知效果的最主要因素，提升智能驾驶系统在复杂场景中的感知能力是实现完全自动驾驶的关键之处。本书结合当前自动驾驶环境感知技术的发展现状及研究热点，认为未来提升系统感知性能主要有以下几个发展方向：

1）针对智能驾驶环境感知的具体需求，学者们一直致力于开发性能更加优秀的各类算法，如目标检测、目标跟踪、语义分割、场景预测等。优化算法性能可以极大改善智能驾驶的环境感知性能，也是实现完全自动驾驶的必经之路，是未来一个重要的发展方向。

2）鉴于单传感器在环境感知上的局限性，多传感器融合成为当前的研究热点。在感知系统中结合摄像头、激光雷达、毫米波雷达、超声波传感器等多种传感器的数据，综合利用不同传感器的优势，可以提供更准确和全面的环境感知。在此基础上，开发先进的数据融合算法，提高传感器数据融合的准确性和实时性是未来一个重要的发展方向。

3）虽然各类算法与传感器的集成有效提升了单车的感知能力，然而由于单车的感知范围较为局限，因此智能网联成为当前的研究热点。通过车路协同系统实现多方感知信息的实时交互，可以大幅度扩展车辆的感知范围，有效提升系统的整体性能，是未来一个重要的发展方向。

4）常规环境感知可能面临感知能力有限、无法准确识别远处或细小的物体、计算资源消耗大等问题。构建高精度三维地图，可以为车辆提供详细的道路信息、交通标志、障碍物等信息，并且可以实现车辆厘米级的高精度定位，通过结合常规感知系统和高精度地图，智能驾驶系统能够在复杂环境中实现更高的感知精度和可靠性，提高自动驾驶的安全性和实用性，是未来一个重要的发展方向。

5）多传感器融合及智能网联环境需要处理大量的感知数据，虽然采用更高性能的计算平台可以在一定程度上缓解计算压力，然而整体计算资源仍较为有限。与此相似，虽然云端具有丰富的计算资源，但是受限于信息传输速率及不稳定的无线传输环境。利用边缘计算技术，构建"车–路–云"一体化计算平台可以极大提高感知系统的实时性，是未来一个重要的发展方向。

1.4 本章小结

复杂场景感知是影响智能驾驶性能的关键技术，只有实现对复杂场景的准确感知与理解，才可能实现完全自动驾驶。本章对智能驾驶汽车复杂场景感知技术进行了全面的概述，详细介绍了智能驾驶技术的发展背景与智能车辆的研究现状，深入分析了复杂场景感知技术的重要性。随后，本章系统地介绍了传统感知技术与当前复杂场景感知技术的发展现状，并在上述基础上讨论了复杂场景的具体感知需求、复杂场景感知技术的关键问题及未来的研究方向。

第2章
复杂场景感知的深度学习方法

2.1 图像预处理方法

　　由于图像获取方式的不确定性，因此通常会产生图像质量上的差异，如智能车辆上的摄像头随着车的运动而不可避免地发生抖动、镜头随着使用而不可避免沾染灰尘等，上述情况均会降低获取的图像质量。而在一般的计算机视觉任务中，图像质量的好坏将直接影响到算法最终的处理效果和可靠性。利用图像预处理方法可以有效消除图像中的无关信息、增强有关信息的可检测性。在传统的计算机视觉任务中，常用的图像预处理方法主要有形态学、直方图均衡化、图像滤波、图像锐化等[75-78]，这类方法均可以根据视觉任务的具体需求改善图像质量。

　　当前基于深度学习的计算机视觉任务主要是利用大量数据进行网络模型训练，对图像信息的提取效果主要取决于网络的特征提取能力，具有较强的泛化能力和鲁棒性，能够在多种复杂场景下实现高效准确地识别任务，因此当前的图像预处理方法已经更多地转为优化处理流程和数据增强等。下面对当前目标检测中经典的数据预处理方法进行阐述。

2.1.1 图像平滑

　　图像平滑也称为图像滤波，是图像处理领域中的重要研究内容。由于实际环境中获取的实时图像往往会受到来自传感器缺陷、环境因素等条件的干扰，为了提高图像质量，增强图像的视觉效果，以及为后续图像分析和处理奠定基础，图像平滑可以在尽量保留图像原有细节和边缘信息的前提下，有效去除图像中的噪声。根据不同的应用需求和噪声类型，当前主要的图像滤波方法包括均值滤波、中值滤波、高斯滤波和双边滤波等。

均值滤波[79]是典型的线性滤波算法，这种算法是指利用目标像素及周围若干个像素灰度值的均值来代替目标像素灰度值，是一种典型的低通滤波器，通过均值滤波能够有效去除图像中的高频成分，特别是尖锐的噪声，因此在一定程度上可以提升图像的视觉质量。具体而言，均值滤波的实现过程为对每个目标像素选取一个以该像素为中心的邻域，计算该邻域内所有像素灰度值的平均值，并用这个平均值替代目标像素的原始灰度值。这种方法使得图像中局部的灰度值波动被平滑，尖锐的噪声得以削减。然而，均值滤波不能很好地保留图像细节，在滤波过程中，细小的图像细节和边缘特征也可能被平均化，导致图像整体变得模糊。此外，均值滤波对脉冲噪声的处理效果有限，因为脉冲噪声的极端灰度值会显著影响邻域内的均值计算，从而导致滤波后的图像仍然存在较明显的噪声残留。均值滤波处理结果如图2-1所示。

图2-1　均值滤波处理结果

中值滤波[80]是一种典型的非线性滤波算法，其基本原理是利用目标像素及其周围若干像素灰度值的中值来替代目标像素的灰度值。这种方法在去除脉冲噪声方面表现尤为出色，能够有效消除孤立的噪声点，同时保护图像的边缘，防止图像模糊化。具体而言，中值滤波的实现过程为对每个目标像素选取一个以该像素为中心的邻域，然后对该邻域内所有像素灰度值进行排序，取其中值作为目标像素的新的灰度值。这种方法在滤波过程中能够平滑局部的灰度值变化，有效去除图像中的尖锐噪声，并保持边缘的锐利度。然而，中值滤波需要对每个像素及其邻域进行排序计算中值，这使得计算复杂度相对较高。另外，由于中值滤波具有非线性特性，滤波后的图像可能出现不连续现象。中值滤波处理结果如图2-2所示。

图2-2　中值滤波处理结果

高斯滤波[81]是一种常见的线性滤波算法，其基本原理是利用目标像素及其周围若干像素灰度值的加权平均值来替代目标像素的灰度值。加权系数由高斯函数确定，高斯滤波特别适用于去除概率密度函数服从正态分布的噪声。由于图像中的大多数噪声的概率密度函数服从正态分布，因此高斯滤波在去噪方面表现出色，并且应用非常广泛。高斯滤波的另一个显著特点是其各个方向上的平滑程度相同，从而保持图像的整体均匀性。然而，高斯滤波也存在对非正态分布噪声效果不佳、全局平滑效应和参数选择困难等缺点。高斯滤波处理结果如图 2 - 3 所示。

图 2 - 3　高斯滤波处理结果

双边滤波[82]是一种非线性滤波算法，它在计算目标像素的值时，不仅依赖于其邻域内像素的空间距离，还考虑像素值之间的相似性，这样的处理方式能够有效地保留图像的边缘细节，避免像素值因距离较远的像素影响而导致边缘模糊。具体而言，算法在处理过程中赋予邻域内像素不同的权重，靠近目标像素且像素值相似的像素对目标像素的影响较大，而距离较远或像素值差异较大的像素对目标像素的影响较小。这种特性使得双边滤波能够在平滑图像的同时保留重要的边缘信息，避免了传统线性滤波方法容易造成的边缘模糊问题。双边滤波处理结果如图 2 - 4 所示。

图 2 - 4　双边滤波处理结果

2.1.2　尺度归一化

除了常用的图像滤波方法之外，随着深度学习的广泛应用，当前出现了许多针对深度学习阶段计算机视觉问题的图像预处理方法。由于图像输入模型时是转为矩阵输入的，而矩阵的维度一般是固定的，因此模型一般要求输入图像有统一的大小。另外，由于输入图像越大，则对硬件的需求就越高，因此需要将过大的图像缩小以降低硬件需求。针对上述问题，在图像正式训练之前一般对其利用尺度归一化进行预处理，将待处理图像缩放至相同尺寸。当前常用的尺度归一化主要有直接尺度归一化和固定宽高比尺度归一化两种方式，如图2-5所示。

a）直接尺度归一化   b）固定宽高比尺度归一化

图2-5　尺度归一化

直接尺度归一化是直接将输入图像的宽和高缩放到设定尺寸，如512×512像素。这种方法虽然步骤简单，然而容易造成图像畸变，改变图像中物体正常的比例，最终对训练结果造成负面影响，如图2-5a所示，经过尺度归一化的图像明显被纵向拉长。此外，固定宽高比尺度归一化是将图像较长的边缩放到设定尺寸，随后按照其缩放因子对较短的边进行缩放。这种方式的优点是保证了图像原本的宽高比，而缺点是需要在较短的边上添加空白图像以保证缩放后图像的固定尺寸，如果图像宽高比相差过大，则在图像中会添加过多的无用部分，如图2-5b所示，在图像上下两侧分别补充了灰色像素。

尽管直接尺度归一化步骤简单、操作便捷，但由于其对图像带来的畸变会对模型的训练效果造成负面影响，当前更多的研究和实践中倾向于使用固定宽高比尺度归一化对图像进行预处理。固定宽高比尺度归一化能够有效地保持图像的原始比例，避免因畸变带来的信息损失，使得模型能够更准确地学习到图像的关键特征，提高模型的泛化能力和鲁棒性。

2.1.3　Focus 切片处理

在图像分类及目标检测任务中，因为输入图像一般大于最终的输出特征层，因此在处理过程中通常要使用直接降采样或者卷积操作对图像进行多次下采样操作。而直接降采样往往会丢失大量信息，不利于后续的特征提取，因此当前在算法中多采用卷积的方法进行下采样。虽然卷积可以较好地保留原图像信息，然而由于卷积核、卷积步长等的特性，其下采样结果仍然与原图像有一定差异。为了降低降采样造成的信息损失，Jocher 等人在 YOLOv5 中提出了 Focus 切片处理结构，如图 2-6 所示。

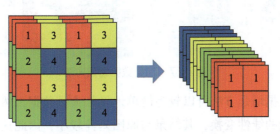

图 2-6　Focus 切片处理结构

基于上述方法，输入图像在进入主干网络进行特征提取之前，利用 Focus 切片处理结构对图像进行切片操作，在图像中每隔一个像素得到一个值，将得到的像素进行组合后得到了四张图像。上述操作得到的四张图像互相互补，将原本图像的宽高缩小为原来的 1/4，而将输入通道扩充了 4 倍，在进行降采样的过程中没有信息丢失，有效将宽高上的信息集中到了通道维度。由于其在特征提取之前的降采样过程中有效避免了信息丢失，因此当前 Focus 切片处理结构已经成为一种常用的预处理方法。它被广泛应用于各种计算机视觉任务中，如图像分类、目标检测和图像分割等，显示出卓越的性能和广泛的适用性。未来可以进一步优化 Focus 切片处理结构，结合其他预处理技术，以进一步提高图像处理的效率和效果。

2.1.4　数据增强

深度学习是数据驱动的，当前大量的实验和工作证明，数据量的大小直接影响模型的最终性能。然而，高质量的大规模数据集仍然较难获取，其中数据集的收集及标注工作需要耗费大量的时间。为了缓解数据量不足等问题，在图像预处理阶段利用数据增强对数据集进行处理可以有效增加数据的多样性，其对改善模型的训练效果有重要作用[83-86]。常见的简单数据增强方法有翻转、随机旋转、变形缩放等，如图 2-7 所示。这些方法能够在不增加额外数据收集成本的前提下，显著提升模型的泛化能力和鲁棒性。

图 2-7　常见数据增强方法

　　虽然上述数据增强方法可以较为简单地增加大量数据，然而由于旋转等方式均为对图像做的线性变换，其结果与原图差异较小，因此这类方法对模型的提升较为有限。为了提升数据增强的效果，Mixup 对图像进行混类增强[87]，可以将不同类的图像进行混合。此外，Cutout 图像增强[88]对图像的随机区域进行删除操作，这两种方法均有效改变了图像的像素结构。在此基础上，CutMix 数据增强[89]结合了 Mixup 和 Cutout 的操作方式，将两张图像拼接为一张新的图像，然后将拼接好的图像传入网络进行学习，如图 2-8 所示。这种方式在训练过程中不会出现非信息像素，并且不会有图像混合后不自然的情形，可以在增强数据的同时有效保留整个数据集的分布，最终提高模型训练效果。

　　　a）原图1　　　　　　　b）原图2　　　　　　c）CutMix结果

图 2-8　CutMix 数据增强方法

　　参照 CutMix 数据增强的原理，YOLOv4 中提出了 Mosaic 数据增强方法。其首先对四张图像进行翻转、缩放等处理，随后将四张图片进行拼接，拼接之后在获得新图像的同时根据实际边界对标签进行调整，如图 2-9 所示。这种方法随机选取四张图像进行组合，得到了更多种类的图像，有效增加了数据多样性。而其混合四张具有不同语义信息的图片，可以让模型检测到超出常规语境的目标，增强了模型的鲁棒性。另外，在利用批归一化层计算每组图像的均值和方差时，如果样本总量越大，则其计算的均值和方差就更接近于整个数据集的均值和方差，而采用 Mosaic 进行数据增强后每组的样本总量提升了 4 倍，有效地加强了批归一化层的效果。

图 2-9 Mosaic 数据增强方法

2.2 卷积神经网络

自从 20 世纪末学者使用卷积神经网络（CNN）构建 LeNet-5 网络[90]成功识别手写数字以来，CNN 就成为图像处理任务中的重要方法之一。随着近年来 CNN 取得的巨大突破，利用计算机解决复杂场景中的视觉任务逐渐成为可能。虽然随着技术的进步，CNN 的结构一直在发生变化，然而其结构中的关键组成模块基本保持稳定，本节对 CNN 进行介绍。

2.2.1 卷积神经网络关键模块

1. 卷积层

卷积层是 CNN 中最基本的组成部分，每层卷积层均由若干卷积单元组成，其中每个卷积核的参数由模型训练不断优化得到。相比于传统视觉处理方式中手工特征有限的特征提取能力，多层 CNN 可以从图像中学习到复杂的深度特征，这种强大的特征提取能力是解决复杂场景中视觉问题的关键。

图像处理中常用的卷积操作为 2D 卷积，也称为普通卷积。这种卷积使用预先定义的卷积核以一定步长在输入图像上进行滑动，每一步都是将对应元素相乘后进行求和的过程，如图 2-10 所示。具体来说，卷积核通常是一个小矩阵，通过在输入图像上滑动，逐步覆盖图像的不同区域。每次滑动时，卷积核中的元素与覆盖区域的像素值相乘并累加，生成一个新的像素值，形成输出特征图。

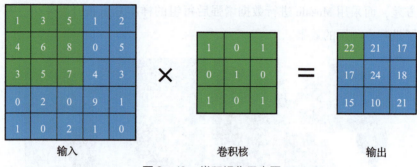

图 2 - 10　卷积操作示意图

在卷积计算中，输出特征图的尺寸不仅与输入图像尺寸有关，另外还与卷积核大小、卷积步长、边缘填充有关。为了在深度 CNN 中保持图像尺寸的一致性，通常在卷积之前会根据卷积核与卷积步长对其进行适当的边缘填充。输出特征图尺寸的计算方法见式（2-1）。

$$m = \frac{(n + 2p - f)}{s} + 1 \qquad (2-1)$$

式中，m 为输出特征图的宽和高；n 为原图片的宽和高；p 为边缘填充像素的值；f 为卷积核的宽和高；s 为卷积步长。

2. 池化层

池化层也称为下采样层，其主要作用是对特征图进行下采样。另外，池化层有降维及去除冗余信息的作用，可以简化网络复杂度，防止过拟合。此外，池化层可以有效提升模型的尺度不变性和旋转不变性。池化层与卷积层一样，是 CNN 最基本的组成部分之一，其池化过程为使用预先定义大小的池化核在输入图像上进行滑动，根据预先定义的池化策略对整幅图像进行处理。当前常用的池化操作有最大池化和平均池化等[91]，其中最大池化是选取池化核覆盖范围内最大像素值作为输出像素值，而平均池化是选取池化核覆盖范围内所有像素的均值作为输出像素值。池化核为 2×2、步长为 2 的最大池化操作如图 2-11 所示。

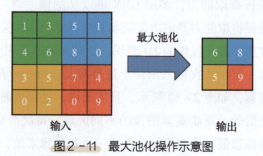

图 2 - 11　最大池化操作示意图

根据最大池化的操作特点，其将每个池化核覆盖范围内的最大像素值传入下一层，可以理解为提取特征图中响应最强烈的部分。因此，当特征中存在噪声和很多无用的背景信息时，常使用最大池化突出有用信息。而当特征中所有信息都较为有用时，使用最大池化会丢失很多重要信息，如网络最后几层都包含较为丰富的语义信息，在这种情况中常使用平均池化进行降维，其可以提取特征图中的所有信息进入下一层。

3. 激活函数

在 CNN 中，除了激活函数外其他操作均为线性映射函数，而线性函数的复杂性有限，无法对复杂的模型进行有效的表达。激活函数是一种非线性映射函数，其可以将非线性特性引入神经网络中，使其拥有对复杂模型的表达能力。现在目标检测中常用的典型激活函数有 Sigmoid 函数、Tanh 函数、ReLU 函数、Swish 函数等。

（1）Sigmoid 激活函数

Sigmoid 函数[92]也称为 Logistic 函数，其是最经典的激活函数之一，比较常见于全连接层，其公式见式（2-2）。

$$Sigmoid(x) = \frac{1}{1 + e^{-x}} \tag{2-2}$$

式中，x 为定义域，可以是任意线性组合函数；$Sigmoid(x)$ 为值域。其函数形状如图 2-12a 所示，可以观察到 Sigmoid 函数的功能是将一个实数压缩至 0~1 之间，当 x 取值非常大时，其响应趋近于 1，当 x 取值非常小时，其响应趋近于 0。虽然 Sigmoid 函数平滑且易于求导，然而该激活函数有一个明显的缺点，即当输入较大或较小时，容易产生梯度消失的现象，导致网络难以训练。

（2）Tanh 激活函数

由于 Sigmoid 函数的输出总是正数，在训练过程中参数的梯度值为同一符号，不容易达到最优值，因此学者们进一步提出了 Tanh 函数[93]。相比于 Sigmoid 函数，Tanh 函数将值域扩大至 -1~1 之间，且其输出响应的均值为 0，有利于提高训练效率，其公式见式（2-3）。

$$Tanh(x) = \frac{e^{x} - e^{-x}}{e^{x} + e^{-x}} \tag{2-3}$$

式中，x 为定义域，可以是任意线性组合函数；$Tanh(x)$ 为值域。其函数形状如图 2-12b 所示，可以观察到 Tanh 函数与 Sigmoid 函数非常相似，因此 Tanh 与 Sigmoid 特性相似，仍然存在梯度消失的问题。

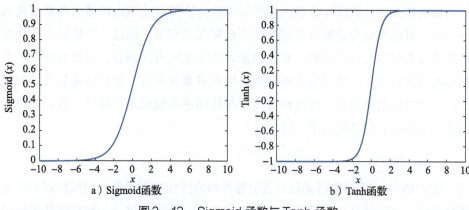

a）Sigmoid函数　　　　　　　　　b）Tanh函数

图 2 - 12　Sigmoid 函数与 Tanh 函数

（3）ReLU 激活函数

为了避免 Sigmoid 及 Tanh 函数中存在的梯度消失现象，ReLU 激活函数[94]采用分段函数的方法在神经网络中引入非线性特性，其公式见式（2-4）。

$$\text{ReLU}(x) = \begin{cases} x, & x \geq 0 \\ 0, & x < 0 \end{cases} \qquad (2-4)$$

式中，x 为定义域，可以是任意线性组合函数；$\text{ReLU}(x)$ 为值域。ReLU 的函数形状如图 2-13a 所示，可以观察到当 $x < 0$ 时，ReLU 的值始终为 0，当 $x > 0$ 时，直接返回输入提供的值。ReLU 激活函数有非常多的优点，当输入大于 0 时，其为线性函数，因此它具有很多线性激活函数的理想特性，然而由于负值总是作为 0 输出，所以它是一个非线性函数，可以为神经网络引入非线性特性。相比于 Sigmoid 和 Tanh，其导数更加容易求得，可以加快网络训练，此外 ReLU 在输入大于 0 的部分完全消除了梯度消失的现象，由于其突出的性能，现在 ReLU 是神经网络中应用最广泛的激活函数之一。然而，当输入小于 0 时，ReLU 仍然存在梯度消失的现象。

（4）Swish 激活函数

针对上述激活函数中梯度消失的问题，与 ReLU 的改进版 Leaky ReLU、PReLU 等不同，Swish 激活函数[95]使用非单调的方式来解决此问题，提供了一种有效的解决梯度消失问题的新途径，为网络训练和优化带来了显著的优势，其公式见式（2-5）。

$$\text{Swish}(x) = x\text{Sigmoid}(\beta x) \qquad (2-5)$$

式中，x 为定义域，可以是任意线性组合函数；β 为可训练的参数；$\text{Swish}(x)$ 为值域，当 β 取 1 时，Swish 激活函数也被称为 SiLU 激活函数。当 β 取 1 时，

Swish 的函数形状如图 2 - 13b 所示，可以观察到当输入大于 0 时，其输出平滑上升，当输入小于 0 时，其输出先下降，随后缓慢趋近于 0。Swish 的函数具备无上界有下界、平滑非单调的特性。由于其没有上边界，因此当输入大于 0 时，不会出现梯度消失的现象。此外，由于其有下边界，可以产生更强的正则化效果，整个函数处处可导，更加容易训练。Swish 激活函数在深层模型上的效果优于 ReLU，目前在深度卷积神经网络中已有广泛的应用。

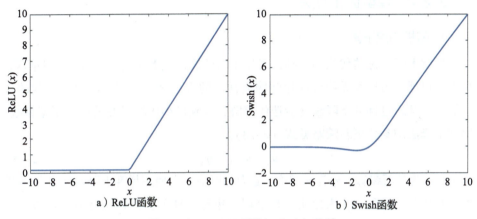

a）ReLU函数　　　　　　　　b）Swish函数

图 2 - 13　ReLU 函数与 Swish 函数

4. 批量标准化层

　　深度神经网络涉及多层的叠加问题，在训练过程中每一层的参数更新都会导致上层的数据分布发生变化，通过多层的数据叠加使得高层的参数分布变化非常剧烈，需要不断去重新适应底层的参数更新，这种训练中的参数更新容易导致不同层的输入不再独立同分布，影响模型准确性。此外，由于不同层数据之间的强相关性，下层输入可能会使得高层输入落入激活函数的饱和区，造成梯度消失的现象。最后，高层网络需要不断适应新的数据分布，极大地降低了模型训练速度。批量标准化层[96]有助于解决网络训练过程中存在的上述问题，批量标准化首先对数据进行标准化操作，见式（2 - 6）。

$$\hat{x}_i = \frac{x_i - \mu_B}{\sqrt{\sigma_B^2 + \varepsilon}} \tag{2-6}$$

式中，x_i 为输入数据；μ_B 和 σ_B^2 分别为输入数据的均值和方差；ε 为保证分母不为零的小常数。通过式（2 - 6）对训练数据进行标准化虽然较好地解决了训练中数据不符合独立同分布等情况，然而由于使用标准化极大地限制了激活函数的非线性，降低了模型对复杂问题的表达能力，因此，为了保证模型的非线性表达能力，进一步在式（2-6）的基础上对输入数据进行处理，见式（2-7）。

$$y_i = \gamma \hat{x}_i + \beta \tag{2-7}$$

式中，γ 和 β 为模型增加非线性能力的参数，其参数值通过训练自动学习。通过对模型进行批量标准化操作，神经网络对超参数的选择更加稳定，其当前已经成为 CNN 中最常用的组成部分之一。

2.2.2 模型优化方法

1. 随机梯度下降

梯度下降法是迭代法的一种，可用于求解线性或者非线性的最小二乘问题，是求解机器学习这类无约束优化问题最常用的方法之一。在求解损失函数的最小值中，其通过梯度下降法逐步迭代求解，得到最小化的损失函数和模型参数。梯度下降法的参数更新策略见式（2-8）。

$$w_i = w_{i-1} - \eta g \tag{2-8}$$

式中，w 为学习参数；η 为学习率；g 为梯度值。在使用梯度下降对机器学习模型进行优化的过程中，因为使用整个训练集计算梯度，得到的是损失函数在该位置的真实梯度，可以保证收敛到最优点。然而由于其计算所有样本才更新一次模型参数，因此其时间和空间复杂度较高，模型收敛速度慢。为了解决梯度下降法收敛速度慢的问题，当前通常使用随机梯度下降来进行模型优化[97]。随机梯度下降法利用单个样本的梯度估计整个训练集的梯度，很好地改善了训练速度，然而因为得到的结果具有较大的误差，因此损失函数不一定会稳定减小，而是出现波动振荡的现象。此外，随机梯度下降法虽然频率更快，但是由于振荡的特性，其很难优化到真正的最优点。

2. 动量梯度下降

在随机梯度下降法的基础上，为了进一步加快优化速度及抑制振荡，学者们提出了动量梯度下降法[98]，其模拟物体运动时的惯性，即在参数更新的时候在一定程度上保留之前更新的方向，并结合最新的计算结果确定当前的优化方向。动量梯度下降法的参数更新策略见式（2-9）和式（2-10）。

$$v_i = \mu v_{i-1} - \eta g \tag{2-9}$$

$$w_i = w_{i-1} + v_i \tag{2-10}$$

式中，v 为指数加权滑动平均累加量；μ 为动量梯度下降中的超参数；η 为学习率；g 为梯度值；w 为学习参数。在动量梯度下降法中，如果当前梯度方向与上一次更新的梯度方向相同，则加快当前的更新速度，如果当前梯度方向与上一次更新的梯度方向相反，则减弱当前的梯度。这种保留之前的梯度的做法增加了模型更新过程中的稳定性，加快了更新速度，此外使得模型在优化过程中拥有了一定摆脱局部最优的能力。

3. 自适应梯度优化

上述梯度下降方法在模型优化过程中对所有的参数均使用固定的学习率进行更新，但是由于不同阶段及不同的参数梯度存在差异，所以需要匹配不同的学习率以更好地进行模型优化。自适应梯度优化方法[99]可以较好地解决上述问题，其参数更新策略见式（2-11）。

$$w_i = w_{i-1} - \frac{\eta}{\sqrt{s + \varepsilon}} g \qquad (2-11)$$

式中，η 为学习率；g 为梯度值；w 为学习参数；s 为梯度平方和；ε 为保证分母不为零的小常数。自适应梯度优化算法的思想是在每次使用一组数据进行优化的时候，算法对于每个参数均初始化一个值为 0 的变量 s，然后每次将该参数的梯度平方和累加至变量 s，这样在更新参数的时候，学习率就会随优化过程实现自适应变化。自适应梯度优化算法可以对低频参数做较大的更新，加快优化速度，而对最优点附近的高频参数做较小的更新。但是由于自适应梯度优化算法的学习率单调递减，因此在训练后期学习率过小可能会导致训练困难。

4. RMSProp

在模型优化过程中，因为自适应梯度优化算法使用平方梯度的累加值来收缩学习率，因此可能导致学习率在模型达到局部最小值之前就变得太小而难以继续训练。为了解决上述问题，有学者提出了 RMSProp 自适应学习率方法[100]，其参数更新策略见式（2-12）和式（2-13）。

$$r_i = \rho r_{i-1} + (1 - \rho) g^2 \qquad (2-12)$$

$$w_i = w_{i-1} - \frac{\eta}{\sqrt{r_i + \varepsilon}} g \qquad (2-13)$$

式中，r 为优化后的梯度平方和；ρ 为衰减因子；ε 为保证分母不为零的小常数；η 为学习率；g 为梯度值；w 为学习参数；RMSProp 在优化过程中引入了指数衰减平均思想，其舍弃了过早的数据，有效解决了在模型训练后期学习率衰减过大的问题，加强了模型后期的训练能力。

5. Adam

为了进一步加快模型的学习速率和优化效果，学者们提出了 Adam 优化算法。Adam 优化算法可以看作动量梯度下降法和 RMSProp 自适应学习率法的结合，其通过随机梯度的一阶矩估计和二阶矩估计为不同的参数设计独立的自适应性学习率，其参数更新策略见式 (2 – 14) ~ 式 (2 – 18)。

$$m_i = \beta_1 m_{i-1} + (1 - \beta_1) g \qquad (2-14)$$

$$v_i = \beta_2 v_{i-1} + (1 - \beta_2) g^2 \qquad (2-15)$$

$$m_i = \frac{m_i}{1 - \beta_1^i} \qquad (2-16)$$

$$v_i = \frac{v_i}{1 - \beta_2^i} \qquad (2-17)$$

$$w_i = w_{i-1} - \eta \frac{m_i}{\sqrt{v_i} + \varepsilon} \qquad (2-18)$$

式中，β_1 和 β_2 为 Adam 算法中引入的超参数；m 为梯度的指数衰减值；v 为梯度平方的指数衰减值；η 为学习率；g 为梯度值；w 为学习参数；ε 为保证分母不为零的小常数。Adam 算法可以自动调整参数的学习率，大幅度提升了训练速度，有效提高了模型训练的稳定性，目前这类优化方法是深度学习相关任务中广泛应用的优化策略[101]。

2.2.3 经典特征提取网络

特征提取网络的结构直接关系图像处理的性能，基于深度学习的图像处理之所以性能大幅度优于传统方法，正是因为其强大的特征提取能力。在 CNN 中，特征提取网络也被称为主干网络。在图像领域应用 CNN 可追溯至 20 世纪末提出的 LeNet，当时 Lecun 用其成功完成了手写数字的自动识别。然而，当时的 CNN 一般均设计的层数较少，仅被用于处理简单的任务。2012 年，AlexNet[102] 获得了 ImageNet 竞赛的冠军，并且极大地拉开了与传统方法的性能差距，其被认为是首个深度卷积神经网络架构。自此之后，学者们在深度卷积神经网络领域进行了多方面的研究并提出了一系列经典的特征提取结构，极大地推动了 CNN 的发展。因此，改进特征提取网络的结构一直是提高算法性能最主要和最有效的途径之一。

1. AlexNet

AlexNet 开创了使用深度神经网络解决图像处理问题的途径。在 AlexNet 之前，受限于硬件性能，神经网络整体发展较慢。此外，虽然增加网络的深度可以在一定程度上增强网络对复杂模型的表达能力，然而往往随之会产生过拟合现象，使得其应用范围极为受限。AlexNet 的出现较好地解决了上述问题，其整个结构共分为 8 层，其中前 5 层为卷积层，后面三层为全连接层，AlexNet 的网络结构示意图如图 2 – 14 所示。

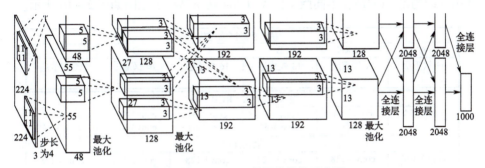

图 2 – 14　AlexNet 的网络结构示意图

为了避免网络加深而造成的过拟合现象，AlexNet 网络采用了 Dropout 算法[103]，其示意图如图 2 – 15 所示。Dropout 的基本思想为在训练时，对于每个神经元，在每一次向前传播时，都有一定的概率 P 保留，剩余的概率 $1 - P$ 被暂时丢弃。这意味着，首先，每次前向传播中参与计算的神经元集合是不同的，从而有效地避免了模型过于依赖某些局部特征，增加了模型的泛化性能，并且其减少了过拟合现象，使模型在处理未见过的数据时表现更好。其次，Dropout 提升了模型的鲁棒性，因为 Dropout 相当于训练了多个不同的子网络，最终测试时使用的是这些子网络的平均效果。最后，Dropout 具有正则化效果，通过随机丢弃部分神经元，强制网络在稀疏的条件下进行训练，相当于对模型施加了正则化约束，从而提升了整体的学习效果。

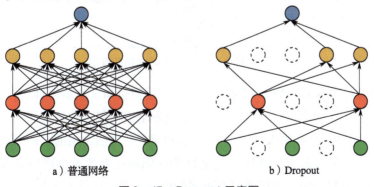

图 2 – 15　Dropout 示意图

2. VGGNet

随着 AlexNet 的提出，深度卷积神经网络进入了飞速发展的阶段。2014 年，VGGNet[104] 很好地探索了网络深度与性能之间的关系，有效推动了卷积网络的发展，其是 CNN 中最经典的特征提取网络之一。VGGNet 一共有 6 个版本，最常用的结构是 VGG16，不同版本的 VGGNet 网络结构示意图如图 2-16 所示。

卷积神经网络结构					
A	A-LRN	B	C	D	E
11 权重层	11 权重层	13 权重层	16 权重层	16 权重层	19 权重层
输入 (224×224 RGB 图像)					
conv3-64	conv3-64 **LRN**	conv3-64 **conv3-64**	conv3-64 conv3-64	conv3-64 conv3-64	conv3-64 conv3-64
最大池化					
conv3-128	conv3-128	conv3-128 **conv3-128**	conv3-128 conv3-128	conv3-128 conv3-128	conv3-128 conv3-128
最大池化					
conv3-256 conv3-256	conv3-256 conv3-256	conv3-256 conv3-256	conv3-256 conv3-256 **conv1-256**	conv3-256 conv3-256 **conv3-256**	conv3-256 conv3-256 conv3-256 **conv3-256**
最大池化					
conv3-512 conv3-512	conv3-512 conv3-512	conv3-512 conv3-512	conv3-512 conv3-512 **conv1-512**	conv3-512 conv3-512 **conv3-512**	conv3-512 conv3-512 conv3-512 **conv3-512**
最大池化					
conv3-512 conv3-512	conv3-512 conv3-512	conv3-512 conv3-512	conv3-512 conv3-512 **conv1-512**	conv3-512 conv3-512 **conv3-512**	conv3-512 conv3-512 conv3-512 **conv3-512**
最大池化					
全连接层-4096					
全连接层-4096					
全连接层-1000					
softmax					

图 2-16　VGGNet 网络结构示意图

如图 2-16 所示，VGG 网络使用了 5 组卷积层和 3 个全连接层，每次经过池化后其特征图减小为原来的 1/2，而通道数增加一倍，最后使用 softmax 进行分类[105]。在 VGGNet 中大量使用 3×3 卷积层代替之前常用的 5×5 卷积层，这种使用更小卷积核的方法在保证网络性能的同时可有效减少网络的参数数量。此外，更多数量的小卷积核可以有更多的激活函数，因此有效提高了模型的非线性表达能力，在当时 VGG 将卷积网络的模型深度提高到了 19 层。由于 VGGNet 良好的泛化能力和突出的性能，当前仍然有很多算法使用 VGGNet 作为主干网络。

3. GoogLeNet

深度卷积神经网络通常使用增加深度和宽度的方式来提升模型的性能，然而这种方式会带来参数量的大幅度增加。此外，深度和宽度的增加提升了模型过拟合的概率，并且容易带来梯度消失的问题。2014 年，谷歌团队提出了 GoogLeNet[106]，针对上述问题该团队设计出了 Inception 模块，有效地改善了深层模型参数量多等问题。借助其优异的性能，GoogLeNet 在当年的 ImageNet 大赛中获得了冠军。

Inception 模块示意图如图 2 - 17 所示，其使用了三个不同大小的卷积核及一个最大池化进行卷积计算，这种对特征并行地执行多个大小不同的卷积运算与池化可以获得更好的图像表征信息。此外，为了降低网络参数量，Inception 采用多个 1×1 卷积进行特征降维，这种方法在进行特征提取之前先降低了特征图的通道数，极大地降低了模型的参数量。由于其在模型参数量降低方面显著的效果，因此这种使用 1×1 卷积进行降维的方法在后续许多轻量化网络中均有使用。

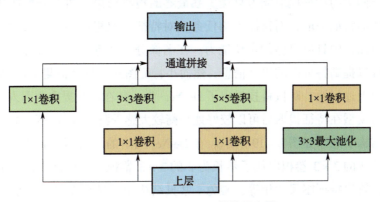

图 2 - 17　Inception 模块示意图

在 Inception v1 的基础上，谷歌团队又对其进行了一系列的深入研究，相继提出了数个 Inception 的改进版方案[107 - 108]，分别从多个角度对网络的性能进行了改进，有效推动了神经网络的快速发展。

4. ResNet

在 VGGNet、GoogLeNet 等网络出现后，学者们不断研究更深的网络以希望获得更加优秀的特征提取能力，然而在研究中发现过深的网络会变得非常难以训练,过深的网络会产生梯度消失的现象,另外其返回的梯度相关性会越来越差。2015 年,He 等人提出了深度残差网络 ResNet,较好地解决了梯度消失及梯度更新困难的问题,由于其优越的性能,ResNet 也成了此后许多网络发展的基础,目前 ResNet 及其各种变体大规模应用于分类、检测、分割等多种计算机视觉任务,ResNet 结构示意图如图 2 – 18 所示。

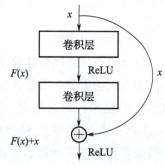

图 2 – 18 ResNet 结构示意图

如图 2 – 18 所示,ResNet 在深度卷积网络的不同堆叠层之间引入了跳跃连接,其让网络学习残差映射来代替之前希望每个堆叠层都能完美拟合潜在映射的思路。这种方式通过在不同堆叠层之间使用残差块使得卷积网络变得更易优化,有效避免了深层卷积网络训练中梯度消失的问题,使得网络可以轻易达到几十甚至上百层,极大地推动了深度卷积网络的发展。

5. DetNet

主干网络的特征提取能力直接关系最终的检测结果,图像分类任务更看重图像整体的特征提取,而目标检测任务在对特征提取提出很高需求的同时,更侧重于对图像中具体目标的定位能力。在图像分类任务中,可以对图像进行多次下采样以提高特征图的语义信息,然而小特征图几乎没有检测小目标的能力。

针对上述问题,旷世科技提出了 DetNet[109],其在特征提取中引入了空洞卷积,使得模型在特征提取后可以较好地平衡较大感受野与细节信息之间的问题,DetNet 结构示意图如图 2 – 19 所示。在 DetNet 网络的最后两组卷积层中,使用空洞数为 2 的 3×3 卷积取代了步长为 2 的 3×3 卷积,这种操作使得最后两组卷积层的输出特征图尺寸相等,避免了常见结构中的特征图尺寸减小,有利于

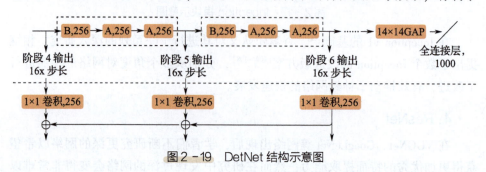

图 2 – 19 DetNet 结构示意图

提高目标定位性能。由于 DetNet 网络最后两层特征图的尺寸相等，因此在融合不同层的特征时避免了上采样操作，有效降低了模型参数量。

2.3 循环神经网络

虽然 CNN 使得计算机视觉领域取得了巨大的进步，然而其在序列数据建模领域，CNN 并不能提供有效的支持。循环神经网络（RNN）是一类用于处理序列数据的神经网络，它们的结构能够通过循环连接来保持时间上的信息。这使得它们特别适合处理时间序列数据和其他具有顺序依赖性的任务。在智能驾驶领域，RNN 的典型应用场景包括车辆路径规划、物体追踪、场景理解及驾驶状态监测等，本节对 RNN 进行详细介绍与分析。

2.3.1 循环神经网络概述

RNN 的基本单元[110]由输入层、一个或多个隐藏层和输出层组成。与前馈神经网络不同，RNN 的隐藏层之间存在循环连接，使得每个隐藏层不仅接收当前输入，还接收前一个时间步的隐藏状态。这个特性使得 RNN 能够记住先前的输入信息，从而适用于处理序列数据，RNN 的一般结构如图 2-20 所示。

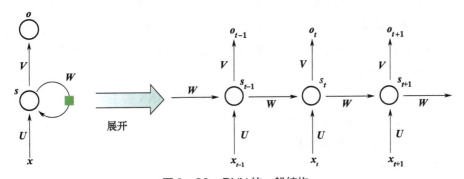

图 2-20 RNN 的一般结构

如图 2-20 所示，RNN 的计算公式见式（2-19）和式（2-20）。

$$s_t = \sigma(Ux_t + Ws_{t-1} + b_s) \tag{2-19}$$

$$o_t = \varphi(Vs_t + b_y) \tag{2-20}$$

式中，x_t 为 t 时刻的输入向量；s_t 为 t 时刻的隐藏向量；o_t 为 t 时刻的输出向量；U、V、W 为连接权重矩阵；b_s、b_y 为偏置向量；σ、φ 为激活函数。

目前 RNN 网络在序列数据处理方面已经取得了显著的进展，同时推动了多个领域的研究和应用，RNN 的发展历程可以大致分为三个阶段，如图 2－21 所示。

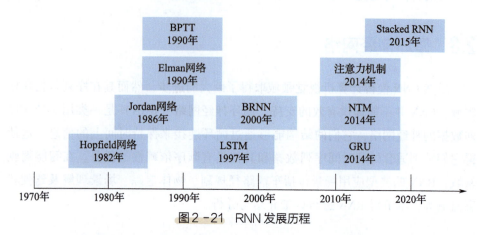

图 2－21 RNN 发展历程

如图 2－21 所示，RNN 起源于 Hopfield 于 1982 年提出的 Hopfield 网络，其是一种递归神经网络，用于解决联想记忆问题[111]。该网络结构由一个对称的权重矩阵和一个动态更新的状态矢量组成，在解决优化问题和模式识别方面有重要应用，但其存储容量有限，并且容易陷入局部最优解。

1986 年，Jordan 提出的 Jordan 网络是一种具有反馈机制的递归神经网络，其是第一个真正意义上的 RNN，实现了序列数据的递归[112]。在该网络中，隐藏层的输出不仅连接到下一层，还可以反馈到输入层。这种反馈机制使得网络能够捕捉到输入数据的时间依赖性，因而被广泛应用于时间序列预测和语音处理。

1990 年，Elman 提出了 Elman 网络，其包含输入层、隐藏层和输出层，改进了 Jordan 网络的结构[113]。Elman 网络成为当前 RNN 的主流形式，在自然语言处理和时间序列分析中取得了重要应用。同年，BPTT 通过将 RNN 展开成一个深度前馈网络，然后使用标准的反向传播算法进行训练，解决了时间序列数据的梯度计算问题。

1997 年，Hochreiter 和 Schmidhuber 提出了长短期记忆网络（Long Short－Term Memory，LSTM），其通过引入输入门、遗忘门和输出门来控制信息的流动，从而有效解决了梯度消失问题。LSTM 能够记住和利用长时间的依赖信息，在处理长序列数据时表现出色[114]。21 世纪初，BRNN 通过引入两个独立的 RNN，一个处理正向序列，另一个处理反向序列，从而能够利用整个输入序列的上下文信息，输出由这两个 RNN 的隐藏层状态决定，特别适用于需要理解前后文的任务。

2014 年，Cho 等人提出了门控循环单元（Gated Recurrent Unit，GRU），其通过合并一些门结构来减少参数数量，有效简化了 LSTM 的结构，同时仍能有效处理长时间依赖问题，在多个任务上达到了与 LSTM 相媲美的结果[115]。同年，Alex Graves 等人提出了神经图灵机（NTM）[116]，其结合了 RNN 和外部存储器，使网络具有读取和写入外部记忆的能力，可以学习复杂的算法和长时间依赖关系，拓展了 RNN 的应用范围。Bahdanau 等人提出了注意力机制[117]，这使得网络在处理每个时间步时选择性地关注输入序列中的不同部分，从而更好地捕捉长时间依赖信息，注意力机制大大提升了 RNN 在机器翻译等任务中的性能。

2015 年，Stacked RNN 通过将多个 RNN 层堆叠在一起[118]，每一层 RNN 都可以捕捉不同层次的时间依赖关系，上一层 RNN 的输入为下一层 RNN 的输出，使得模型能够更好地理解复杂的序列数据。

近年来，结合图神经网络和 RNN 的研究逐渐增多，用于处理更复杂的时空数据。未来的 RNN 将继续优化模型结构，提高处理长时间依赖和复杂时空数据的能力，同时探索多模态学习，将 RNN 与其他类型的神经网络相结合，以处理多模态数据与任务。

2.3.2　循环神经网络的衍生模型

RNN 在处理序列数据方面具有独特的优势，但也存在一些显著的不足。首先，传统的 RNN 在处理长序列数据时，容易出现梯度消失和梯度爆炸问题，使得模型在长时间依赖关系上表现不佳。其次，RNN 的单向结构只能利用过去的信息，不能同时考虑到未来的上下文。同时，RNN 的训练过程较为复杂，对计算资源的需求较高，在处理高维度数据时，容易出现计算瓶颈。为了克服这些不足，学者们开发了一系列 RNN 的衍生模型，如 LSTM、GRU 等，下面对 RNN 的相关衍生模型进行介绍。

1. LSTM

在训练长序列数据时，早期的 RNN 在进行梯度反向传播的时候会产生梯度非常小或者梯度爆炸的问题，导致网络难以学习和更新权重，这使得与当前时刻间隔较长的时间步对当前的影响削弱甚至消失。因此，标准的 RNN 只能对短期信息进行记忆和处理，无法有效记忆并利用长时间跨度内的重要信息。基于上述问题，LSTM 通过引入记忆单元和门控机制，可以有效地控制信息流动，使得梯度传递更加稳定，减轻了梯度消失和梯度爆炸的问题，当前在交通场景有广泛的应用[119]。LSTM 的网络结构如图 2 – 22 所示。

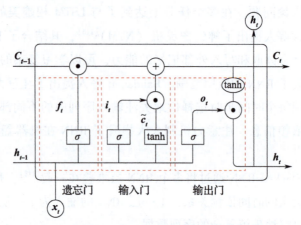

图 2 – 22　LSTM 的网络结构

LSTM 依靠贯穿隐藏层的细胞状态实现隐藏单元之间的信息传递，其中只有少量的线性干预和改变。如图 2 – 22 所示，LSTM 引入"门"机制对细胞状态进行添加或删除，"门"机制由 Sigmoid 激活函数和一个向量点乘操作组成，Sigmoid 激活函数的输出控制了信息传递的比例。

在 LTSM 结构中，通过遗忘门实现对细胞状态信息遗忘程度的控制，输出当前状态的遗忘权重，其主要取决于 $\boldsymbol{h}_{t-1}$ 和 $\boldsymbol{x}_t$，计算方法见式（2 – 21）。

$$\boldsymbol{f}_t = \sigma(\boldsymbol{U}_f \boldsymbol{x}_t + \boldsymbol{W}_f \boldsymbol{h}_{t-1} + \boldsymbol{b}_f) \tag{2 – 21}$$

LSTM 通过输入门实现对细胞状态输入接收程度的控制，输出当前输入信息的接收权重，其主要取决于 $\boldsymbol{h}_{t-1}$ 和 $\boldsymbol{x}_t$，计算方法见式（2 – 22）。

$$\boldsymbol{i}_t = \sigma(\boldsymbol{U}_i \boldsymbol{x}_t + \boldsymbol{W}_i \boldsymbol{h}_{t-1} + \boldsymbol{b}_i) \tag{2 – 22}$$

LSTM 通过输出门实现对细胞状态输出认可程度的控制，输出当前输出信息的认可权重，其主要取决于 $\boldsymbol{h}_{t-1}$ 和 $\boldsymbol{x}_t$，计算方法见式（2 – 23）。

$$\boldsymbol{o}_t = \sigma(\boldsymbol{U}_o \boldsymbol{x}_t + \boldsymbol{W}_o \boldsymbol{h}_{t-1} + \boldsymbol{b}_o) \tag{2 – 23}$$

在上述基础上，LSTM 的细胞状态可以进行更新，"门"机制对细胞状态信息进行添加或删除，由此实现长期记忆。

2. GRU

虽然 LSTM 通过引入复杂的门控机制有效地缓解了梯度消失和梯度爆炸的问题，然而其复杂的结构导致训练和推理的计算开销较大。2014 年，Cho 等人提出的 GRU 有效地简化了 LSTM 的门控机制，在保持性能的同时减少了计算复杂度。尽管 GRU 的结构较为简单，但其在许多任务上的性能与 LSTM 相当，特别是在需要较长时间依赖的任务中，GRU 能够有效地捕捉序列中的长期依赖关系，这使得 GRU 在许多应用中成为 LSTM 的替代方案，当前在交通场景也有广泛的应用[120]。典型 GRU 的网络结构如图 2-23 所示。

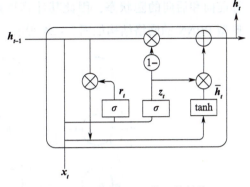

图2-23　典型 GRU 的网络结构

如图 2-23 所示，GRU 的重置门决定了如何将新的输入 x_t 与前一时刻的记忆 h_{t-1} 相结合以产生新的输入信息，其计算公式见式（2-24）。

$$r_t = \sigma(W_r x_t + U_r h_{t-1} + b_r) \tag{2-24}$$

GRU 中的更新门用于控制前一时刻的记忆 h_{t-1} 被代入当前状态中的程度，即更新门帮助模型决定到底要将多少过去的信息传递到未来时刻，用于更新记忆，其计算公式见式（2-25）。

$$z_t = \sigma(W_z x_t + U_z h_{t-1} + b_z) \tag{2-25}$$

基于上述式（2-24）与式（2-25）所述的重置门和更新门，新的记忆 h_t 被更新，见式（2-26）。

$$h_t = (1 - z_t) \cdot h_{t-1} + z_t \cdot \tanh[W_h x_t + U_h(r_t \cdot h_{t-1}) + b_h] \tag{2-26}$$

在式（2-24）~式（2-26）中，x_t 为 t 时刻的输入向量；h_t 为 t 时刻的记忆或者隐态向量；z_t 为 t 时刻的更新门向量；r_t 为 t 时刻的重置门向量；W、U 为连接参数矩阵；b_r、b_z 和 b_h 为偏置向量；σ 为 Sigmoid 函数；tanh 为 Tanh 激活函数。

3. BRNN

传统的 RNN 在处理序列数据时，通常只能利用从前向后的时间信息，然而很多应用场景不仅仅依赖于过去和当前的信息，也可能依赖于未来的信息。基于此，Schuster 和 Paliwal 提出了双向循环神经网络（BRNN）[121]，其通过同时利用从前向后和从后向前的时间信息，提高了模型对序列数据的处理能力。当前 BRNN 可以与前述所提到的 LSTM 及 GRU 相结合，能够更好地处理长序列数据，克服了传统 RNN 在长序列中面临的梯度消失问题。由于 BRNN 需要同时计算前向和后向的隐状态，因此其计算复杂度较高，对计算资源的需求也较大。典型 BRNN 的网络结构如图 2 – 24 所示。

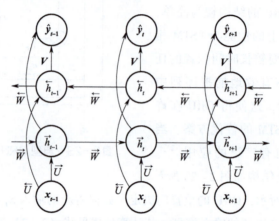

图 2 – 24　典型 BRNN 的网络结构

如图 2 – 24 所示，BRNN 将从序列起点开始移动的 RNN 与从序列末端开始移动的 RNN 相结合，实现了对过去和未来信息的依赖。双向循环神经网络的计算公式见式（2 – 27）~式（2 – 29）。

$$\vec{h}_t = f(\vec{U}\boldsymbol{x}_t + \vec{W}\overrightarrow{h_{t-1}} + \vec{b}) \tag{2-27}$$

$$\overleftarrow{h}_t = f(\overleftarrow{U}\boldsymbol{x}_t + \overleftarrow{W}\overleftarrow{h_{t-1}} + \overleftarrow{b}) \tag{2-28}$$

$$\hat{\boldsymbol{y}}_t = g(\boldsymbol{V}[\vec{h}_t; \overleftarrow{h}_t] + c) \tag{2-29}$$

在上述结构的基础上，BRNN 也可以扩展到多维输入中，从多个方向综合考虑输入信息，提升系统性能。

4. 堆叠 RNN

早期的 RNN 模型仅限于单层结构，虽然对于简单的序列任务可以取得不错的效果，但对于复杂的任务，其模型性能受到了一定的限制。在 2010 年前后，深度学习技术得到了迅速发展。AlexNet 等深度卷积神经网络在图像分类任务中的成功，引发了学术界和工业界对深层神经网络的广泛关注。在这种背景下，学者们也开始尝试将深度结构引入 RNN 中，从而形成堆叠 RNN[122]。

堆叠 RNN 通过堆叠多个 RNN 层，模型可以捕获更复杂的时间序列模式和长距离依赖关系，并且可以通过增加模型的深度，提高其泛化能力，从而在复杂任务中获得更好的表现。典型堆叠 RNN 的网络结构如图 2 – 25 所示。

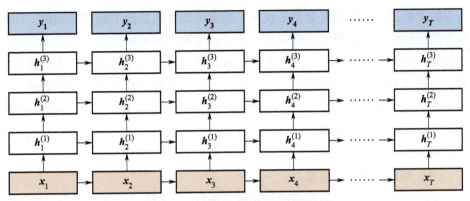

图 2-25　典型堆叠 RNN 的网络结构

如图 2-25 所示，堆叠 RNN 通常定义为多个递归层，其中每个递归层的输出均被作为下一层的输入，这样每个递归层都可以从前面的递归层中学到一个更高级别的表征，并通过更深层的模型进行推理。

2.3.3　循环神经网络的不足及其发展趋势

1. 循环神经网络的不足

虽然 RNN 能够处理任意长度的序列数据，在许多领域有突出的应用效果，然而受限于其固有特性，目前仍然存在计算效率低、梯度消失和梯度爆炸等一系列问题。

（1）计算效率低

RNN 的核心思想是通过时间步逐步处理输入序列的每一个元素，在每个时间步，RNN 会接收当前的输入和前一个时间步的隐藏状态，并生成当前时间步的隐藏状态和输出。这种依赖关系意味着后一个时间步的计算必须依赖前一个时间步的结果，难以进行并行计算。RNN 的算法特点使得其训练过程需要逐步进行，极大地增加了训练时间。此外，RNN 在推理阶段也需要逐步处理输入序列的每一个元素，难以满足智能驾驶这类场景的实时性要求。因此，RNN 在计算效率方面存在显著的不足，在实际应用中需要通过改进模型架构、分段处理等方式尽可能改善算法运算速度。

（2）梯度消失和梯度爆炸

梯度消失和梯度爆炸是深度神经网络中普遍存在的问题，由于 RNN 会通过链式法则逐层传递梯度，这类问题在 RNN 中尤为明显[123]。梯度消失会导致模型无法有效地更新参数，难以学习到有效的长时依赖关系，而梯度爆炸则会导

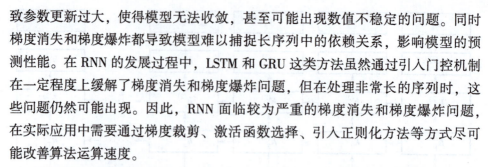

致参数更新过大，使得模型无法收敛，甚至可能出现数值不稳定的问题。同时梯度消失和梯度爆炸都导致模型难以捕捉长序列中的依赖关系，影响模型的预测性能。在 RNN 的发展过程中，LSTM 和 GRU 这类方法虽然通过引入门控机制在一定程度上缓解了梯度消失和梯度爆炸问题，但在处理非常长的序列时，这些问题仍然可能出现。因此，RNN 面临较为严重的梯度消失和梯度爆炸问题，在实际应用中需要通过梯度裁剪、激活函数选择、引入正则化方法等方式尽可能改善算法运算速度。

（3）难以捕捉全局信息

RNN 处理序列数据时是按时间步逐步进行的，而每个时间步的计算依赖于前一个时间步的隐藏状态，这种依赖关系使得网络在较长序列中难以有效地将全局上下文信息传递到远处的时间步。虽然 LSTM 和 GRU 这类 RNN 变体引入了门控机制以增强记忆能力，但它们的记忆仍然是有限的，对于非常长的序列可能不足以捕捉远距离的依赖关系，导致信息在长距离传播时逐渐丢失。此外，常用的 RNN 网络均是单向的，这种单向处理限制了模型捕捉全局信息的能力。因此，RNN 在全局信息捕捉方面存在明显的不足，在实际应用中需要通过引入BRNN、注意力机制和 Transformer 模型等方法提高处理长序列任务的性能。

（4）高计算资源需求

RNN 的计算是逐时间步进行的，因此每一步都依赖于前一个时间步的隐藏状态，这使得计算难以并行化处理。同时，由于 RNN 需要通过时间反向传播，而长序列的梯度反向传播过程涉及大量的矩阵运算和存储操作，这进一步增加了计算资源的需求。此外，在 LSTM 和 GRU 这类 RNN 变体中引入了门控机制，这些机制虽然显著增强了模型的记忆能力，但也增加了计算复杂度，每个时间步不仅需要计算隐藏状态，还需要计算和更新多个门。上述 RNN 运行中的固有特性均对硬件设施提出了较高的要求，在实际应用中需要通过模型优化、硬件加速、优化算法和数据处理优化等方法尽可能缓解模型对计算资源的较高需求。

2. 循环神经网络的发展趋势

由于 RNN 在序列数据处理方面具有显著的优势，因此其已经成为了人工智能相关领域的重要组成部分之一。随着 RNN 的不断发展，其在通常所述的序列数据处理之外，在混合模型、多模态学习及无监督学习等领域有广阔的发展前景。

（1）混合模型

RNN 擅长处理序列数据中的时间依赖关系，而 CNN 在提取局部特征方面表现出色，将两者结合可以在处理时序数据时发挥互补优势。如在行为识别任务中，CNN 可以提取每一帧的空间特征，而 RNN 可以处理这些特征随时间变化的依赖关系，这为准确的行为识别提供了技术基础。与上述结合方法相似，将 RNN 与 Transformer 相结合可以充分利用 Transformer 的全局依赖捕捉能力和 RNN 的局部依赖处理能力。基于 RNN 的混合模型结合了 RNN 与其他深度学习模型的优点，通过互补的方式提升整体性能，在自然语言处理、时间序列预测等领域均展现了广阔的应用前景。

（2）多模态学习

多模态数据融合是指将来自不同模态的数据进行联合处理，以综合利用它们之间的互补信息。由于不同模态的数据具有不同的特征表示和尺度，如何有效地融合这些异质数据是当前的一个难点。此外，多模态数据可能在时间上也具有一定的差异性，需要对数据进行对齐和同步处理。RNN 由于其在处理序列数据方面的优势，被广泛应用于多模态数据融合中，如将多模态数据输入 RNN，可以捕捉各模态间的时序依赖和互补信息。当前 RNN 在多模态学习中具有广阔的发展前景，通过设计新的网络架构和融合方法，可以显著提高复杂场景中多模态数据处理的效果。

（3）无监督学习

无监督学习旨在从无标签数据中学习有用的特征和模式，减少对大量标注数据的依赖，其对于 RNN 具有重要意义。无监督学习不仅大大降低了数据获取和标注的成本，还能提升模型在真实场景中的适应性和泛化能力，使其在实际应用中更加实用和高效。通过生成对抗网络（GAN）[124]、变分自编码器[125]等无监督学习技术，RNN 可以在数据丰富但标注稀缺的情况下仍然有效工作，极大地扩展了其应用场景，进一步拓宽了 RNN 的应用范围和实际价值。

2.4　Transformer

虽然传统的 RNN 模型能够处理序列数据，但是在获取远距离依赖关系时存在一定的缺陷，此外，RNN 模型由于其循环结构，难以并行化计算，这使得整体的训练速度较慢。Transformer 利用自注意力机制能够处理整个输入序列，这在有效获取远距离依赖关系的同时，可以实现并行化训练，显著加快了模型的处理速度。Transformer 除了在自然语言领域有广泛的应用之外，还广泛地用于目标检测和识别、图像分割及多模态融合等智能驾驶任务，本节对 Transformer 进行详细介绍与分析。

2.4.1 Transformer 概述

Transformer 是近年来一个新兴的重要模型，其独特的架构和强大的性能显著推动了自然语言处理和其他任务的进步，已经成为了深度学习领域的一个重要里程碑。

2017 年，Vaswani 等人提出了 Transformer 模型[126]，该模型完全基于注意力机制，不再依赖于传统的 RNN 和 CNN。在其研究中，Transformer 架构包括编码器和解码器两个部分，每部分由多个相同的层堆叠而成，每层包含多头自注意力机制和前馈神经网络。Transformer 的主要优势在于并行计算效率高，能够更好地捕捉长距离的依赖关系，从而在机器翻译等任务中表现出色。

2018 年，谷歌发布了 BERT 模型，旨在通过双向编码器来提高自然语言处理任务的性能。BERT 的核心思想是通过预训练一个双向的 Transformer 编码器，从而能够同时考虑句子中单词的前后文信息，而一般的单向模型只能从左到右或从右到左考虑上下文信息。BERT 在多个自然语言处理任务中取得了显著的效果，推动了预训练语言模型的发展[127]，BERT 模型结构图如图 2-26 所示。

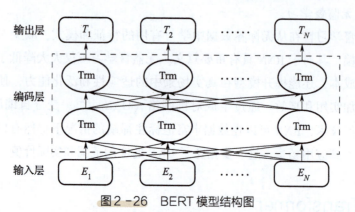

图 2-26　BERT 模型结构图

2018 年开始，OpenAI 开发了 GPT 系列模型，其专注于生成任务，通过自回归的方式进行文本生成[128]。GPT 的核心思想是使用 Transformer 的解码器部分进行预训练和微调，其在大规模未标记语料库上训练生成式语言模型，并在下游任务上进行微调以提升性能，有效减轻了模型对标记数据的依赖。在上述基础上，OpenAI 开发团队又持续发布了 GPT-2、GPT-3、ChatGPT、GPT-4 及 GPT-4o，当前 GPT-4o 已经成为了自然语言处理领域的标志性模型，在多样化的任务中拥有出色的表现，GPT 相关模型的发展进程如图 2-27 所示。

GPT-1	GPT-2	GPT-3	ChatGPT	GPT-4	GPT-4o
发布时间 2018年6月	2019年2月	2020年5月	2022年11月	2023年3月	2024年5月
参数量 1.17亿	15亿	1750亿	1750亿	1.8万亿	1.8万亿
任务能力 生成文本 问答 文本分类	已有能力提升 新增: 翻译 摘要	已有能力提升 新增: 对话	针对优化对话能力 提升流畅度	提高任务复杂度 文本+图像输入	提升响应速度 文本+图像+音频输入

图 2-27　GPT 相关模型的发展进程

Transformer 模型不仅在自然语言处理领域取得了巨大的成功，基于其强大的性能，在其他领域也取得了广泛的应用。随着 ViT[129-130] 的提出，Transformer 开始应用于计算机视觉领域。要把 Transformer 从自然语言领域迁移到计算机视觉领域，主要存在不同视觉主体存在很大尺寸差异、图像像素比自然语言文本具有更高的像素这两个方面的困难。为此，Liu 等人提出了 Swin Transformer[131]，其基于层级化 Transformer 结构及滑动窗口机制设计，在 ImageNet-1K 数据集上取得了 87.3% 的 Top-1 精度，同样，在目标检测、语义分割等其他视觉任务上，Swin Transformer 也有优秀的性能，其结构如图 2-28 所示。

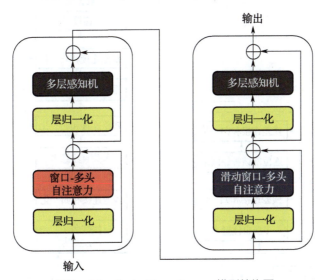

图 2-28　Swin Transformer 模型结构图

随着 Transformer 模型的不断开发，其当前已经可以处理文本、图像、音频等多种模态的数据，在自然语言处理、计算机视觉及跨模态任务等多个领域均有广泛的应用。

2.4.2　Transformer 的实现

Transformer 由编码器和解码器两部分组成，每个部分包含不同的模块，其中编码器负责理解输入，为每个输入构造对应的语义表示，解码器负责以自回归的方式逐个生成输出序列中的元素，Transformer 的网络结构如图 2－29 所示。

Transformer 的编码器由不同的层堆叠而成，每个层都包含多头自注意力和前馈神经网络两个子层，其中多头自注意力是 Transformer 的核心。在多头自注意力和前馈神经网络中，Transformer 使用残差连接和层归一化进行性能优化，每一层的输出见式（2－30）。

$$output = LayerNorm\left[X + SubLayer(X) \right] \tag{2-30}$$

式中，X 为输入；SubLayer 为多头自注意力子层或者前馈神经网络子层；LayerNorm 为层归一化；output 为输出。

与编码器类似，Transformer 的解码器也是由不同的层堆叠而成的。与编码器中的多头自注意力子层不同的是，解码器第一个子层中使用了掩码操作，因此在解码的过程中，解码器只可以看到已经生成的解码序列。在解码器的三个子层中，同样使用残差连接和层归一化进行性能优化。

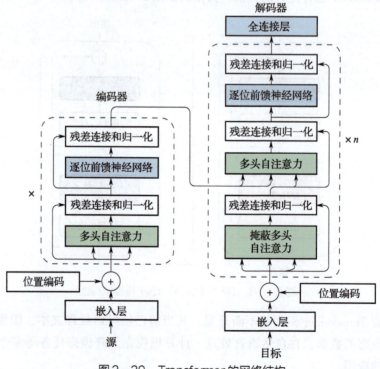

图 2－29　Transformer 的网络结构

自注意力机制在 Transformer 模型中具有重要的意义，是该模型的核心组成部分，其可以直接将序列中所有位置的特征进行加权平均，使得模型不仅能够捕捉到短期的局部依赖关系，更能够有效地捕捉长距离的依赖关系。此外，自注意力机制的设计使得每个位置可以独立地与其他位置进行交互，打破了传统序列模型中依赖前一步骤输出的限制，通过并行处理的方式，Transformer 不仅能够更快速地处理大规模数据，还在训练和推理阶段大幅缩短了时间，极大地提高了模型的计算效率。注意力机制使得 Transformer 模型能够在保留全局信息的同时，聚焦于相关性高的部分，从而提升整体的预测性能，自注意力机制的整体流程如图 2 - 30 所示。

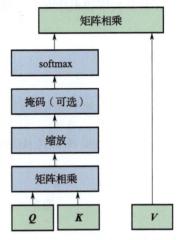

图 2 - 30　自注意力机制的整体流程

如图 2 - 30 所示，自注意力机制包含一个查询 Q 和一组键 K、值 V 向量对，通过计算查询和键之间的权重系数，然后使用这个权重系数对值向量进行加权平均，可以得到最终的输出向量。

在上述自注意力机制中，键向量 K 的维度为 d_k，值向量 V 的维度为 d_v。在进行自注意力计算时，首先进行 Q 和 K 的转置矩阵的相乘，得到查询和键的点积。其次，将点积结果除以缩放因子 $\sqrt{d_k}$，并在编码器中跳过掩码操作，而在解码器中需要进行掩码操作。在上述基础上，对缩放后的矩阵使用 softmax 函数获得值向量 V 的权重系数，并与值向量 V 进行矩阵相乘得到最终结果。在实际应用中需要首先将输入 X 通过线性变化映射为查询矩阵 Q、键矩阵 K 和值矩阵 V，如图 2 - 31 所示。

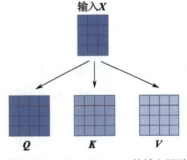

图 2 - 31　Transformer 的输入矩阵

在输入矩阵成功转换为目标矩阵之后，自注意力机制输出的计算公式见式（2 - 31）。

$$\text{Attention}(\boldsymbol{Q}, \boldsymbol{K}, \boldsymbol{V}) = \text{softmax}\left(\frac{\boldsymbol{Q}\boldsymbol{K}^{\text{T}}}{\sqrt{d_k}}\right)\boldsymbol{V} \qquad (2-31)$$

为了提升模型的计算效率，Transformer 中的多头自注意力机制通过并行计算多个独立的自注意力机制，分别对输入序列进行不同方面的关注和加权求和，然后将这些自注意力机制的输出串联并进行线性变换，最终生成更丰富和复杂的特征表示。这种机制增强了模型捕捉不同位置间复杂依赖关系的能力，有效提高了计算效率和表达能力。多头自注意力机制的结构图如图2-32所示。

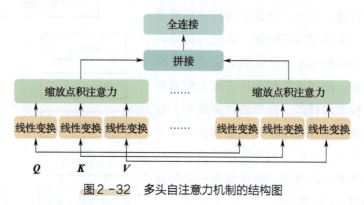

图2-32 多头自注意力机制的结构图

2.4.3 Transformer 的不足及其发展趋势

1. Transformer 的不足

Transformer 模型允许并行计算，并且拥有强大的特征表示能力，因其具有多种优势，已经在多个领域取得了显著的成果。然而在发展过程中，Transformer 模型也存在参数量大、对数据依赖性强等方面的问题，下面对 Transformer 的不足进行简要介绍。

（1）模型参数量大

Transformer 模型已经在许多领域展示了其强大的性能，然而由于其复杂的计算方式，因此模型通常包含大量的参数。例如，目前性能优越的 GPT-4 模型参数已经超过了万亿。这种庞大的参数量对计算资源和内存提出了极高的需求，在训练阶段就需要大量高性能的 GPU 或张量处理单元（TPU）。这些计算设备不仅价格昂贵，而且需要庞大的电力供应，高性能计算设备的维护和运行成本也非常高。

在实际应用中，即使在推理阶段，庞大的模型也需要大量的内存和极强的计算能力，这使得要实时应用于移动平台非常困难。实时应用要求极短的响应时间，而移动平台通常只有有限的计算能力和内存，这使得部署大型 Transformer 模型变得非常困难。

（2）数据依赖性强

Transformer 模型的复杂性意味着其在训练阶段需要更多的数据，具有较强的数据依赖性。这种模型在大规模数据集上更容易捕捉到丰富的特征和语义关系，从而显著提升模型的表现，这也意味着其在小规模的数据集上容易发生欠拟合或过拟合问题。欠拟合会导致模型无法充分学习到数据中的潜在模式，过拟合则意味着模型过度拟合训练数据中的噪声和特定模式。

然而，某些领域的数据难以获取，收集大量高质量的训练数据并进行相应的标注需要耗费大量时间和资源。例如，在医学领域，获取大量带有详细注释的医疗影像数据非常困难，因为这些数据需要由专家进行精细标注，这种特性也限制了 Transformer 模型在数据稀缺领域的应用。

（3）训练时间长

Transformer 模型训练过程中的矩阵乘法、点积计算、自注意力机制等操作都是计算密集型的，同时模型的参数量较大且计算复杂度高，因此需要较长的训练时间。由于单次训练时间较长，因此在训练过程中进行实验和调试变得极为困难和耗时。模型的超参数调优、结构调整，以及错误修正等需要反复进行实验，而每次实验都可能耗费数天、数周甚至数月的时间。这种长时间的实验周期使得学者们难以快速迭代和验证新想法，延缓了模型的优化过程，这也使得快速迭代和开发具有较大的困难，限制了模型在某些快速变化领域的应用。

（4）可解释性较差

自注意力机制是 Transformer 的核心部分，它使模型能够在不同位置之间建立依赖关系，从而捕捉到序列中重要的上下文信息。然而，自注意力机制捕捉的依赖关系是动态的，这意味着其根据输入序列的不同而变化。这些动态依赖关系在模型的不同层中不断更新和变换，每层的自注意力机制都会生成新的注意力权重，从而在每一层中重新分配不同位置的关注度。这种复杂的层间交互使得模型的决策过程高度非线性和难以解释。

此外，Transformer 模型通常包含多个编码器和解码器层，每层都有自己的自注意力机制和前馈神经网络。这些层级结构使得输入数据经过多次变换，每一层的输出都作为下一层的输入，进一步增加了模型的复杂性和不透明性。而某些领域对可解释性提出了较高的需求，这在一定程度上限制了模型的推广应用。

2. Transformer 的发展趋势

Transformer 已经在多个领域取得了显著的成功，其已经成为了人工智能相关领域的重要组成部分。随着 Transformer 技术的不断发展，其在自然语言处理、计算机视觉、多模态模型等领域均有广阔的发展前景。

（1）自然语言处理

Transformer 模型在自然语言处理领域[132]已经取得了显著的成功，具体任务如机器翻译、文本生成、语言模型等。然而由于模型性能、情感分析及伦理安全性等方面的原因，Transformer 模型仍在持续优化和改进。未来通过不断优化模型结构、提升训练效率和结合多模态数据，Transformer 技术有望在机器翻译、文本生成、信息检索、情感分析等方面取得更大的突破，推动自然语言处理技术的全面进步，从多方面促进人类生产和生活的进步。

（2）计算机视觉

Transformer 模型在计算机视觉领域展现出了巨大的潜力，以图像分类为例，基于 Transformer 的模型已经在多个基准上达到或超过 CNN 的性能。然而，由于智能驾驶这类任务对识别精度极高的要求，因此模型性能仍需持续改进。未来的发展方向包括改进模型的架构以提高计算效率和准确性，减少训练时间和资源需求；开发能够在不同数据集和领域之间泛化的视觉模型，提升模型的通用性和鲁棒性等。

（3）多模态模型

由于复杂场景感知对准确性有极高的要求，多模态感知成为了当前重要的发展趋势。Transformer 模型凭借其在自然语言处理和计算机视觉领域的显著优势，在多模态模型领域拥有巨大的应用潜力。未来的发展方向主要有研究更有效的多模态信息融合策略、设计能够同时处理多种模态的 Transformer 架构、优化跨模态表示学习方法等方面。通过多种方向的发展，基于 Transformer 的多模态感知技术可以为智能驾驶、增强现实、虚拟现实等领域的复杂场景感知提供重要的技术支撑，显著提升系统的整体性能和感知能力。

2.5 生成对抗网络

2.5.1 生成对抗网络概述

生成对抗网络（GAN）是深度学习中的一项重要技术，其通过生成器和判别器之间的对抗训练，实现高质量数据的生成[133]。GAN 最初被设计用于生成逼真的图像，其设计灵感来源于博弈论中的零和博弈。在零和博弈中，参与双方的收益完全相反，一方的收益必然会导致另一方的损失。在 GAN 中，生成器与判别器分别扮演了不同的角色，生成器的任务是生成接近真实数据分布的样本，而判别器的任务则是尽可能区分真实样本和生成器生成的样本。通过生成器和判别器之间的对抗，GAN 可以学习到生成高质量样本的能力。目前 GAN 在图像生成、数据增强等多个领域展现了广阔的应用前景，利用 GAN 生成的手写数字图像如图 2-33 所示。

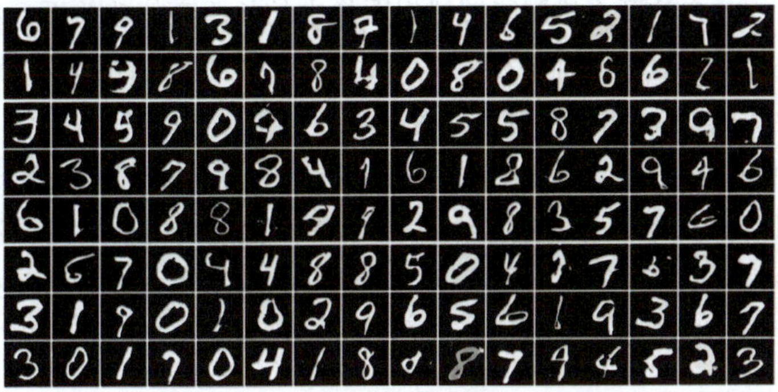

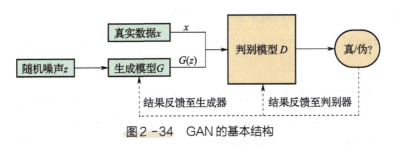

图 2-33　GAN 生成的手写数字图像

2014 年，学者们提出了 GAN 的基本框架[134]，包括生成器和判别器的对抗性训练，主要目的是使生成器生成的样本无法被判别器区分。这种对抗性训练机制通过两者之间的博弈来不断提升生成器的生成能力和判别器的识别能力。GAN 的提出开创了生成对抗模型阶段，其独特的对抗性训练机制为生成模型领域带来了新的思路和方法，不仅推动了图像生成、数据增强等领域的发展，在文本生成、语音合成、视频生成等方面也具有重要的应用价值。GAN 的基本结构如图 2-34 所示。

图 2-34　GAN 的基本结构

2015 年，Radford 等人将 CNN 引入 GAN 架构[135]，通过在生成器和判别器中使用 CNN 替代原始 GAN 中的全连接层，提出了深度卷积生成对抗网络（DCGAN）。这种方法应用创新的网络架构和设计原则，不仅提升了图像生成的性能，还促进了无监督学习和其他应用领域的发展，为后续的 GAN 研究提供了宝贵的经验和指导。同年，Denton 等人提出了拉普拉斯金字塔 GAN 模型（LAPGAN）[136]，将拉普拉斯金字塔结构与 GAN 相结合，通过逐层分解图像，可以捕捉图像中的细节和结构，显著提高了生成图像的细节和质量。

2018 年，Zhang 等人通过在生成器和判别器中引入自注意力机制来增强模型对全局依赖关系的捕捉能力，进而提出了自注意力生成对抗网络（SAGAN）[137]，自注意力机制能够捕捉图像中的长距离依赖关系，使得生成的图像更加细腻和逼真，特别是在生成具有复杂结构和细节的图像方面表现出色，有效地推动了 GAN 技术的发展和应用。

2019 年，Razavi 等人在 BigGAN 的基础上提出了 BigGAN-deep，通过深层网络和复杂训练策略的结合，BigGAN-deep 能够生成极其优秀的高质量图像[138]。BigGAN-deep 的成功不仅提升了 GAN 在图像生成任务中的表现，还推动了在更大数据集和更强计算资源下的 GAN 研究，为 GAN 技术的进步提供了重要的参考和启发。

2020 年之后，随着 Transformer 在自然语言处理和计算机视觉中的推动作用，学者开始探索将 Transformer 与 GAN 结合，逐渐开发了 Image-GPT[139]、TransGAN[140]等模型。这些模型旨在利用 Transformer 的长距离依赖建模能力和 GAN 的生成能力，使得生成图像在全局结构和细节上更加协调和逼真，推动了 GAN 和 Transformer 技术的进一步发展。

2.5.2　生成对抗网络的衍生模型

GAN 的目标是使生成的数据能够"骗"过判别器，最终使得生成器判断真实样本为真、生成样本为假的概率最小化。基于此，GAN 的目标函数可以定义为

$$\min_{G}\max_{D}V(D,\ G) = E_{x \sim p_{\text{data}}(x)}\big[\log D(x)\big] + E_{z \sim p_z(z)}\big\{\log\big[1 - D(G(z))\big]\big\}$$

$$(2-32)$$

式中，$V(D,G)$ 为真实样本和生成样本的差异程度；$p_{\text{data}}(x)$ 为真实数据 x 的分布；$p_z(z)$ 为噪声 z 的分布；$D(x)$ 为判别模型认为 x 是真实样本的概率；$D(G(z))$ 为判别模型认为生成样本 $G(z)$ 是假的概率。

在具体的优化过程中，首先固定生成器，优化判别器，使其能够更好地区分真实样本和生成样本。其次固定判别器，优化生成器，使其能够生成更逼真的样本以"欺骗"判别器。通过判别器和生成器的交替优化过程，生成器逐渐提高生成样本的质量，而判别器也变得越来越擅长分辨真假样本，最终达到一个动态平衡。因此，基于式（2-32），判别器的目标函数可以表示为式（2-33），生成器的目标函数可以表示为式（2-34）。

$$L_D = -E_{x \sim p_{\text{data}}(x)}\big[\log D(x)\big] - E_{z \sim p_z(z)}\big\{\log[1 - D(G(z))]\big\} \quad (2-33)$$

$$L_G = -E_{z \sim p_z(z)}\big[\log D(G(z))\big] \quad (2-34)$$

根据 GAN 的优化目的,则判别器的目标是最大化式(2-33)中的函数,而生成器的目标是最小化式(2-34)中的函数。基于典型的 GAN 理论,学者们为了提升网络性能又开发了一系列 GAN 的衍生模型,接下来对 GAN 的典型衍生模型进行介绍。

1. 条件生成对抗网络

原始的 GAN 网络只考虑优化生成数据的相似性,没有考虑到在优化过程中利用其他一些有用的条件进行限制,而加入一些有用的限定条件,可以让生成器产生更多样、更有针对性的数据。如可以通过在训练 GAN 时加入额外的标签信息,来让 GAN 生成属于特定类别的图像。在这种情况下,GAN 的目标就是通过生成器和判别器的不断对抗,找到生成数据的最优解,条件生成对抗网络(CGAN)就是一个典型的限定条件优化网络[141]。

CGAN 在 GAN 的基础上,通过引入条件信息 y,使得生成器和判别器都能够利用这些信息来生成和评估数据。其中生成器接收随机噪声向量 z 和条件信息 y,生成条件样本 $G(z|y)$,其目标是生成在条件 y 下尽可能真实的样本。而判别器接收样本 x 和条件信息 y,输出该样本在条件 y 下为真实样本的概 $D(x|y)$,其目标是尽可能准确地辨别真实样本和生成样本。基于 CGAN 的原理,其目标函数见式(2-35)。

$$\min_G \max_D V(D,G) = E_{x \sim p_{\text{data}}(x)}\big[\log D(x|y)\big] + E_{z \sim p_z(z)}\big\{\log[1 - D(G(z|y))]\big\}$$

$$(2-35)$$

式中, $E_{x \sim p_{\text{data}}(x)}\big[\log D(x|y)\big]$ 为在给定条件 y 的情况下,当样本采样自真实数据集时判别器能够准确判别其为真的期望; $E_{z \sim p_z(z)}\big\{\log[1 - D(G(z|y))]\big\}$ 为在给定条件 y 和输入噪声 z 的情况下生成器生成的样本被判别器判定为假的期望。CGAN 的结构如图 2-35 所示。

在图像生成任务中,CGAN 可以根据输入的标签生成特定类别的图像。例如,在手写数字生成任务中,可以通过输入数字标签生成指定数字的图像,这对于数据增强和图像生成具有重要意义。CGAN 有效实现了对生成样本的控制和多样性提升,在智能驾驶、医疗健康等领域中均有广泛的应用前景。

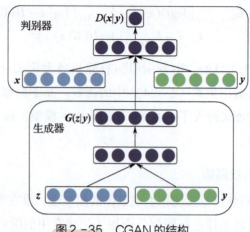

图2-35 CGAN的结构

2. 拉普拉斯金字塔生成对抗网络

随着 GAN 的提出，利用计算机生成高质量的图像成为了可能。然而由于早期的生成器难以捕捉高分辨率图像的细节，GAN 模型要生成高分辨率的图像仍然存在一定的困难，使得生成的图像往往模糊且缺乏层次感。针对上面问题，学者们提出了拉普拉斯金字塔生成对抗网络（LAPGAN）[142]，LAPGAN 通过多级分辨率的图像生成策略，利用拉普拉斯金字塔结构逐步生成高分辨率图像。这种方法不仅能够保留图像的细节和层次结构，还能够逐层优化生成过程，显著提升了生成图像的质量。

在 LAPGAN 中，首先从噪声向量开始，生成一个低分辨率的图像。然后，将低分辨率图像进行上采样，并与噪声向量结合，生成更高分辨率的细节信息，这个过程会反复进行，直到生成目标分辨率的图像。在生成的过程中，每一层都通过独立的生成器和判别器进行优化，从而保证每一层次的细节信息都能够被准确生成。通过这种分层次的生成和优化，LAPGAN 能够逐步生成高分辨率且细节丰富的图像。LAPGAN 模型的结构如图 2-36 所示。

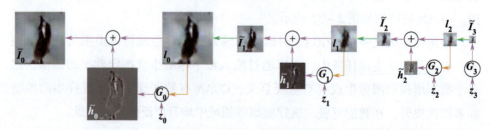

图2-36 LAPGAN 模型的结构

LAPGAN 模型不但能够生成高分辨率且细节丰富的图像，并且其分层次的生成和优化策略，使得每一层的生成任务相对简单，降低了生成器和判别器的对抗难度，从而提高了训练的稳定性。LAPGAN 这类迭代式生成优化方法在提供高分辨率图像的同时，还为后续的多分辨率生成模型研究奠定了基础，迭代式生成优化方法的总体思路如图 2 - 37 所示。

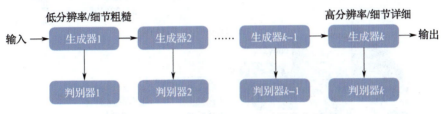

图 2 - 37　迭代式生成优化方法的总体思路

3. 深度卷积生成对抗网络

GAN 通过两个网络的对抗训练实现数据的生成和分类，生成器的目标是生成逼真的数据以"欺骗"判别器，而判别器的目标是区分真实数据和生成数据，这种对抗训练机制使得 GAN 能够生成高质量的数据。然而这种两个网络之间的对抗关系容易导致训练过程中的振荡和模式崩塌，此外早期 GAN 模型的生成器和判别器通常由全连接层构成，这种简单的架构在处理高维图像数据时表现出明显的局限性，无法有效捕捉图像中的空间特征和层次信息，生成的图像往往模糊且缺乏细节。针对上述问题，学者们将 CNN 引入了 GAN，提出了深度卷积生成对抗网络（DCGAN）[143]，显著提升了生成器和判别器的表达能力和训练稳定性。

DCGAN 使用卷积层和反卷积层来构建生成器和判别器，去除了早期 GAN 中的全连接层。这种全卷积架构能够更好地捕捉图像的空间特征和层次信息，使生成器能够生成更逼真的高分辨率图像。并且 DCGAN 去除了池化层，通过卷积和转置卷积操作实现空间维度的变化。这种方法避免了池化层可能带来的信息丢失，使生成器和判别器能够更好地保留和处理图像的细节信息。另外，在生成器和判别器中引入批量归一化，可以在减少梯度消失和梯度爆炸问题的同时提高训练的稳定性。DCGAN 的提出有效地增强了训练稳定性，提高了生成质量，并且推动了 GAN 的进一步研究，其结构如图 2 - 38 所示。

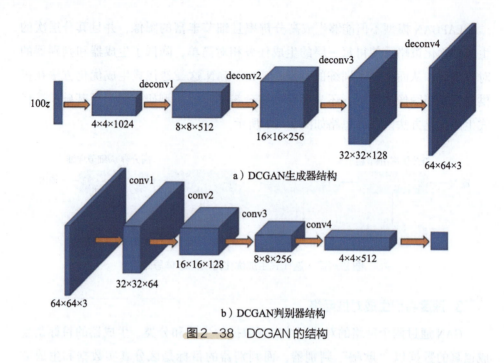

a）DCGAN生成器结构

b）DCGAN判别器结构

图2-38 DCGAN的结构

2.5.3 生成对抗网络的不足及其发展趋势

1. 生成对抗网络的不足

GAN在生成逼真数据方面展现了巨大的潜力，可以广泛使用于图像生成、数据增强、图像修复等领域。然而在技术的发展过程中，GAN也存在训练不稳定、模式崩塌、数据依赖等多方面的问题[144]，下面对GAN技术中存在的不足进行简要介绍。

（1）训练不稳定

GAN是通过生成器和判别器的相互对抗进行训练的，生成器和判别器的目标是相互对立的，这种对抗关系使得优化过程较为复杂。在训练初期，生成器生成的样本往往与真实数据差异较大，这会导致生成器的梯度非常小，容易发生梯度消失的问题。同理，当判别器不能有效区分生成样本和真实样本时，容易发生梯度爆炸的问题。此外，由于生成器和判别器的对抗性，训练过程中二者会不断地超越对方，导致生成器和判别器的参数来回振荡，可能发生无法收敛到稳定状态的情况。上述GAN的固有特性导致训练过程可能出现难以收敛、生成结果不稳定等问题，对生成结果的质量产生了较为严重的影响，对模型优化及架构调整提出了较高的需求。

（2）模式崩塌

模式崩塌是 GAN 训练过程中常见的问题之一，它是指生成器在训练过程中集中生成少数几种样本，导致生成样本缺乏多样性，难以覆盖真实数据分布的所有模式。在 GAN 的训练过程中，当生成器找到一组样本集可以成功"欺骗"判别器时，可能会倾向于不断生成这些样本，从而导致模式崩塌的问题。此外，生成器和判别器的学习速度不一致也可能会导致模式崩塌，在训练过程中若判别器过于强大，生成器可能会收敛到一种简单的生成策略，以满足判别器的要求，导致生成样本缺乏多样性。针对模式崩塌的情况，学者们通过引入多样性正则化、结构改进等方法，在一定程度上缓解了模式崩塌的问题。

（3）数据依赖

GAN 由生成器和判别器两个复杂的神经网络组成，生成器需要学习从随机噪声中生成逼真的数据，而判别器需要学习如何区分真实数据和生成数据，要训练出性能优越的模型需要大量的高质量数据来捕捉数据分布的细微特征和模式。当训练数据不足时，生成器无法学习到数据分布的全面信息，导致生成的样本质量较低，可能缺乏细节和真实性。此外，数据不足或质量不高会导致生成器的泛化能力差，生成的样本无法覆盖目标数据分布的所有模式。而在医疗影像、遥感探测等领域中存在获取大量高质量数据困难的问题，这种数据依赖性限制了 GAN 的进一步推广应用。

2. 生成对抗网络的发展趋势

GAN 已经在多个领域取得了显著的成功，其已经成为了人工智能相关领域的重要组成部分。随着 GAN 技术的不断发展，其在改善生成性能、多模态生成、与强化学习结合等领域均有广阔的发展前景。

（1）改善生成性能

虽然当前 GAN 已经取得了显著的发展成果，然而由于某些具体应用领域较高的要求，因此其仍需持续改善生成性能，目前主要的改进方向包括模型架构、损失函数、优化算法等。在模型架构方面，深层网络结构、自注意力机制、多尺度生成、自适应归一化等技术的引入，使得 GAN 能够捕捉更复杂的特征和全局信息，生成质量得到大幅提升。在损失函数方面，采用更好的损失函数可以更稳定地进行生成器优化，显著提升生成质量。在优化算法方面，自适应学习率、梯度惩罚、双重判别器等技术的应用，使得 GAN 的训练过程可以更加平稳，有效减轻训练中的振荡和梯度爆炸问题。通过上述改进方法不仅可以增强

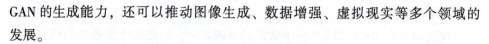

GAN 的生成能力，还可以推动图像生成、数据增强、虚拟现实等多个领域的发展。

（2）多模态生成

多模态生成是利用不同模态之间的关联信息来提高生成模型的性能和多样性的方法[145]。例如，在图像生成任务中，可以利用文本描述来引导图像的生成，使得生成的图像更符合预期。在音频生成任务中，可以利用图像信息生成与之对应的音频，或者根据文本描述生成相应的声音。在 GAN 的任务中有效结合多模态信息，不但可以提供更丰富的上下文，增强生成样本的细节，提高准确性，还可以更精细地控制生成样本的特征和属性。多模态生成是 GAN 发展的重要方向之一，通过结合图像、文本、音频等不同类型的数据，可以实现更加丰富和多样化的样本生成，有效提升生成模型的能力。

（3）与强化学习结合

GAN 通过生成器和判别器之间的对抗训练能够生成高质量的样本，然而 GAN 的训练过程常常面临不稳定性和模式崩塌等问题。强化学习是一种通过试错法来学习最优策略的机器学习方法，将强化学习引入 GAN 的训练中，可以利用策略优化和探索机制，增强生成器和判别器的学习能力，提高训练的稳定性和生成质量。通过结合强化学习与 GAN，强化学习能够动态调整生成器和判别器的策略，根据训练过程中的反馈不断优化参数，使其在处理复杂任务时表现得更加稳定和高效。将强化学习引入 GAN 的训练中，已经成为了 GAN 发展的重要方向之一，可以有效推动其在各种复杂场景中的实际应用。

2.6 本章小结

智能驾驶汽车的复杂场景感知涉及多种理论知识，在实际应用中要实现准确可靠的感知与理解，提高算法性能是最重要的途径。本章对复杂场景感知的深度学习理论进行了详细介绍，首先讨论了图像预处理方法，其是其他理论方法的重要组成部分，有效的图像预处理操作可以极大改善算法的最终处理结果。随后对深度学习阶段最核心的几种方法进行了详细介绍，包括卷积神经网络、循环神经网络、Transformer 及生成对抗网络，这些方法的快速发展为实现复杂场景感知提供了可能，本章内容可以为后续章节具体方法的深入分析与讨论奠定重要的理论基础。

第 3 章
面向智能驾驶复杂场景感知
的目标检测技术

目标检测是计算机视觉的基本任务之一，与图像分类等任务不同，目标检测以图像中每个单独的物体为目标，其同时给出单独目标的类别和边界框[146-147]。目标检测为行人检测[148]、交通灯检测[149]、交通标志检测[150]等环境理解提供了有效的解决方案，其对智能驾驶环境感知具有重要的研究意义和应用价值。

传统的目标检测算法通常首先对图像进行预处理以降低噪声干扰，随后利用 Haar、HOG 这类手工设计的特征描述符进行特征提取[151-152]，最后使用 SVM、KNN 等分类器进行目标识别[153-154]。这类方法在检测过程中通常使用滑动窗口来预测目标，在过去取得了较好的检测性能[155-156]。不过由于滑动窗口方法需要遍历所有可能的位置及尺寸，对计算机的运算能力提出了很高的要求，另外由于手工设计特征描述符的表达能力较弱，因此整体检测效果较弱。随着深度学习的发展，目标检测获得了极大的进步。近年来，通过在特征提取网络、算法结构、损失函数、数据增强、训练策略等多个方向的突破，目标检测已经能较好应用于人脸检测、文本检测等场景[157-158]。

3.1 目标检测关键问题的理论方法分析

虽然深度学习的发展极大地促进了目标检测技术的性能[159-160]，使其可以逐步应用于一些简单场景，然而由于智能交通环境的复杂性，因而目标检测要实际应用于智能交通系统仍然存在一系列的关键问题亟待解决，包括目标检测在复杂环境中的准确性问题、目标检测在复杂环境中对重要目标的注意力不足问题、复杂环境中的小目标检测问题、复杂环境中的多尺度目标检测问题等[161-162]。基于目标检测中的关键问题，本节对边界框回归损失相关理论、注意力机制相关理论、模型训练策略相关理论及多尺度特征学习相关理论进行了详细的分析。

3.1.1 边界框回归损失相关理论分析

在早期的目标检测算法中，通常不包含边界框回归技术，而是直接使用滑动窗口作为最终的检测结果，为了获得尽可能准确的检测框，学者们只能使用非常密集的滑动检测器，这种方法不但不够精确，而且需要耗费大量的计算资源。后续为了改善预测框与真实框的重合程度，学者们将边界框回归作为后处理模块引入目标检测中，提出了在获得检测结果后进一步优化边界框的策略。当前为了进一步提高检测结果的准确性，学者们在算法中引入了边界框回归损失函数，将边界框回归作为模型的一部分进行端到端的训练，这种方法极大地改善了检测框与真实框的重合程度。当前常用的边界框回归损失主要有基于坐标的边界框回归损失和基于交并比（IoU）的边界框回归损失等[163]。

1. 基于坐标的边界框回归损失函数

在早期基于深度学习的目标检测算法中，边界框回归损失主要有 L_1 损失函数、L_2 损失函数及 Smooth L_1 损失函数等[164-165]。L_1 损失函数即平均绝对误差，主要用于计算真实样本值和模型预测值之间绝对差值之和的均值。L_1 损失函数的计算方法见式（3-1）。

$$L_1 = \frac{\sum_{i=1}^{n} |y_i - y_i^p|}{n} \tag{3-1}$$

式中，y_i 为真实样本值；y_i^p 为模型预测值；i 为预测的边界框；n 为预测的边界框总数。

L_1 的损失曲线处处连续，但是当 $y_i - y_i^p = 0$ 时不可导，而且其在大多数情况中梯度相等，这不利于模型后期的训练和学习。但是由于其具有稳定的梯度，故可以避免梯度爆炸的问题。

L_2 损失函数即均方误差，其主要用于计算真实样本值与模型预测值之间差值平方之和的均值。L_2 损失函数的计算方法见式（3-2），其中各项含义与式（3-1）相同。

$$L_2 = \frac{\sum_{i=1}^{n} (y_i - y_i^p)^2}{n} \tag{3-2}$$

L_2 的损失曲线光滑、连续，每个点均可导，并且随着误差的减小，梯度也在减小，有利于模型的收敛。但是当真实样本值与模型预测值的差值大于 1 时会放大误差，差值小于 1 时会缩小误差，由此导致对较大的误差给予较大的惩罚，较小的误差给予较小的惩罚，受离群点影响较大，有可能会影响正常点的预测效果，由此降低模型性能。

Smooth L_1 损失在函数曲线上对 L_1 损失函数进行了平滑处理，其采用分段函数的形式使模型在不同优化阶段分别避免了 L_1 和 L_2 损失函数的缺点，其计算方法见式（3-3），其中 x 为真实样本值和模型预测值的差值。

$$\text{Smooth } L_1(x) = \begin{cases} 0.5x^2 & |x| < 1 \\ |x| - 0.5 & \text{其他} \end{cases} \quad (3-3)$$

Smooth L_1 损失函数的函数特性决定了当真实样本值与模型预测值之间的差值过大时，梯度值不至于过大；当真实样本值与模型预测值之间的差值很小时，梯度值很小。其较好地避开了 L_1 损失函数和 L_2 损失函数的缺陷。由于 Smooth L_1 的优点，经典的 Faster RCNN 及 SSD 算法中均使用该损失函数进行模型优化。L_1、L_2 和 Smooth L_1 的函数曲线[166]如图 3-1 所示。

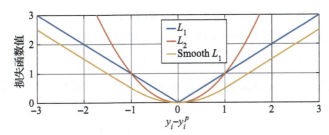

图 3-1　L_1、L_2 和 Smooth L_1 的函数曲线

在基于坐标的边界框回归损失函数中，除了上述常用的 L_n-norm 损失函数外，早期在 YOLO 算法中还使用了误差平方和（SSE）来进行边界框回归，其计算方法见式（3-4）。

$$\begin{aligned} \text{SSE} = \lambda_{\text{coord}} \sum_{i=0}^{s^2} \sum_{j=0}^{B} I_{ij}^{\text{obj}} \left[(x_i - \hat{x}_i)^2 + (y_i - \hat{y}_i)^2 \right] + \\ \lambda_{\text{coord}} \sum_{i=0}^{s^2} \sum_{j=0}^{B} I_{ij}^{\text{obj}} \left[(\sqrt{w_i} - \sqrt{\hat{w}_i})^2 + (\sqrt{h_i} - \sqrt{\hat{h}_i})^2 \right] \end{aligned} \quad (3-4)$$

在式（3-4）中将定位损失分为了预测框中心坐标及预测框宽高两部分。同样大小的误差对小目标更敏感，造成了不同尺度目标在优化中的不均衡，为了避免这种负面影响，式（3-4）中在计算预测框宽高损失的部分对参数进行了开方处理，较好地平衡了不同尺寸目标的损失差异。

2. 基于 IoU 的边界框回归损失函数

上述定位损失函数广泛用于早期目标检测中的边界框回归问题，然而由于其函数特性，因此这种直接利用坐标计算优化误差的损失函数对尺度变化非常敏感，并且其计算结果与最终的度量方法不一致。为了改进上述问题，进一步优化边界框的回归过程，学者们提出了 IoU 损失函数，其计算方法见式（3-5）。

$$L_{\text{IoU}} = 1 - \text{IoU} \qquad (3-5)$$

如上所述，IoU 损失函数直接使用预测框与真实框的交并比来优化目标边界框，这种方式一方面解决了之前基于坐标的损失函数对于尺度变化敏感的问题，另一方面解决了损失函数的优化目标与最终的评价基准不一致的问题。然而由于其仅仅只包含 IoU 一项优化参数，因此当真实边界框与预测框不重叠时 IoU 一直为 0，此时 IoU 损失函数失效，无法提供优化效果。虽然 IoU 损失函数在训练中存在一定的缺陷，然而其有效推动了定位损失的发展，之后的边界框回归损失函数均在此基础上进行优化，其计算方法见式（3-6）。

$$L = 1 - \text{IoU} + R(B, B^{\text{gt}}) \qquad (3-6)$$

式中，$R(B, B^{\text{gt}})$ 为优化真实边界框与预测边界框之间差异的损失惩罚项。

针对 IoU 损失中存在的缺陷，学者们进一步提出了 GIoU 损失函数[167]，这种回归方式引入了针对真实边界框与预测框不重叠时的惩罚项，其计算方法见式（3-7）。

$$L_{\text{GIoU}} = 1 - \text{IoU} + \frac{A^c - U}{A^c} \qquad (3-7)$$

式中，A^c 为真实边界框与预测框形成的最小矩形区域的面积；U 为真实边界框与预测框形成的并集面积。在此惩罚项的回归作用下，当真实边界框与预测框不相交时，损失函数会迫使预测框往真实边界框的方向移动。GIoU 损失函数有效地解决了 IoU 中真实边界框与预测框不相交时定位损失无法优化的问题，提升了边界框的回归效果。

虽然 GIoU 可以避免模型训练中梯度消失的问题，但是有学者认为其仍然存在模型收敛速度慢及检测精度不够理想等问题，为了进一步改善边界框的回归效果，学者们提出了 DIoU 损失函数[168]，其计算方法见式（3-8）。

$$L_{\text{DIoU}} = 1 - \text{IoU} + \frac{\rho^2(b, b^{\text{gt}})}{c^2} \qquad (3-8)$$

式中，$\rho^2(b, b^{gt})$ 为真实边界框与预测框中心点之间的欧几里得距离；c 为真实边界框与预测框形成的最小矩形区域的对角线长度。DIoU 损失函数中增加了中心距惩罚项，此惩罚项会促进真实边界框与预测框中心点不断靠近，一方面加快了收敛速度，另一方面当两个框为包含关系时仍然能继续优化。在提出 DIoU 损失函数的同时，其提出者认为一个优秀的损失函数应该包含重叠面积、中心距及宽高比三个重要的几何因素，因此进一步提出了 CIoU 损失函数。CIoU 在 DIoU 的基础上增加了纵横比为惩罚项，其损失函数见式（3–9）。

$$L_{\text{CIoU}} = 1 - \text{IoU} + \frac{\rho^2(b, b^{gt})}{c^2} + \alpha v \tag{3-9}$$

式中，αv 为纵横比惩罚项，其他各项参数的含义与 DIoU 损失函数中一致。CIoU 一方面能够促使模型快速收敛，另一方面能够优化模型训练结果，提高检测准确性，可以便捷地应用在各类先进的检测器中，是当前目标检测中使用最广泛的边界框回归损失函数。

在上述基于 IoU 的边界框回归损失函数之外，有学者认为利用幂级数可以优化物体的损失和梯度，从而提高边界框的回归准确性。基于上述思想，学者们提出了 Alpha-IoU 损失函数[169-170]，其是一种对现有基于 IoU 的损失函数利用指数进行改进的方法，使用 Alpha-IoU 对常用基于 IoU 损失函数改进见式（3–10）。

$$
\begin{aligned}
&L_{\text{IoU}} = 1 - \text{IoU} \Rightarrow L_{\alpha-\text{IoU}} = 1 - \text{IoU}^\alpha \\[8pt]
&L_{\text{GIoU}} = 1 - \text{IoU} + \frac{A^c - U}{A^c} \Rightarrow L_{\alpha-\text{GIoU}} = 1 - \text{IoU}^\alpha + \left(\frac{A^c - U}{A^c}\right)^\alpha \\[8pt]
&L_{\text{DIoU}} = 1 - \text{IoU} + \frac{\rho^2(b, b^{gt})}{c^2} \Rightarrow L_{\alpha-\text{DIoU}} = 1 - \text{IoU}^\alpha + \frac{\rho^{2\alpha}(b, b^{gt})}{c^{2\alpha}} \\[8pt]
&L_{\text{CIoU}} = 1 - \text{IoU} + \frac{\rho^2(b, b^{gt})}{c^2} + \beta v \Rightarrow L_{\alpha-\text{CIoU}} = 1 - \text{IoU}^\alpha + \frac{\rho^{2\alpha}(b, b^{gt})}{c^{2\alpha}} + (\beta v)^\alpha
\end{aligned}
\tag{3-10}
$$

式（3–10）为对常见的 IoU、GIoU、DIoU、CIoU 损失函数利用指数进行改进的结果，除了 α 代表幂级数外，其余各项含义均与式（3–5）~式（3–9）相同。这种方式通过简单地增加 α 指数，有效提高了边界框的收敛速度和回归准确性，并且其可以轻易地扩展到多个基于 IoU 的损失函数，具有良好的泛化性。从早期基于坐标的边界框回归损失函数发展到当前广泛使用的基于 IoU 的边界框回归损失函数，目标检测中边界框回归技术的发展路线如图 3–2 所示。

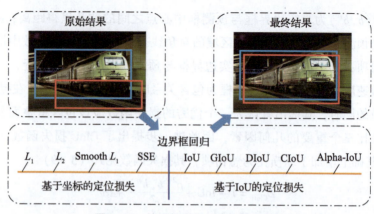

图3-2　边界框回归技术的发展路线

虽然当前常用的定位损失函数已经能较好地完成边界框回归任务，然而由于优化过程可能存在特殊性及常见损失惩罚项可能存在不足等问题，其仍然具有重要的改进空间。

3.1.2　注意力机制相关理论分析

早期的注意力机制主要用于自然语言处理[171]、数据预测[172]等领域，由于其突出的性能及与人类视觉相似的特性，当前注意力机制已广泛应用于各种计算机视觉领域。按照网络在建模时对不同信息的处理方式，当前计算机视觉中的注意力机制大体可分为空间域、通道域以及通道和空间混合域三类[173-174]。

1. 基于空间域的注意力机制

基于空间域的注意力机制[175-176]本质是一种图像在空间域上的选择机制，通过给待检测目标分配更大的权重来提高网络对其的注意程度，同时降低无关背景信息的权重，减少网络对无效信息的关注。

在注意力机制被用于计算机视觉任务之前，CNN 通过最大池化或者平均池化对图片进行信息压缩，在减少计算量的同时提升准确率。有学者们认为利用池化进行信息压缩的方法会导致严重的信息丢失，降低了模型的准确性，为此提出了空间变换网络（STN）[177]。当特征图输入 STN 之后会分别进入两条通路，其中一条通路中将输入特征层送入定位网络，另一条将输入特征层作为原始特征直接进入采样层。当输入特征 U 进入定位网络之后会学习到一组参数 θ，而这组参数会通过网格生成器生成一个变换矩阵，将变换矩阵与原始特征相乘之后，就得到了变换后的输出特征图 V。STN 的结构如图 3-3 所示，其中 U 代表输入特征图，V 代表输出特征图。

　　这种 STN 就是典型的空间注意力机制，其通过在空间上关注的方式可以帮助网络找出图像中目标所在的区域，同时还包括一定的旋转、缩放等功能，可以方便地插入通用卷积模块中，有效促进了模型在空间域上对重要信息的关注。

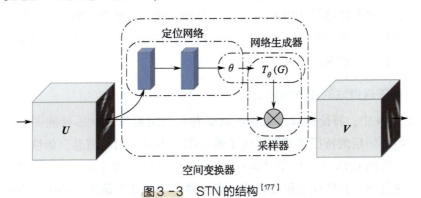

图 3-3　STN 的结构[177]

　　由于一般卷积操作中的卷积核通常固定尺寸，因此输出特征图上的每个特征点只能感受到输入特征图上对应点周围的信息，只有随着网络深度的加深及特征图尺寸的减小，输出特征图上的感受野才会逐渐增大。然而网络的逐渐加深又会带来优化困难、信息丢失等问题。为此，学者们提出了 NLNet 模块[178]来获取特征图的全局信息，其结构如图 3-4 所示。

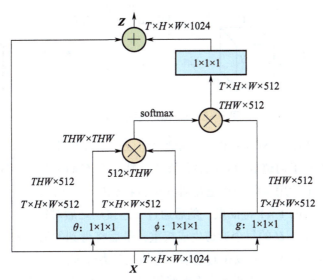

图 3-4　NLNet 模块结构[178]

　　如图 3-4 所示，X 代表输入特征图，Z 代表输出特征图，特征图输入非局部连接模块之后将分别进入三条支路，首先使用 1×1 卷积对输入特征图进行降维以减少整个模块的计算量。其次，在前两个支路进行相似度计算，得到不同位置上的相互关系，并使用 softmax 函数对上述计算结果进行归一化处理，得到注意力矩阵。然后使用注意力矩阵与第三条支路相乘得到注意力模型的输出结果。最后，将上述结果使用 1×1 卷积变换到与输入特征图相同大小，并与输入特征图进行融合得到最终的输出特征图 Z。这种 NLNet 模块可以有效地增强网络对全局视野的理解能力。

2. 基于通道域的注意力机制

在 CNN 中，特征提取网络通过增加卷积的层数来提取尽可能多的特征信息，这些不同层的特征图分别描述了输入图像不同方面的信息，如纹理、边缘等。在一般的 CNN 中，模型对所有通道采用相同的处理方式，而针对具体的计算机视觉任务，其特征的重要程度是存在差异的。基于通道域的注意力机制其本质就是一种图像通道域上的选择机制，通过给更重要的通道分配更大的权重，使得模型提高对这些信息的关注程度。

对于具体的视觉任务，为了使网络可以更加有倾向性地关注更重要的通道，以此提高模型的性能，有学者提出了经典的 SENet 模块[179]，其使得模型可以有效地关注不同通道特征之间的差异性，其结构如图 3-5 所示。

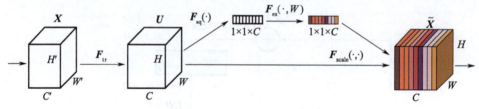

图 3-5　SENet 模块结构[179]

如图 3-5 所示，SENet 主要由两部分组成，输入特征图 X 经过一系列卷积等操作之后得到了通道数为 C 的特征图 U。特征图 U 将分别输入两条通路，首先在通道维度上使用全局平均池化对其进行特征压缩，将每个特征层均压缩成具有全局感受野的 1×1 特征点。随后通过全连接层之后对每个通道的重要性进行预测，为特征图 U 的每个通道生成权重，最后将得到的通道权重与另一条通路的原始特征图相乘，完成在通道维度上的注意力分配。

在 SENet 中使用全局平均池化来获得每个通道的均值，这种全局一阶池化的方式表达信息有限，在一定程度上限制了网络的建模能力。考虑到二阶统计信息相比于一阶的方式可获得更丰富的信息，学者们提出了 GSoP 通道注意力模块[180]，如图 3-6 所示。GSoP 通道注意力模块中输入特征图首先通过 1×1 卷积进行降维，然后计算通道之间的相关性，获得二维的协方差矩阵。其次，对获得的协方差矩阵利用卷积等操作提取结构信息，并调整到与输入特征图相同的维度。最后，将结构信息与输入特征图相乘，完成在通道维度上的注意力分配。

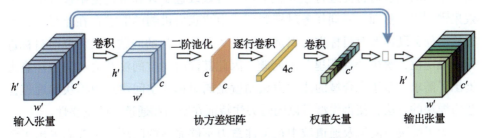

图 3-6　GSoP 通道注意力模块结构[180]

与 SENet 及 GSoP 通道注意力模块相似，为了获得更好的性能，各类方法均致力于开发更复杂的注意力模块。此外，各类方法为了获得不同通道之间的依赖关系，均在通道维度上采用了降维操作。为了降低模型复杂度并有效获取通道注意力，学者们提出了 ECA 通道注意力模块[181]，其结构如图 3-7 所示。

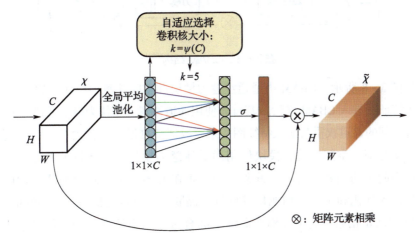

图 3-7　ECA 通道注意力模块结构[181]

如图 3-7 所示，在 ECA 通道注意力模块中输入特征图之后首先使用全局平均池化进行特征整合，随后通过自适应大小的一维卷积实现了局部跨通道的信息交互，并使用 Sigmoid 函数获得通道维度的权重信息完成注意力分配。ECA 的提出者认为降维方法会对通道注意产生副作用，因此他们在设计中使用一维卷积代替通道降维，在降低模型复杂度的同时有效地获得了跨通道信息特征，提高了通道注意力的性能。

3. 基于混合域的注意力机制

上述基于空间域的注意力机制和基于通道域的注意力机制使得网络可以分别从不同的角度对特征进行差异化学习，有效改进了计算机视觉中模型的训练效果[182-183]。然而，不同任务对模型训练中注意力机制的需求存在差异，如目标检测任务既需要对目标进行识别，解决"是什么"的问题，又需要对目标进行精准定位，解决"在哪里"的问题，因此其同时对空间注意力和通道注意力提出了需求。基于混合域的注意力机制就是同时构建空间注意力模块和通道注意力模块的方法，使得模型可以同时关注特征在空间和通道上的重要性。

为了解决空间域及通道域中视觉注意力不够完整的问题，学者们提出了卷积块注意力模块（Convolutional Block Attention Module，CBAM）[184]，其分别在通道和空间上建立相应的注意力机制，随后对其进行组合使得模型可以综合学习不同的特征信息，其结构如图 3 – 8 所示。

图 3 – 8   CBAM 结构[184]

如图 3 – 8 所示，CBAM 由通道注意力模块和空间注意力模块顺序结合而成，当输入特征图进入 CBAM 之后，其首先使用通道注意力模块为每个通道生成权重，随后将得到的通道权重与输入特征图相乘完成通道维度的注意力分配。与通道注意力模块相似，空间注意力模块使用通道注意力模块的输出特征图作为输入信息完成空间上的注意力分配。此外，CBAM 在上述两个注意力模块中同时应用了全局最大池化和全局平均池化进行特征提取，其有效地提高了模型性能。

与 CBAM 相似，为了在模型训练中综合考虑通道注意力和空间注意力，进一步加强网络的特征表示能力，学者们提出了 DANet 注意力模块[185]，其结构如图 3 – 9 所示。与 CBAM 中将两个注意力模块顺序组合不同，DANet 通过两个并行的注意力模块来分别获得空间注意力和通道注意力。对于空间注意力模块，其选择性地通过所有位置的加权求和来聚合每个位置的特征，这个过程可以被看作对整个图像空间进行全局的依赖关系建模，能够更好地捕捉到图像中的全局上下文信息。对于通道注意力模块，其选择性地强调某个特征图来突出关键的通道信息，使得对网络最有贡献的特征通道得到增强。最终融合上述两个注意力模块的输出以进一步增强网络的特征表达能力。

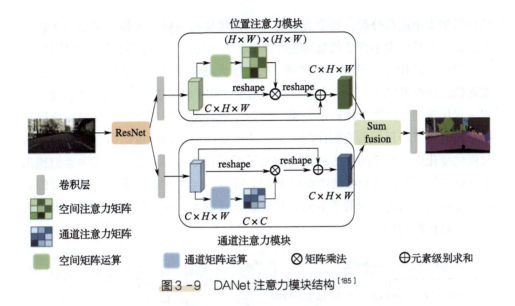

图 3 –9　DANet 注意力模块结构[185]

3.1.3　模型训练策略相关理论分析

　　小目标检测是目标检测任务中的重点和难点，由于小目标所占像素较少，在图像上仅包含非常有限的信息，因此小目标检测效果一直较差，这同时也是影响目标检测实际应用最重要的因素之一[186]。为了改进小目标的检测性能，模型训练策略一直是重要的解决方案。由于特征层的感受野存在差异，因而不同尺度的特征层分别适合不同尺度目标的检测，当前解决小目标检测问题的训练策略多与此有关。

　　如图 3 –10 所示，学者们基于不同特征的感受野差异提出了 SNIP 算法[187]，其可以有选择地反向传播不同尺度目标的梯度。在训练中，SNIP 将图像按不同

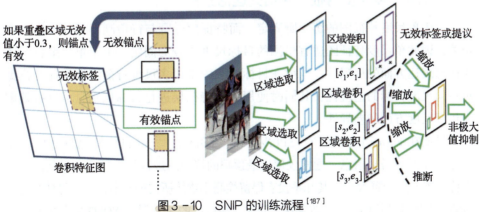

图 3 –10　SNIP 的训练流程[187]

的分辨率大小进行分类，每个类别对应不同尺度的目标，这种方法相当于在每个分辨率上只对大小合适的目标进行训练，有效地提高了小目标的检测性能。

然而，SNIP 采用的图像金字塔方法会极大地增加计算复杂度，导致运行速度降低。在此基础上，学者们进一步提出了 SNIPER 算法[188]，其只处理物体周围一定比例的待检测区域而不是整个图像，这种方式在保证模型效率的情况下有效地改善了小目标的检测性能。由于特征空间中不同通道的信息可能会随着尺度的变化而完全不同，这种差异加大了模型训练中的难度，为此学者们提出了 SAN 算法[189]，其网络结构如图 3 – 11 所示。这种方法将来自不同尺度的卷积特征映射到尺度不变的子空间，其有效地减少了尺度空间中的特征差异，改善了小目标检测的性能。

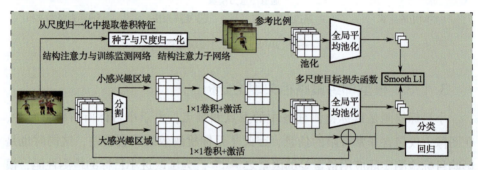

图 3 – 11 SAN 的网络结构[189]

除上述基于感受野的训练策略之外，在目标检测中还存在多种与模型训练效果直接相关的技术，如损失函数、优化算法等。考虑到这些方法在模型训练中重要的作用，其在提高小目标检测性能方面也具有重要的研究潜力。

3.1.4 多尺度特征学习相关理论分析

由于单尺度特征图的感受野固定，而特征感受野与待检测目标的尺度紧密相关，因此单尺度特征图适宜检测的目标尺度也较为固定。由于单尺度特征图在信息表达方面的局限性，当前在目标检测中常用多尺度特征结构来提升模型对不同尺度目标的适应性，其同时使用多个特征层进行目标识别，可以有效解决目标尺度方面的差异性。

早期在 Faster RCNN[190]、SPPNet[191]、YOLOv1[192] 等目标检测算法中为了增强特征图的语义信息，通常仅使用最顶端的特征图进行目标预测，但是由于顶端特征图的感受野太大，其几乎没有保留检测小物体所需的细节信息，导致只适合检测较大尺度的目标。为了改善这个问题，在后续的 SSD[193]、YOLOv3[194] 等算法中采用金字塔结构输出不同尺度的特征层。金字塔多层输出是同时采用几个不同尺度的特征图作为输出特征层，不同尺度的特征层分别负责检测不同尺度的目标，极大地克服了早期单输出层在检测不同尺度目标时的缺陷。由于金字塔多层输出对小尺度检测以及多尺度检测问题良好的改善效果，其已经成为当前目标检测算法中最常用的方法之一，其结构如图 3-12 所示。

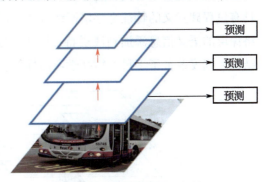

图 3-12　金字塔特征层结构

与金字塔特征层类似，为了改善模型对不同尺度目标的检测效果，学者们提出了图像金字塔结构[195]，如图 3-13 所示。这种方法将输入图像调整到多个不同的尺度并分别对其进行训练和预测，有效地改善了模型的多尺度检测性能，但是由于这种结构需要并行地训练多个检测分支，导致严重增加了模型的计算复杂度，降低了图像的处理速度。

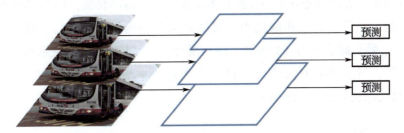

图 3-13　图像金字塔结构

在上述结构的基础上，学者们又提出了整合特征结构，其结构如图 3-14所示。这种结构首先对多个特征层进行融合，随后利用整合而成的综合特征图进行预测，这种综合特征图包含图像不同层次的抽象特征，具有更好的定位与分类性能，有效地改善了模型的检测性能。

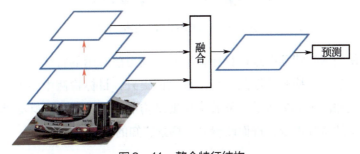

图 3-14　整合特征结构

为了改善典型的自上而下卷积网络结构中细节特征会随着深度的增加而逐渐丢失的问题，学者们在金字塔特征层及整合特征等多种结构的基础上提出了具有里程碑意义的特征金字塔网络（FPN）[196-197]，其利用特征融合的思想可以将深层的语义信息添加到浅层特征图中，以融合不同尺度特征图的优点，这种结构大幅度改善了多尺度特征学习的性能，如图3-15所示。

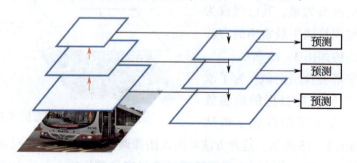

图 3-15　FPN 结构

相比于普通的多层特征图，FPN 使用顶层丰富的语义信息对底层的细节信息进行增强，极大地提升了小目标和多尺度目标的检测性能。因为 FPN 显著的性能，基于此学者们又相继提出了可变形帧预测网络（DFPN）、反卷积 SSD（DSSD）、特征融合 SSD（FSSD）、路径聚合网络（PANet）等一系列的变体结构[198-201]，当前这类方法已成为目标检测算法中最常用的组成部分，其中，DSSD 算法结构如图3-16所示。

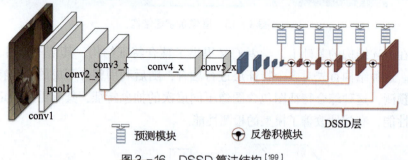

图 3-16　DSSD 算法结构[199]

从只使用顶端特征图进行目标检测发展到当前常用的特征金字塔结构及多尺度输出，多尺度检测的性能获得了极大的提升，目标检测中多尺度特征学习的发展路线如图3-17所示。随着多尺度结构的进一步发展，其必然会推动目标检测技术的持续进步，进而改善复杂场景感知的性能。

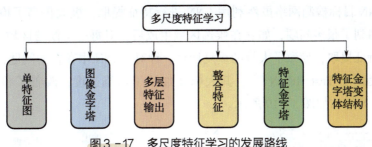

图 3 - 17　多尺度特征学习的发展路线

3.2　两阶段目标检测网络

两阶段的检测框架主要分为区域建议和目标检测两个阶段，首先在待检测图像上提出一系列区域建议框，随后进一步进行目标检测。目标检测领域中经典的 RCNN 系列算法即为两阶段目标检测网络。

3.2.1　RCNN 系列

2014 年 R. Girshick 提出了 RCNN 检测算法[202]，将 CNN 应用于特征提取，借助于 CNN 良好的特征提取性能取得了巨大的突破，其将 VOC 数据集上的检测准确性从 35.1% 提升到了 53.7%，RCNN 算法处理流程如图 3 - 18 所示。

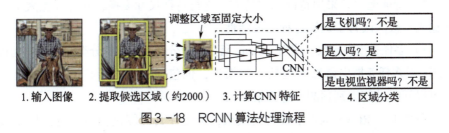

图 3 - 18　RCNN 算法处理流程

基于图 3 - 18，RCNN 的算法处理流程主要包含以下四个步骤：

1）候选区域生成。使用 Selective Search 等选择性搜索算法在输入图像中生成约 2000 个候选区域，随后还需要将每个区域进行归一化处理，得到固定大小的图像。

2）CNN 特征提取。将上述固定大小的图像利用 CNN 进行特征提取，得到固定维度的特征输出。

3）目标分类。将提取的特征输入 SVM 分类器，判断候选区域的类别。

4）边界框回归。使用回归模型对候选区域进行边界框回归，得到更为精确的目标区域。

RCNN 目标检测网络虽然利用 CNN 进行特征提取，极大提高了检测效果，然而也遇到了很多问题，如它在候选区域生成后，对每一个候选区域都要进行独立的特征提取，导致了大量的重复计算。针对 RCNN 中存在的问题，Girshick 进一步提出了 Fast RCNN[203]，其大幅度加快了训练速度，改善了检测性能，Fast RCNN 结构如图 3 - 19 所示。

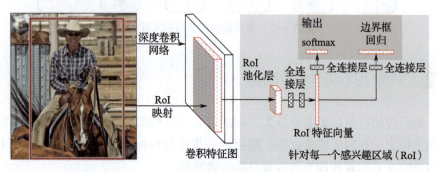

图 3 - 19　Fast RCNN 结构

如图 3 - 19 所示，相比于 RCNN 目标检测网络，Fast RCNN 的主要改进有以下几点：

1）共享特征计算。Fast RCNN 将整个图像输入卷积网络进行特征计算，有效避免了多次计算候选区域特征之间的重复计算。

2）特征池化。采用特征池化的方法进行特征尺寸变换，允许任意大小图像的输入，极大改善了训练过程的灵活性。

3）多任务损失函数。使用 softmax 函数进行分类，并且将分类与回归一起进行训练，其多任务损失函数既包括分类损失，也包括边界框回归损失，这使得模型可以同时进行类别预测和边界框回归。

虽然 Fast RCNN 取得了显著的成果，但是在其计算过程中候选区域生成所用的 Selective Search 算法需要消耗 2 ~ 3s 的时间，这成为了制约该算法实时运行的主要障碍。为此，学者们进一步提出了 Faster RCNN 目标检测网络，其使用 RPN 网络将区域生成与卷积网络进行整合，实现了端到端的检测过程，极大地减少了区域建议消耗时间，另外共享特征避免了重复的特征计算，在 VOC07 数据集上检测精度达到了 73.2%，在 COCO 数据集上检测精度达到了 42.7%。RPN 结构如图 3 - 20 所示。

Faster RCNN 通过将候选区域生成过程与网络训练融合在一起，极大地提升了网络性能，使实时检测成为了可能，其主要改进有以下几点：

1）RPN。Faster RCNN 引入了 RPN 网络来生成候选区域。RPN 是一个轻量

级的全卷积网络，其可以便捷地生
成物体候选区域 "anchors"。

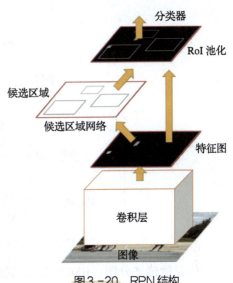

2）共享卷积特征图。Faster
RCNN 通过共享卷积特征图来减少
计算开销，卷积特征图一方面用于
生成候选区域，另一方面还用于进
一步的分类和回归。

3）端到端训练。Faster RCNN
的候选区域生成和物体检测可以在
同一网络中完成，可以通过端到端
的形式进行训练。

Faster RCNN 的提出在计算机
视觉领域具有重要的意义，其是目

图 3-20　RPN 结构

标检测领域的一个重要里程碑，大幅改善了目标检测的速度和准确性，为后续
的目标检测算法奠定了坚实的基础。

3.2.2　RFCN

Faster RCNN 虽然在目标检测中取得了显著的进展，然而其在每个候选区域
上分别进行全连接层的计算，这部分全连接网络占据了整个网络结构的大部分
参数，极大地影响了检测速度。与此同时，全卷积网络（FCN）在语义分割任
务中取得了明显的进步[204]，其将全连接层替换为卷积层，使得网络能够高效处
理任意大小的输入图像，极大减少了网络的参数量，提高了计算效率，这为目
标检测任务提供了新的思路。

针对 Faster RCNN 中的计算效率问题，学者们借鉴 FCN 的网络特征提出了
RFCN，其通过引入位置敏感评分图实现了对位置的敏感，并且采用了全卷积网
络，明显地减少了网络参数量。RFCN[205]结构如图 3-21 所示。

RFCN 通过结合区域建议网络和全卷积网络，实现了高效且高精度的目标
检测，其主要结构有以下几点：

1）输入图像和特征提取。输入待检测图像之后，采用 CNN 进行特征提取，
并生成特征图。

2）区域建议网络 RPN。在特征图生成相应的锚框，并预测这些锚框是否
包含目标以及目标的边界框调整参数。

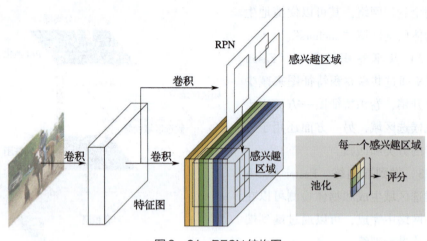

图 3 – 21 RFCN 结构图

3）位置敏感评分图。RFCN 在基础特征图上生成一组位置敏感的评分图，随后在每个子区域内，使用对应的评分图提取特征，对每个子区域内的特征进行平均池化。

4）分类和回归。将位置敏感 ROI 池化得到的特征向量输入到分类器中，预测候选区域所属的类别。同时，将位置敏感 ROI 池化得到的特征向量输入到回归器中，预测边界框的精确坐标调整参数。

3.2.3 Cascade RCNN

在目标检测中，IoU 用于衡量预测框和真实框的重叠程度。高 IoU 阈值意味着预测框需要与真实框高度重叠，才能被视为正确检测。虽然选择更高的 IoU 阈值时，检测器的定位会更准确，但是会使得正样本变少，导致正负样本不均衡的问题。因此在高 IoU 阈值下，一般检测器的性能普遍较差。

针对高 IoU 阈值下的性能下降问题，学者们提出了 Cascade RCNN 目标检测网络[206]，其通过多阶段检测器，在每个阶段逐步提高 IoU 阈值，逐步细化边界框，提高了最终的检测精度。并且在多个基准数据集上的实验结果表明，Cascade RCNN 在高 IoU 阈值下的性能显著优于常用检测器，Cascade RCNN 结构如图 3 – 22 所示。

图 3 – 22 中，Pooling 代表 RoI 池化过程，H1、H2、H3 分别代表不同 IoU 阈值下的检测器，C 和 B 分别代表分类与回归网络。在 Cascade RCNN 的结构中，每一个检测器的边界框检测结果作为下一个检测器的输入，同时检测器的 IoU 阈值逐渐提升，这种方法可以逐步细化候选区域，有效提升了检测精度。

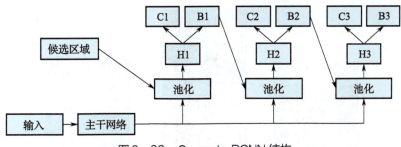

图 3 -22　Cascade RCNN 结构

在两阶段的目标检测框架中，区域建议和分类是两个主要部分。研究者可以通过提出不同的区域建议生成算法和特征提取算法来提高检测效果，也可以通过改进分类部分来提升检测结果。虽然整体框架相比一阶段目标检测方法更为复杂，但通常具有更好的鲁棒性和准确性。

3.3　单阶段目标检测网络

虽然两阶段目标检测网络已经可以取得良好的检测效果，然而其算法运行策略在一定程度上限制了检测速度。针对智能驾驶这类对实时性具有极高要求的场景，两阶段目标检测网络难以满足实际应用需求。为此，研究者提出了单阶段目标检测网络，其是一种直接从输入图像中生成目标检测结果的框架，而不需要中间的区域建议步骤。与两阶段检测方法不同，单阶段目标检测器将检测任务简化为一个端到端的回归问题，通过一个单一的神经网络同时预测边界框的位置和类别标签，这种方法极大地加快了网络的运行速度，但可能在检测精度上不及两阶段检测器。

3.3.1　YOLO 系列

2015 年，Redmon 等人提出了深度学习时代第一个单级检测器 YOLO，该检测器的思路如图 3 -23 所示，它将单个神经网络应用于整个图像，将图像分割成多个区域，同时预测每个区域的边界框和概率，这种模式极大地提高了检测速度。而在智能驾驶的复杂场景感知任务中检测速度尤为重要，只有高速检测才可以避免一系列可能发生的危险，单阶段检测框架为此提供了可能。

在 YOLO 算法中，最初的卷积层用于提取图像特征，每个卷积层后接一个激活函数，最后的两层全连接层用于输出边界框的坐标和类别概率。相比于两阶段的检测器，虽然 YOLO 极大地加快了算法运行效率，然而其定位精度有所

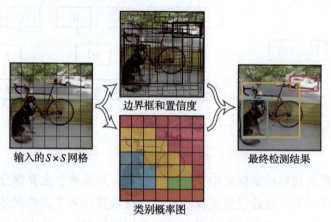

边界框和置信度

输入的 $S×S$ 网格

类别概率图

最终检测结果

图 3 -23　YOLO 检测器的思路

下降，由于每个网格单元只预测两个边界框，因此对于小目标及群体目标的检测效果较差。

虽然最初的 YOLO 算法存在一些不足，然而其创新的设计理念和实时检测能力对目标检测领域产生了深远的影响。针对 YOLOv1 中存在的问题，Redmon 等人随后又提出了 YOLOv2 算法[207]，显著改善了模型的检测性能，其网络结构如图 3 - 24 所示。

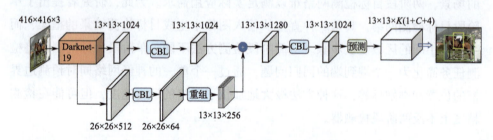

图 3 -24　YOLOv2 的网络结构

YOLOv2 通过多项改进在检测速度和精度上取得了较好的平衡，其主要改进有以下几点：

1）更高效的卷积特征提取网络。研究者为 YOLOv2 算法设计了新的特征提取网络 Darknet-19，它比 YOLOv1 使用的网络更深，具有更多的卷积层，有效提升了模型性能。

2）批量归一化。研究者在 Darknet-19 网络中每个卷积层后添加批量归一化层，有助于网络解决反向传播中的梯度消失和爆炸问题，可以加速模型收敛，提高了模型的稳定性和性能。

3）Passthrough 层。研究者在 Darknet-19 网络中引入了 Passthrough 层，其将早期卷积层中的特征图转换为与后期卷积层特征图具有相同分辨率的特征图，并与后期特征图拼接在一起，有助于精确定位小目标。

4）更小的卷积核。YOLOv2 中使用连续的 3×3 卷积核代替 YOLOv1 中较大的卷积核，在一定程度上降低了计算复杂度，同时提高了特征提取的精度。

虽然 YOLOv2 在目标检测领域取得了显著的进步，但仍然存在一些明显的缺陷和局限性，如小目标检测性能不足、锚框设计、高精度定位等。针对上述缺陷，Redmon 等人又提出了 YOLOv3 网络，将当时一些较好的检测方法融入了YOLO 算法，在保持检测速度的同时进一步改善了检测精度，YOLOv3 的网络结构如图 3 – 25 所示。

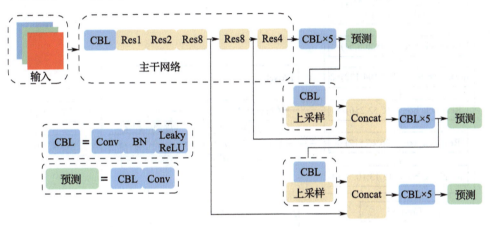

图 3 – 25　YOLOv3 的网络结构

YOLOv3 通过融入优秀的目标检测思想，在当时获得了极大的关注，其主要改进有以下几点：

1）新的主干网络。研究者为 YOLOv3 设计了新的特征提取网络 Darknet-53，该网络共有 53 层，并引入了残差连接，使得网络可以显著增加深度，缓解训练中的梯度消失问题。

2）多尺度检测。如图 3 – 25 所示，YOLOv3 输出了 3 个大小不同的特征图，从上到下分别对应不同尺度的特征，更有利于检测不同大小的物体，极大地改善了检测结果。

3）多标签分类。在 YOLOv2 中，算法认定一个目标只属于一个类别，然而在一些复杂场景中，单一目标可能从属于多个类别。YOLOv3 将单标签分类改进为多标签分类，在保证准确率的同时实现了物体的多标签分类。

4）更多的检测框。在 YOLOv3 中，算法使用了更多的锚框数量，这种方式增加了模型能够预测的候选边界框的多样性，提高了对不同形状和大小的目标的检测能力。

尽管 YOLOv3 引入了多尺度检测机制，但在非常小的目标上仍然表现不足，这导致可能会漏掉一些小目标。此外其边界框回归精度仍不够高，尤其是在复杂背景或目标形状不规则的情况下，极易出现边界框定位不准确的问题，为了进一步提升模型的检测能力，Bochkovskiy 等人提出了 YOLOv4 网络[208]，其网络结构如图 3－26 所示。

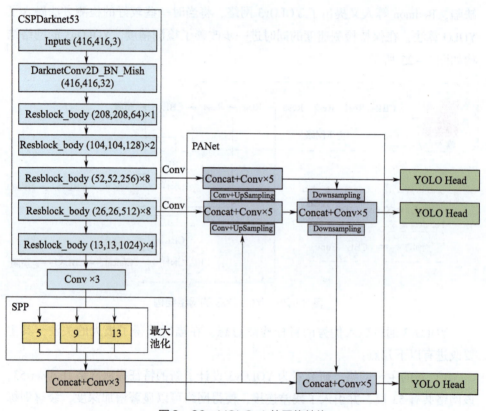

图 3－26　YOLOv4 的网络结构

YOLOv4 通过一系列改进，在保持高速实时检测的基础上，显著提升了模型的检测精度和鲁棒性。虽然其计算成本和训练复杂性有所增加，但由于优越的性能和灵活性，在大多数实际应用场景中均有广泛的应用。YOLOv4 的主要改进有以下几点：

1）更强的主干网络。YOLOv4 网络使用了更强的 CSPDarknet53 作为特征提取的主干网络，通过引入 CSPNet[209]，其有效提高了计算效率，并增强了特征表达能力。

2）特征融合结构 PANet。YOLOv4 网络中引入的 PANet 特征融合结构有效改进了特征金字塔的融合方式，增强了不同尺度特征的表示能力，特别是对小目标和复杂背景的检测效果。

3）更好的数据增强技术。YOLOv4 网络中引入了 Mosaic 数据增强方法，其将四张图像拼接在一起，提高了模型对不同背景和目标的泛化能力。此外 SAT 通过自对抗训练方法增强了模型的鲁棒性。

4）使用了改进的损失函数。YOLOv4 网络引入了 CIoU 损失函数，直接使用交并比进行边界框回归，有效改进了边界框回归的精度，进一步提升了检测性能。

YOLOv4 在速度和精度之间达到了较好的平衡，然而随着技术的发展，研究者持续探索目标检测技术，随之提出了性能更好的 YOLOv5 网络，其网络结构如图 3-27 所示。

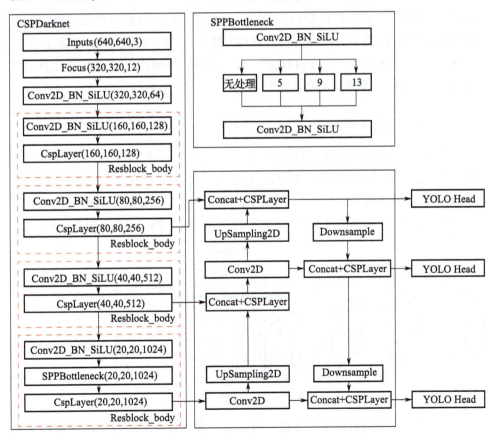

图 3-27　YOLOv5 的网络结构

YOLOv5 有效克服了 YOLOv4 网络的一些缺陷，并进一步提升了目标检测模型的性能和使用便捷性。YOLOv5 的主要改进有以下几点：

1）更高的检测精度。通过引入 FPN 和 PANet 等结构，YOLOv5 特征融合网络的性能更加强大，对不同尺寸目标的检测更加精准。

2）更快的收敛速度。YOLOv5 通过优化训练策略和超参数配置，使得其相比 YOLOv4 更容易训练，并且能够在较少的训练迭代次数内达到更高的精度。

3）轻量化设计。YOLOv5 采用了更轻量化的网络结构，大幅减少了模型的参数量和计算量，提高了在资源受限环境下的运行效率。YOLOv5 同时推出了不同大小的模型，极大地优化了目标检测网络的推广应用能力。

4）自适应锚点生成。YOLOv5 引入了自适应锚点生成机制，通过 k – means 聚类算法自动生成适合特定数据集的锚点大小。这种方法能够更好地适应不同目标尺寸和形状，显著提高了检测精度。

YOLOv5 提出之后，由于网络强大的性能及开发团队持续的维护，其在学术界和工业界均有极为广泛的应用[210-211]。为了不断改善网络性能，促进目标检测技术的实际应用，在上述的 YOLO 算法之外，研究者又持续提出了 YOLOv6[212]、YOLOv7[213]、YOLOv8[214] 及 YOLOv9 等网络，目前目标检测网络已经在多个领域显著推动了产业发展。

3.3.2　SSD 系列

在目标检测网络的发展过程当中，除了 YOLO 这种典型的一阶段检测网络之外，为了提高网络的检测速度和精度，有研究者于 2016 年提出了经典 SSD 网络。SSD 在一阶段网络的基础上使用固定框进行区域生成，并同时利用多层的特征信息，在检测速度和检测精度上均有一定程度的提升，其网络结构如图 3 – 28 所示。

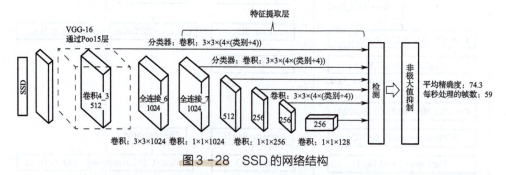

图 3 – 28　SSD 的网络结构

SSD 目标检测网络具有速度快、精度高等多种优点，因此当时在需要实时检测和高效性能的场景中广泛应用。SSD 的主要改进有以下几点：

1）多尺度特征图检测。SSD 在不同的卷积层上进行检测，每个层级的特征图用于检测不同大小的目标。这种多尺度特征图的方法提高了对不同尺度目标的检测能力。

2）主干网络。SSD 在 VGG 网络的基础上，进一步对卷积模块进行延伸，最深处的特征图大小仅为 1×1，这些特征图具有不同的感受野，为检测多尺度目标提供了特征基础。

3）数据增强。在训练过程中，SSD 使用了丰富的数据增强技术，包括光学变换和几何变换，这些数据增强方法极大增加了训练数据的丰富性，有效提高了模型的泛化能力。

4）硬负样本挖掘。为了在训练过程中平衡正负样本的比例，SSD 采用了硬负样本挖掘方法，其只选择那些误差较大的负样本进行训练，有效减少了负样本的数量，并提高了训练效率和模型的准确性。

SSD 的提出极大地推动了目标检测网络的发展，其使用单阶段网络实现了目标检测，网络性能达到了同时期的较高水平。然而，SSD 仍然存在小目标检测效果较差、训练过程较为复杂等问题。为了推动目标检测技术的不断进步，后续学者们从多个角度讨论了提升 SSD 性能的策略，提出了 DSSD、FSSD、RefineDet[215] 等改进算法，DSSD 的网络结构如图 3−29 所示。

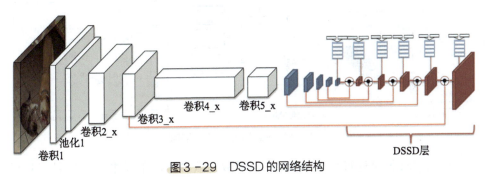

图 3−29　DSSD 的网络结构

DSSD 通过引入反卷积层，显著提升了目标检测的精度，尤其改善了小目标的检测效果，同时仍然保持较高的计算速度和良好的扩展性，成为一种有效的目标检测模型。DSSD 的主要改进有以下几点：

1）引入反卷积层。DSSD 在 SSD 的基础上加入了反卷积层。这些层通过上采样操作提高特征图的分辨率，使得网络能够更好地捕捉小目标的细节特征，相比原始的 SSD，DSSD 在多个数据集上的检测精度均有明显提升。

2）更好的多尺度特征融合。DSSD 通过对不同尺度的特征图进行反卷积处理，并融合这些特征图，增强了网络对多尺度目标的检测能力。DSSD 的特征融合方式更为细致，有效地提高了检测效果。

3）更高分辨率的特征图。通过反卷积层的上采样操作，DSSD 生成了更高分辨率的特征图，这些高分辨率特征图使得网络在进行目标定位和分类时，能够更加准确地表示物体的细节。

SSD 系列算法是目标检测中的代表性算法，对目标检测发展过程具有重要的推动价值，其有力地促进了目标检测算法性能的改善，相关算法思路在目前仍具有重要的参考意义。

3.3.3 RetinaNet

在目标检测的发展过程中，单阶段的目标检测网络虽然拥有较快的检测速度，然而其检测精度往往较低。针对上述问题，有研究者认为单阶段检测器的精度不能和两阶段检测相比的原因主要在于训练过程中的类别不平衡。在单阶段目标检测中，由于缺乏区域候选网络的过滤，正样本数量远少于负样本，导致训练过程中模型容易被大量的负样本主导，因此降低了模型的检测精度。为此，研究者提出了 RetinaNet 网络[216]，其网络结构如图 3-30 所示。

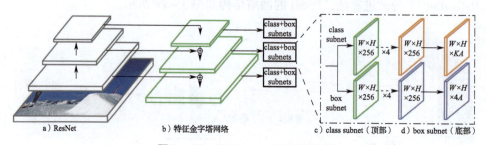

图 3-30　RetinaNet 的网络结构

RetinaNet 网络通过引入 Focal Loss 函数，减少了简单样本（特别是背景样本）对损失函数的贡献，使得模型可以更专注于学习复杂的正样本，从而提高了模型的训练效率和对稀少类别的检测能力。RetinaNet 不仅在速度上优于两阶段目标检测算法，而且在精度上也达到甚至超越了两阶段模型的水平，这使得它在实时目标检测系统中有着广泛的应用前景，对于推动目标检测性能的发展有着重要的意义。RetinaNet 的主要改进有以下几点：

1）Focal Loss。Focal Loss 损失函数是 RetinaNet 的核心创新。在目标检测任务中，负样本通常远多于正样本。这导致训练过程中，负样本的损失在总损失中占据了主要部分，从而使模型更关注负样本而不是正样本。Focal Loss 损失通过引入一个调制因子来降低简单负样本的损失权重，从而将模型的关注点集中在难分类的样本上，显著提高了模型在处理不平衡数据集时的表现。

2）单阶段检测。RetinaNet 采用单阶段检测器的设计，有效简化了模型架构，相比于两阶段检测器具有更快的检测速度，此外借助 Focal Loss 损失和 FPN 结构，RetinaNet 仍具有较高的检测精度。

3）高效的锚框处理方法。RetinaNet 在 FPN 的每个特征层上均附加了两个子网络，分别用于分类和回归，这种设计使得模型能够有效地处理锚框，并提高了检测精度。

单阶段目标检测方法通过在网络的不同特征层中直接进行分类和回归，避免了复杂的候选区域生成过程，从而有效简化了检测流程并提高了速度。由于智能驾驶等实际场景对实时性的极高需求，单阶段目标检测方法在实际应用中展现出了广阔的前景和应用价值。

3.4　无锚框目标检测网络

前面已经介绍过两阶段目标检测网络和单阶段目标检测网络，这两类算法的主要区别在于是否有单独的边界框生成步骤。与此相似，除了这两种类型之外，目标检测领域还存在一类无锚框目标检测网络[217]。无锚框目标检测网络是一种不依赖于预定义锚框进行目标检测的算法，这类网络直接在特征图上进行目标定位和分类，避免了锚框生成和匹配的复杂过程，主要通过关键点检测或中心点检测的方法实现目标检测。无锚框方法减少了计算量和内存消耗，同时提高了检测精度和速度，特别是在检测小目标和密集场景时表现突出。这类网络通过消除锚框相关的超参数调整，使得模型更简洁和高效，目前已经成为目标检测研究中的一个重要方向。

3.4.1　CornerNet

虽然单阶段检测因为引入了锚框机制并进行了一系列优化，获得了与两阶段算法相似的检测精度和较高的检测效率，然而有学者认为单阶段检测算法在输入图像上放置了密集的锚框，导致了严重的正负样本不均衡问题，此外锚框机制也引入了更多的超参数，使得模型训练和调整较为复杂。为此，2019 年有学者提出了经典的 CornerNet 算法[218]，其使用单个 CNN 来预测同一目标类别中的所有实例的左上角点的热图、右下角点的热图以及每个检测到角点的嵌入向量。嵌入向量用于对属于同一目标的角点进行分组，最终实现对同一目标左上角点和右下角点的匹配。CornerNet 的检测流程如图 3 – 31 所示。

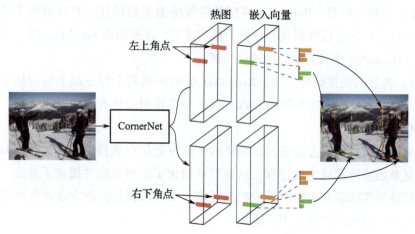

图 3-31 CornerNet 的检测流程

CornerNet 的网络结构主要包括 Hourglass 网络和角点检测头两部分。该算法的主干结构是 Hourglass 网络[219]，其是一种对称的 CNN，包含多层次的特征金字塔，通过重复的下采样和上采样操作来捕捉不同尺度的特征。角点检测头用于检测左上角点和右下角点。CornerNet 的优势主要有以下几点：

1）无锚框设计。CornerNet 通过直接检测目标的角点，避免了锚框的设计过程，从而简化了模型结构。此外，该方法省略了锚框的数量、大小、比例等超参数，有效降低了模型调参的复杂度，提高了模型的鲁棒性。

2）更好的多尺度检测性能。CornerNet 通过检测角点来确定目标的位置和大小，可以自适应不同尺度和长宽比的目标，在处理尺度变化较大的目标时，其表现出更强的鲁棒性。

3）更高的定位精度。CornerNet 通过检测目标的左上角点和右下角点，直接定位目标的边界。这种方法能够更准确地捕捉目标的实际位置和大小，有效减少了锚框所带来的定位误差。

由于 CornerNet 具有多个方面的优势，当前这类算法有望在更多的实际应用中发挥重要作用，利用这种角点方法进行检测的结果如图 3-32 所示。

图 3-32 角点法的检测结果

3.4.2　CenterNet

与上面所述的 CornerNet 相似，为了避免锚框设计带来的复杂调优过程及其对检测性能的限制，还有学者提出了基于中心点的 CenterNet 目标检测算法[220]。CenterNet 主要通过中心点检测来实现对物体的识别和定位，其摒弃了复杂的锚框机制，直接预测物体的中心点及其宽高信息，从而大幅简化了检测流程。其核心思想是将目标检测问题转化为关键点检测问题，通过神经网络预测热力图上的峰值来确定物体的中心点位置，再结合尺寸和偏移信息进行框的恢复。CenterNet 不仅具有较高的检测精度，还具有极高的检测速度，适用于各类实时检测任务，为目标检测任务提供了新的思路。利用这种中心点方法进行检测的结果如图 3-33 所示。

图 3-33　中心点法的检测结果

CenterNet 首先使用神经网络生成一个热力图，每个像素值代表对应位置是物体中心点的可能性。随后，通过在热力图中寻找峰值点来确定物体的中心点。在检测到目标中心点后，CenterNet 通过另外一个分支来预测每个中心点的宽和高，利用检测到的中心点坐标以及预测的宽度和高度值，网络可以重构出目标的边界框。CenterNet 不需要预先设定锚框，这使得它在处理不同大小和形状的目标时具有更好的灵活性，可以方便地用于关键点检测或 3D 目标检测等其他任务，展示了其广泛的适用性。CenterNet 的优势主要有以下几点：

1）无锚框设计。CenterNet 直接预测物体的中心点和尺寸，而不是通过预定义的锚框进行回归，这简化了目标检测的流程，降低了算法的复杂度。

2）高效性及实时性。由于 CenterNet 具有简洁的结构特点，因此其可以在保持高精度的同时实现较高的检测速度，适用于多种实时应用场景。

3）适应性强。CenterNet 不仅可以用于传统的 2D 目标检测，还可以扩展到其他任务，如 3D 目标检测、姿态估计等，其强大的适应性使其可以方便地应用于多种视觉任务。

3.4.3　FCOS

CornerNet 和 CenterNet 分别使用角点和中心点来进行检测，其无锚框的方法为目标检测任务提供了新的思路。与此相似，全卷积神经网络在密集预测任务上获得了巨大的成功，研究者开始探索是否可以通过简单的像素级预测来实现目标检测，进而提出了 FCOS 网络[221]。FCOS 是一种完全基于卷积的单阶段目标检测算法，其通过逐像素预测目标类别和边界框回归来实现目标检测。FCOS 直接在每个像素位置上回归目标的边界框，并预测该位置的类别评分，极大简化了检测流程，其在保持高检测精度的同时显著提升了检测速度。FCOS 的网络结构如图 3-34 所示。

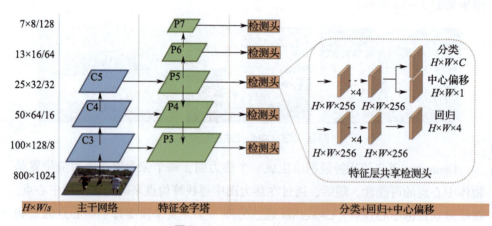

图 3-34　FCOS 的网络结构

FCOS 网络在主干网络之外具有三个检测分支，分别是分类、中心度及回归分支。分类分支用于预测每个像素位置属于每个目标类别的概率；中心度分支用于衡量每个像素位置离目标中心的距离，可以抑制不可靠的预测；回归分支用于回归目标的边界框坐标。FCOS 的优势主要有以下几点：

1）无锚框设计。FCOS 取消了传统检测方法中的锚框机制，有效地简化了检测流程，减少了超参数的选择和调优难度，降低了计算复杂度。

2）高检测精度。FCOS 通过简洁的结构实现了高质量的检测，在多个基准数据集上的检测精度接近或超过了许多复杂基于锚框的检测算法，在小物体和密集场景的检测任务中具有较好的效果。

3）减少了误检框。针对部分误检框距离真实框中心点较远的问题，FCOS 设计了中心度分支，通过距离权重图可以有效抑制位置偏差较大的误检框。

无锚框检测方法不需要预定义的锚框，直接在图像中实现精确的目标检测，这种方法简化了检测流程，减少了计算复杂度和超参数设置，同时避免了锚框匹配带来的不准确性。这种方法在保持高检测精度的同时，提高了检测速度和效率，可以较好地适用于智能驾驶这类实时性要求较高且资源受限的检测任务，成为当前目标检测任务发展的重要方向之一。

3.5　目标检测算法提升策略

虽然深度学习极大地提高了目标检测的性能，然而距离其在复杂场景中的应用仍然存在一定差距。在目标检测算法的发展过程中，各种各样的实际问题阻碍了算法性能的提高，如检测准确性问题、重要目标区分问题、小目标检测问题等。为了提高目标检测算法在实际场景中的应用能力，学者们针对不同问题提出了一系列经典的算法提升策略，如多尺度检测、样本均衡化、上下文信息、非极大值抑制等，本节对目标检测中经典的算法提升策略进行简要介绍[222]。

3.5.1　多尺度检测

基于深度学习的目标检测方法主要是利用网络强大的特征提取能力学习图像的深层特征，随后借助于网络学习到的高维特征对目标进行识别。然而不同特征层对于图像的信息表达能力存在差异，在较大尺寸的特征层中，每个特征点的感受野较小，因此其适合用来检测较小尺寸的物体；而在较小尺寸的特征层中，每个特征点的感受野较大，导致细节信息丢失严重，其适合用来检测较大尺寸的物体。常见的目标检测场景中往往存在不同尺度的待检测目标，因此算法的多尺度检测能力与最终的检测效果直接相关[223]。在多尺度检测问题中，大目标由于面积大、特征丰富，通常较为容易检测，影响多尺度检测效果的主要是小尺寸的目标，小目标由于面积小，在某些下采样率大特征层中甚至占比小于单个像素，导致检测非常困难[224]。当前增强网络中多尺度目标检测能力的方法主要有以下几个方面。

（1）金字塔多层输出

在早期的目标检测算法中，为了增强特征层的语义信息，都是仅使用最顶端的特征层进行检测，但是最顶端的特征层几乎没有保留检测小尺度目标所需要的细节信息，导致其多尺度检测能力较差。为了解决这个问题，在 SSD 中同时使用了 6 个不同尺度的特征图作为输出特征层，不同尺度的特征层分别负责检测不同尺度的目标，极大地克服了单输出层在检测不同尺度目标时的缺陷[225]。由于金字塔多层输出对多尺度检测问题良好的改善效果，因而该算法有力推动了各种场景中目标检测算法的性能提升，已经成为当前目标检测算法最常用的结构之一。

（2）降低下采样率并保证特征图的感受野

输出层的感受野不同直接导致了不同尺度目标的检测性能差异。为了改善小目标的检测效果及平衡不同尺度目标的检测性能，常用操作有降低主干网络的下采样率，如直接移除主干网络最末端的下采样层，将下采样率减小为原来的 1/2，降低特征图上信息损失。然而上述操作会降低最顶层特征图的感受野，不利于大尺度目标的检测。在移除主干网络最末端的下采样层的同时使用空洞卷积，可以在降低下采样率的同时增加特征图的感受野，在尽可能保证大目标检测能力的基础上有效减少了细节信息的损失，有助于改善多尺度检测问题[226]。

（3）多尺度训练

早期的多尺度训练是将输入图像缩放到多个尺度下，对不同尺度的图像分别计算特征图，并进行检测。这种方式可在一定程度上改善多尺度检测问题，然而由于并行计算多个尺度的检测，因此非常消耗资源。为了改善并行计算对计算资源的消耗，现在多尺度训练通常设置一组不同的输入尺寸，在训练时随机选择一种尺度将图像缩放到该尺度进行输入，在训练中增加了输入图像的尺度多样性而不至于过多增加计算量，有效提升了多尺度目标检测性能。

（4）特征融合

传统的卷积网络通常是自上而下进行特征提取与检测，随着网络层数的增加，感受野越来越大，其语义信息越来越丰富。然而在这种自上而下的结构中，其细节特征会随着深度的增加而逐渐丢失，不利于小尺度目标及多尺度目标的检测。为了解决上述结构在多尺度目标检测中的问题，学者们提出了特征融合的方法，其可以将深层的语义信息添加到浅层特征图中，融合不同尺度特征图的优点，增强对不同尺度目标的检测性能，由于特征融合对目标检测性能显著的提升效果，当前已经成为目标检测算法最常用的结构之一[227-228]。

3.5.2 样本均衡化

基于深度学习的目标检测主要有两种解决方案，分别是两阶段的目标检测方法和单阶段的目标检测方法。单阶段方法的检测精度通常低于两阶段方法，其主要原因之一是训练过程中样本极度不平衡，因为单阶段方法没有建议框生成步骤，为了获得所有目标可能存在的区域，需要预先设置大量的锚框，这种锚框的数量远多于两阶段方法中生成的建议框，导致了严重的样本不均衡问题。由于检测算法及数据集之间的差异，样本不均衡主要包含正负样本不均衡、难易样本不均衡和类别间样本不均衡三种不均衡问题。

正负样本不均衡是指参与训练的负样本数量远大于正样本数量。在目标检测算法中，模型最需要关注的是对应真实物体的正样本，在训练时会促使模型的预测值不断靠近真实值。而负样本则对应图像的背景，如果在训练中大量的负样本参与训练，且负样本的数量远大于正样本，将导致模型学习到的有用信息非常有限，会显著降低模型的收敛速度和检测准确性。

难易样本不均衡是指参与训练的简单样本数量远大于困难样本数量。在训练过程中，困难样本造成的损失较大，简单样本造成的损失较小，对困难样本进行训练可以有效提升模型的整体性能。然而若简单样本的数量远大于困难样本，则简单样本造成的损失也会显著大于困难样本，导致困难样本较难对模型的训练性能产生影响，最终降低模型的收敛速度和检测准确性。

类别间样本不均衡是指训练数据集中不同类别之间的样本数量差异过大。如在交通数据集中存在 10 万个车辆实例和 1000 个自行车实例，由于自行车的目标实例远少于车辆实例，因此模型在训练过程中主要关注车辆类别，并主要根据车辆类别的特征进行参数优化，最终导致模型自行车类别的检测准确性极低。当前解决目标检测样本不均衡的方法主要有数据角度和算法角度两种思路，其中数据角度是从造成样本不均衡的根本原因出发，针对数据集中的具体问题对其进行扩大。虽然数据角度可以从根本上缓解样本不均衡的问题，然而由于高质量数据获取困难且精细标注耗时耗力，因此一般更常用的方法是从算法角度缓解数据集中的样本不均衡问题，下面对利用算法解决样本不均衡的经典方法进行简要介绍。

（1）在线难例挖掘

在模型训练中，负样本数量会远远大于正样本数量，而大量的负样本是较为简单的。在线难例挖掘[229-230]通过批量难例选择来解决模型训练中正负样本不均衡及难易样本不均衡的问题，该算法使得训练过程的前向传播保持不变并计算损失，而后选择出 M 个高损失值的实例，仅使用这些实例进行反向传播。这种在线选择的算法具有更强的针对性，随着数据量的增大，对模型性能具有更加明显的提升效果。

（2）基于损失分布采样的在线难例挖掘

上述在线难例挖掘算法忽略了训练过程中不同损失类型对模型的影响，如在训练后期，定位损失对训练效果具有更加重要的影响。基于损失分布采样的在线难例挖掘避免了在线难例挖掘仅使用高损失的样本进行模型参数更新的局限性，其利用不同损失函数的分布来有选择性地选择困难样本，获得了更好的数据均衡效果。

（3）Focal Loss 难样本关注

在单阶段目标检测算法中，因为需要直接从所有的预选框中筛选检测结果，因此即使使用了固定正负样本比例的方法，简单的负样本仍然占据主要地位，导致网络的精度低于两阶段的目标检测算法。Focal Loss 为了同时调节正负样本和难易样本，其通过动态调整权重的方法在训练中降低负样本的权重和易分样本的权重，使得模型在训练中可以更加关注正样本及难分样本的学习，有效改善了单阶段目标检测算法中样本不均衡的问题。

（4）损失函数梯度均衡化

在模型训练中，存在少量的标注错误及特殊样本等问题，导致不仅简单的负样本会限制模型的训练效果，那些非常难分的异常样本同样会限制模型的训练效果，为了使得模型更加关注有效的正常困难样本，损失函数梯度均衡化通过梯度范数所占的样本比例，对样本进行动态加权，降低小梯度易分样本和大梯度异常样本的权重，增加中梯度正常困难样本的权重，提升模型对可学习度高样本的关注，有效提升了模型的性能[231]。

3.5.3 上下文信息

人类视觉系统在复杂的环境中依然可以快速完成大量目标的识别和分类，对于光照、天气、姿态等因素引起的目标及环境差异性有非常好的适应性，其主要原因之一为人类可以察觉目标周围其他对象或环境的信息，进而帮助认知系统进行判断。同理，计算机视觉中的待检测目标不可能独立存在，其一定会与其他对象或者环境存在某种联系，一般将目标周围的环境信息称为上下文信息。上下文信息可以作为网络判断目标类别和定位的重要辅助信息，学者们发现有效地利用上下文信息有助于提高目标检测的性能[232-233]，当前有三种常用提取上下文信息的策略，分别为局部上下文信息、全局上下文信息及上下文交互。

（1）局部上下文信息

待检测目标周围一定范围内的视觉信息即局部上下文信息。在传统目标检测阶段，学者们就利用局部上下文来改善最终的检测性能，如利用面部的边界轮廓信息来提高人脸检测的性能。在基于深度学习的目标检测网络中，局部上下文信息也是提高性能重要的方法，其可以通过简单地扩大感受野或物体建议框尺寸来改善检测性能[234]。

（2）全局上下文信息

将整幅图像作为待检测目标的附加信息即全局上下文信息。利用全局上下文信息进行目标检测时，网络从整个图像中提取有用的附加信息，以降低某些目标的检测难度[235-236]。如在一幅图像中检测网球，由于网球所占像素点非常少，因此其检测难度很高，当利用网球场、网球拍及球员等全局信息作为辅助条件进行检测时，可有效降低检测难度。在基于深度学习的目标检测网络中，一般使用较大的感受野或者全局池化操作来获得全局上下文信息。

（3）上下文交互

视觉图像中不同元素的相互约束和依赖关系称为上下文交互，这种方式主要利用不同元素之间的潜在联系来传递信息。与大多数针对目标实例进行单独检测和识别的检测网络不同，基于上下文交互的目标检测网络可借助目标实例与其他元素的关系来改善检测效果，按辅助检测的信息源其可分为两类，一种是利用目标与目标之间的关系来改进检测效果，另一种是利用目标与背景之间的关系来改进检测效果。

3.5.4　非极大值抑制

当前基于深度学习的目标检测网络中的候选框生成算法均是源于早期的滑动窗口法，尽管经过一系列的发展已经极大地促进了目标检测的进步，然而其仍然属于密集锚框型算法。这种计算方式导致最终会在同一目标位置产生大量的候选框，这些候选框往往具有相似的置信度且相互重叠，为了尽可能获得与人类感知相似的结果，因此当前通常使用非极大值抑制对检测框进行后处理，并获得最终的检测结果。非极大抑制是目标检测中非常重要的后处理算法之一[237-239]，其主要作用是搜索局部最大值，抑制非极大值，当前主要有三种非极大值抑制算法，分别为贪心法、边界框聚合法和基于深度学习的方法。

（1）贪心法

目标检测中最经典的非极大值抑制方法为贪心法。这种方法首先根据置信度得分对获得的候选框进行排序，然后选择置信度最高的候选框作为第一个保留的检测框，其次计算保留的检测框与所有候选框的交并比，并删除所有交并比大于阈值的边界框。在整个算法中不断重复上述过程，直至删除所有冗余的边界框。尽管贪心法目前是目标检测中最经典且最常用的方法，然而其仍然存在一些问题[240]。首先，置信度最高的候选框可能并不是最优检测框。其次，在目标密集场景中，某个目标置信度最高的候选框可能会抑制附近其他目标的候选框。最后，这类方法不能解决误报的问题。针对上述问题，近年来学者们提出了很多改进的算法，有效提高了目标检测的算法性能，当前此类方法是目标检测中应用最广泛的非极大值抑制算法。

（2）边界框聚合法

除了贪心法之外，边界框聚合法是另一种非极大值抑制算法[241]，其将多个重叠的候选框聚类到一个最终的检测框，充分考虑了对象之间的关系及其空间布局，可有效改善置信度最高的候选框不是最优检测框的问题，然而此类方法仍然不能很好地解决非极大值抑制在密集场景及误报问题中的限制。

（3）基于深度学习法

随着深度学习技术的不断发展，最近学者们开始关注将非极大值抑制加入目标检测网络中，使其可以端到端地参与网络训练，将非极大值抑制的候选框抑制过程转化为对原始检测框的评分和过滤[242-243]。这类基于深度学习的非极大值抑制算法有效改善了遮挡和密集场景中的边界框后处理问题。

3.5.5 边界框回归

目标检测的最终结果为图像上包围待检测目标的边界框，其位置及尺寸的优劣直接关系检测的效果。边界框回归技术的主要目标是根据初始建议框或者锚框来优化检测框的位置，增大预测框与真实框的重合程度，是影响算法性能最重要的技术之一。在早期的目标检测算法中，通常不包含边界框回归技术，而是直接使用滑动窗口作为最终的检测结果，为了获得尽可能准确的检测框，学者们只能使用非常密集的滑动检测器，这种方法不但不够精确，而且需要耗费大量的计算资源[244]。后续为了改善预测框与真实框的重合程度，学者们将边界框回归作为后处理模块引入目标检测中，提出了在获得检测结果后进一步优化边界框的策略。当目标检测进入深度学习阶段后，为了进一步促进检测的准确性，学者们在算法中引入了边界框回归损失函数，将边界框回归作为模型的一部分进行端到端的训练，这种方法极大地改善了检测框与真实框的重合程度。当前常用的边界框回归损失主要有基于坐标的边界框回归损失和基于 IoU 的边界框回归损失。

（1）基于坐标的边界框回归损失

这类损失函数主要指 L_n-norm 损失函数，其中 L_n-norm 主要包含 L_1 损失函数、L_2 损失函数及 Smooth L_1 损失函数等[245]。最早使用的 L_1 及 L_2 损失均有较为明显的缺点，后来学者们提出的 Smooth L_1 损失函数对 L_1 损失进行了平滑处理，较好地避开了 L_1 和 L_2 损失函数的缺陷。由于 Smooth L_1 的优点，早期许多经典的目标检测算法均使用其进行边界框回归。

（2）基于 IoU 的边界框回归损失

上述基于坐标的边界框回归损失广泛应用于早期基于深度学习的目标检测算法中，不过由于在误差计算中对尺度变化非常敏感，并且与最终结果的度量方法不一致，学者们进一步提出了基于 IoU 的边界框回归损失[246]。这类损失函数在模型训练过程中直接采用 IoU 对边界框回归进行优化，其计算方式与最终的度量标准一致，有效优化了模型的训练过程，由于基于 IoU 的边界框回归损失显著的性能，后续学者们又提出了许多相关算法，当前主流的目标检测算法均使用此类方式进行模型的边界框回归[247-250]。

3.6 本章小结

目标检测是智能驾驶复杂场景感知中最重要的技术之一，可以实现对各类交通设施及交通参与物的实时检测，为进一步的决策与控制提供重要的信息基础。本章对面向智能驾驶复杂场景感知的目标检测技术进行了详细介绍，首先对目标检测中关键问题所涉及的理论方法进行了详细分析，随后介绍了当前主流的目标检测网络，包括两阶段目标检测网络、单阶段目标检测网络及无锚框目标检测网络。最后，对目标检测的算法提升策略进行了详细介绍，为进一步可能的算法改进提供方向。

智能驾驶汽车复杂场景感知技术

第4章
面向智能驾驶复杂场景的多任务感知关键技术

　　智能驾驶的复杂场景感知是指对车辆周围环境的深入理解，包括道路条件、交通信号、行人和其他车辆的动态等，这涉及多种关键技术，第3章已经对应用最广泛的目标检测技术进行了详细的介绍。除了目标检测之外，智能驾驶还涉及目标跟踪、语义分割及实例分割等相关技术，这些技术能够在多变的驾驶环境中提供实时、准确的信息，是实现高效和安全驾驶的关键。本章对智能驾驶复杂场景中多任务感知所涉及的其他关键技术进行详细介绍，从不同任务的实际需求出发，推动智能驾驶技术的研究进程。

4.1　目标跟踪

　　目标跟踪是计算机视觉领域的研究热点之一，其目标是在图像或视频序列中持续追踪一个或多个移动目标的位置和状态，得到目标的运动轨迹、具体形态和位置，在智能驾驶领域有重要的应用价值[251-253]。目标跟踪与目标检测不同，其必须将对象的编号与检测框相关联，以区别每个类别的对象。而不同的图像或视频序列之间往往存在较大的变化，这为实现准确的目标跟踪造成了一定的障碍。智能驾驶场景中的目标跟踪任务如图4-1所示。

　　理想的目标跟踪算法应该能够尽可能准确地追踪同一个目标，

图4-1　智能驾驶场景中的目标跟踪任务

并很好地解决目标新出现、被遮挡、消失、轨迹交错等情况，这些情况也是目标跟踪领域的现实难点。针对不同的场景需求，目标跟踪算法可能存在不同的侧重点，然而其算法处理思路一般均遵循以下流程[254-255]：

1）目标检测。输入的视频通过目标检测算法对视频中某一帧的目标进行定位，得到目标的边界框信息。

2）特征提取。检测完成后，通过特征提取算法提取当前帧每个检测目标的特征，常用的方法包括使用 CNN 提取目标的外观特征、使用卡尔曼滤波算法建模目标的运动特征等。

3）相似性计算。根据提取的目标特征进行帧之间目标相似性的计算。

4）数据关联。根据相似度计算的结果来关联检测目标与轨迹，将相同目标分配同一个编号来匹配已存在的轨迹，将新出现的目标初始化为一个新轨迹，删除视线范围内消失的轨迹[256]。

基于上述处理方法，典型的目标跟踪算法流程如图 4-2 所示。

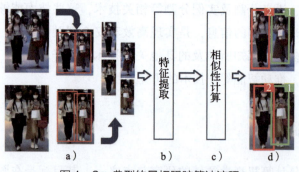

图 4-2　典型的目标跟踪算法流程

4.1.1　传统目标跟踪方法

目标跟踪模型的步骤通常如下：首先对当前目标的候选样本进行特征提取，随后基于目标的特征信息与候选样本的特征信息进行对比与匹配，由观测模型选定最终的跟踪结果。传统的目标跟踪方法通常使用经典的目标检测器来检测目标，之后通过手工特征（如颜色、纹理、形状等）进行特征提取，再利用数据关联算法（如匈牙利算法、最大流算法）将不同帧中的检测结果关联起来，从而生成目标的连续轨迹。这些方法主要分为生成式模型和判别式模型两种类型：生成式模型方法依赖于目标特征的统计描述进行匹配，而判别式模型方法则利用分类器来区分目标和背景。

生成式算法关注如何生成或描述目标的特征，并利用这些特征来定位和跟踪目标。这些特征通常包括颜色、纹理、形状等。Mean Shift[257-259]是典型的生

成式目标跟踪算法，其特别适合处理颜色特征稳定的目标。Mean Shift 的核心思
想是通过迭代地移动一个搜索窗口来找到
数据密度最高的区域，在目标跟踪任务中
算法会计算一个区域内像素的颜色分布，
然后不断调整这个区域的位置，使得其颜
色分布最接近目标的颜色分布，其跟踪示
意图如图 4-3 所示。

图 4-3 中展示了一个由红色点组成
的数据分布，Mean Shift 算法的目标是找
到数据点最密集的区域，即要追踪的目标
区域。首先，Mean Shift 算法从初始位置
P_1 点开始，以固定范围计算每个点的权
重，其中距离越近的点权重越大。然后，

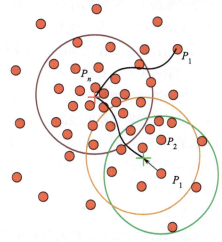

图 4-3　Mean Shift 的跟踪示意图

算法会移动初始位置，使其接近密度更高的区域。这个过程不断重复，直到位
置变化小于某个阈值。最终的点就是算法认为的密度中心，这样就完成了一次
目标跟踪。Mean Shift 通过计算目标的颜色直方图来动态调整搜索窗口的位置，
确保窗口总是位于颜色分布最密集的区域。这使得 Mean Shift 在目标颜色稳定
时表现较好，能够有效地跟踪目标。

生成式算法还有 CamShift 算法[260]，CamShift 是 Mean Shift 的扩展版本，除
了跟踪目标的位置之外，还能够估计目标的大小和形状。CamShift 首先使用 Mean
Shift 算法确定目标的新位置，然后根据颜色分布的变化调整目标的矩形框大小和
长宽比。此外，KCF[261]算法利用循环矩阵和快速傅里叶变换来高效地计算相关
滤波器，其将目标表示为一个高维特征向量，并在每个帧中更新滤波器，以适
应目标外观变化。卡尔曼滤波器[262]通过预测和更新目标状态来跟踪目标，其使
用目标的运动模型来预测下一帧的目标位置，并结合实际观测结果进行校正。

生成式模型方法通常不需要大量的训练数据，并且由于其专注于目标特征
建模的方式，能够较好地处理目标形变和部分遮挡。然而其对目标的初始建模
质量高度依赖，可能导致模型在目标外观变化时失效，此外在处理复杂背景、
光照变化和背景与目标特征相似的情况下，表现可能不稳定。

与生成式模型不同，判别式模型方法主要关注如何区分目标和背景，这类
方法不直接建模目标的特征分布，而是通过区分目标和背景来确定目标位置，
通常更加灵活和准确，尤其在处理复杂背景和动态场景时表现更好。这类方法

大量使用了机器学习方法，如 AdaBoost[263] 和 SVM 分类器[264] 等。跟踪任务中通常在视频的第一帧中选择目标区域，将这个区域的图像块作为正样本，而将其他区域的图像块作为负样本。随后从标注的正负样本中提取特征并训练分类器，在后续的视频帧中使用训练好的分类器来预测目标位置。

判别式模型还有基于相关滤波的算法，这类算法通过最小化输出误差平方和来更新滤波器模板，利用目标模板与候选区域之间的相关性进行匹配，通过快速傅里叶变换将空间域的计算转换到频率域，从而提高计算效率[265]。此外还有基于 Siamese 网络的算法，这类算法首先在初始图像中选择目标，使用 Siamese 网络提取特征，然后在后续帧中遍历每个位置，提取特征并进行比较，确定目标位置[266-267]。

相比于生成式模型，判别式模型方法在跟踪任务中能有效区分目标与背景，适应复杂的背景变化。然而其初始模型需要较高质量的标注数据，并且在复杂背景或目标外观变化剧烈时，可能需要更复杂的特征和模型更新策略来维持跟踪效果。针对实际跟踪场景中的复杂性，这类机器学习分类器可以与粒子滤波等方法相结合，进一步提升跟踪性能和鲁棒性。

综上所述，虽然目前传统的目标跟踪算法已取得较大发展，但由于手工特征在信息表达方面具有较大的局限性，因此在目标产生较为显著的外观变化或场景较为复杂时跟踪算法的精度难以满足实际需求。智能驾驶所面临的交通场景极为复杂多变，因此对目标跟踪算法的性能也提出了更高的要求。近年来，随着深度神经网络的发展，其强大的语义信息提取能力及泛化能力极大地改善了目标跟踪算法的精确性，已经在多个领域具有广泛的应用。

4.1.2　基于深度学习的目标跟踪方法

1. 基于检测的跟踪方法

基于检测的跟踪方法是一种在计算机视觉领域中广泛应用的多目标跟踪方法，这类方法的核心思想是将目标跟踪任务分解为目标检测和数据关联两个独立的步骤，其首先在每一帧图像中检测出所有的目标，然后将这些检测到的目标在连续帧之间关联起来，以形成所需的目标轨迹。

在基于检测的跟踪方法中，第一步要准确可靠地检测出所有的目标，就依赖于第 3 章所提到的目标检测算法，如 Faster RCNN、YOLO 等。这些检测器能够实时检测出图像中的多个目标，并提供每个目标的边界框和类别信息，因此目标检测技术的快速发展也有力地推动了目标跟踪任务的进步。在完成准确的目标检测之后，需要将每一帧中检测到的目标在时间序列中关联起来以形成连续的轨迹，常用方法如匈牙利算法、卡尔曼滤波等。

基于上述思想，研究人员提出了典型的 SORT 算法，其依赖于外部的目标检测器来检测视频帧中的所有目标，随后使用卡尔曼滤波器来预测目标的状态，利用匈牙利算法来解决数据关联问题，将检测到的目标与已有的跟踪轨迹进行匹配[268-271]。SORT 算法的简单性和高效性使其在资源有限的环境中非常实用，特别适用于解决交通场景预测等对实时性要求较高的问题。

尽管 SORT 具有较高的目标跟踪效率，但它有较为明显的编号频繁切换问题，表明其只适用于遮挡情况少的、运动比较稳定的对象，在处理目标密集、长时间遮挡等复杂的场景时仍然较为困难。为了克服这些问题，研究者进一步提出了 Deep SORT[272-274] 算法，其增加了使用深度学习提取的外观特征用于数据关联，较好地提高了跟踪的准确性和鲁棒性，其算法工作流程图如图 4-4 所示。

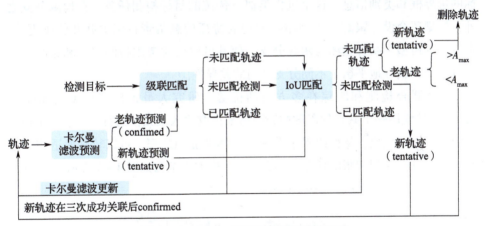

图 4-4　Deep SORT 算法工作流程图

与 SORT 相似，Deep SORT 首先依赖外部的目标检测器来检测每一帧中的目标，随后使用卡尔曼滤波器来预测和更新每个目标的状态。在上述基础上，对每个检测到的目标从检测框裁剪出目标区域并通过预训练的深度神经网络提取特征向量，用于描述目标的外观特征（如颜色、纹理等）。最终 Deep SORT 将卡尔曼滤波器提供的运动信息和深度学习提取的外观特征结合起来，使用匈牙利算法进行数据关联。通过结合外观特征，Deep SORT 提高了在遮挡和目标重叠情况下的跟踪准确性，减少了编号频繁切换的问题。此外，尽管引入了外观特征提取，Deep SORT 仍然保持了较高的实时性能，在视频监控、智能驾驶等复杂场景中有广泛的应用。同时在 Deep SORT 的基础上，研究人员针对传统目标检测跟踪算法检测精度低、全局感知能力差、对遮挡和小目标物体的识别

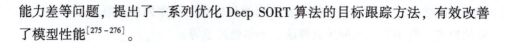

能力差等问题，提出了一系列优化 Deep SORT 算法的目标跟踪方法，有效改善了模型性能[275-276]。

2. 联合检测和跟踪的方法

虽然 Deep SORT 这类方法已经较好地解决了复杂场景中的多目标跟踪问题，然而其性能依赖于目标检测器的精度，如果检测器不能准确识别目标，则跟踪性能将受到严重影响。针对上述问题，研究者提出了联合检测和跟踪的方法[277-278]，这类方法将检测与跟踪结合在一个统一的模型中，实现检测与跟踪任务的端到端训练与处理，从而增强了系统的整体性能和鲁棒性。

在联合检测和跟踪的方法中，通常使用一个共享的深度神经网络来提取图像的特征，为后续的检测和跟踪任务提供高质量的特征表示，有效优化了算法的运行效率。在上述共享特征的基础上，模型会设计检测分支负责预测每个目标的边界框和类别信息，这个过程类似于传统的目标检测任务。在检测分支之外，模型还会设计跟踪分支利用提取到的特征信息负责目标关联和轨迹更新。在统一的模型中结合检测与跟踪分支，使其可以同时考虑检测误差和跟踪误差进行训练，较好地平衡了不同分支之间的差异性。

由于联合检测和跟踪在多方面的优势，研究人员提出了典型的 JDT 算法[279]，其使用一个共享的深度神经网络来提取输入视频帧的特征，实现了检测和跟踪的协同优化，从而改善了系统的整体性能和效率，可以较好地适用于视频中的多目标检测和跟踪任务，JDT 模型的检测头结构如图 4-5 所示。

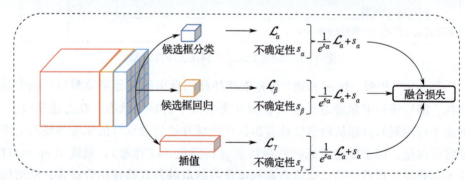

图4-5　JDT 模型的检测头结构

在 JDT 算法中，共享特征提取部分有效地减少了独立处理检测和跟踪所需的计算资源，并且其将两个任务集成到一个统一的框架中，实现了检测与跟踪的协同优化。JDT 这类方法特别适用于处理复杂和动态的场景，当前已经成为了解决复杂场景中目标跟踪问题的重要发展趋势。

4.1.3　目标跟踪技术存在的难点

近年来，随着各方面的不断改进，目标跟踪技术的精度取得了很大的提升和改进，然而物体在跟踪过程中自身的状态及周围环境会不断发生变化，导致在复杂场景中的实际应用仍然存在很大的难点，学者们对于多目标跟踪进行了大量的研究[280-283]，部分难点如图 4-6 所示。为了深入研究限制模型进一步应用的因素，对目标跟踪所面临的关键问题进行了分析，通过系统地识别和理解这些难点，可以帮助研究者更好地制定改进策略，提高跟踪技术的可靠性和实用性。当前目标跟踪技术所面临的主要难点有以下几点：

a）遮挡问题

b）背景干扰

图 4-6　目标跟踪部分难点

1）目标外观变化。目标的外观会因光照、视角、形变等因素发生显著变化，例如在白天和夜晚的不同光线条件下，目标的颜色和亮度可能显著不同，这给跟踪算法带来了识别和匹配的挑战。

2）遮挡问题。目标在跟踪过程中可能会被其他物体部分或完全遮挡，例如行人被树木或车辆暂时挡住，这会导致跟踪算法失去目标。如果遮挡时间较长，算法可能会将重新出现的目标认定为新目标。

3）背景干扰。复杂和动态的背景中可能存在与目标外观相似的干扰物，例如拥挤的街道上会同时存在多个行人，如果进行行人跟踪，则行人之间会形成明显的背景干扰，最终可能导致误识别和误跟踪。

4）尺度变化。目标在场景中的距离变化会导致其在图像中的尺度变化，例如交通场景中随着摄像头与目标行人及车辆的距离不断变化，其在图像中的尺度大小也会显著变化，跟踪算法需要能够自适应这些尺度变化。

5）环境变化。环境的变化会影响摄像头捕捉到的图像质量和目标的可见性，例如在大雾天或夜晚，目标的清晰度和可见性会显著下降，这使得算法要实现准确跟踪具有更高的难度。

6）漂移问题。在长时间的跟踪过程中，误差的持续累积可能导致跟踪窗口逐渐偏离目标位置，最终丢失目标，例如在视频监控中，持续跟踪某个目标一段时间后窗口可能会偏离目标的实际位置。

4.2 语义分割

语义分割是计算机视觉中的基础任务之一，其通过将图像中的每个像素分类到一个特定的类别中，实现对图像的精细化理解[284]。不同于目标检测任务仅识别对象的边界或位置，语义分割需要对图像中的每个像素进行精确分类，确保每个像素被正确标记为所属类别，例如道路、车辆、行人等。语义分割使得计算机可以更全面地解析和理解图像中的所有元素，而不仅仅是识别对象的边界或位置，在智能驾驶、医学影像分析、遥感探测等多个领域具有广泛的应用。

4.2.1 传统语义分割方法

早期的图像分割方法大多通过简单的阈值分割进行粗糙的像素级别分割，主要用于医学影像等场景简单、背景和目标区分明显的领域。这些方法可以对特定目标进行分割，然后再进行医疗分析。随着应用场景的复杂化，简单的阈值分割逐渐难以满足需求，于是陆续出现了基于边缘、区域、图论、聚类等方法，有效改善了分割效果。

在图像中若某个像素点与相邻像素点的灰度值差异较大，则认为该像素点可能处于边界处。若能检测出这些边界处的像素点，并将它们连接起来，就可形成边缘轮廓，从而将图像划分成不同的区域。在实际应用中，根据任务的不同可以灵活地选择边缘检测算子实现图像分割。常用的边缘检测算子包括Sobel[285]、Canny[286]、Roberts 等，然而由于算法性能的限制，这种方法仅适用于简单图像。

基于区域的图像分割方法是根据图像的空间信息进行分割，通过像素的相似性特征对像素点进行分类并构成区域[287-288]。这种方法需要先选择一组种子点作为生长起点，然后根据生长准则，将种子点附近与其具有相似特征的像素点归到种子点所在的像素区域内，再将新像素作为种子点，反复迭代直到所有相似的像素都被包含在内。在这种方法中，种子点和生长准则的选取至关重要，直接影响分割效果。

基于图论的图像分割方法将分割问题转换成图的划分，通过对目标函数的最优化求解完成分割过程，常用算法包括 Graph Cut[289-290]、One Cut[291]等。基于图论的算法在利用图像灰度信息的同时使用了区域边界信息，通过最优化求解可以得到较好的分割效果。然而，该算法计算复杂度较高，且更倾向于对具有相同类内相似度的图像进行分割。

基于聚类的图像分割方法[292-297]将具有特征相似性的像素点聚集到同一区域，反复迭代聚类结果至收敛，最终将所有像素点聚集到几个不同的类别中，完成图像区域的划分，具有较强的适应性和鲁棒性，使用 K-means[298]进行聚类的优化过程如图4-7所示。然而，这类方法需要手动预设聚类数目等参数，可能对结果产生较大影响，并且对噪声和复杂背景的处理能力有限。

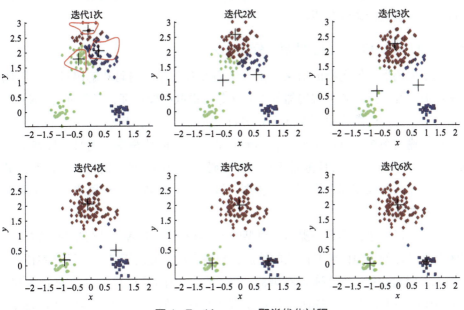

图4-7 K-means 聚类优化过程

传统的语义分割方法虽然在一定程度上能够满足简单场景的需求，但在面对复杂图像和实际应用时会存在较大的局限性。随着深度学习技术的发展，基于 CNN 的语义分割方法逐渐成为主流，在精度和效率上都显著优于传统方法。然而，在计算资源有限或数据量较少的情况下，传统方法仍然具有重要的研究和应用价值。

4.2.2 基于深度学习的语义分割方法

随着深度学习的不断发展，将 CNN 引入到图像分割领域，模型可以充分利用图像的语义信息，显著提升了图像理解的精细度和准确性。为应对图像分割任务场景不断复杂化的挑战，学者们相继提出了一系列基于深度学习的语义分割方法。这些方法不仅在模型结构上不断创新，还在训练策略和损失函数上进行了多方面的优化，基于深度学习的典型语义分割方法有 U‐Net[299]、SegNet[300]、DeepLab[301] 等。

此外，为了实现更加精准且高效的分割，学者们还探索了将注意力机制、图像增强等技术融入语义分割[302]，这些方法可以在提高分割精度的同时，有效提升模型泛化能力。随着这些先进方法的不断提出和改进，基于深度学习的图像分割技术已经在多个领域中取得了显著成果。从模型结构的角度进行分类，典型的语义分割方法有编码器 – 解码器结构[303-305]和多尺度网络[306-307]，下面对这两类方法进行详细分析。

1. 基于编码器 – 解码器的语义分割方法

基于编码器 – 解码器的语义分割方法通过对图像的编码和解码过程，实现对图像的详细语义理解。编码器的主要任务是提取图像特征，通常使用 CNN 作为编码器，常见的结构包括 VGG、ResNet、DenseNet 等，其通过一系列卷积层、池化层对输入图像进行逐层处理，不断降低特征图的分辨率，同时增加特征的深度[308]。解码器的主要任务是逐步恢复编码器提取的特征图的空间分辨率，最终生成与输入图像相同分辨率的预测图，其通过一系列反卷积层或上采样层来逐步恢复图像。

基于上述思想，学者们提出了典型的 U-Net 模型，U-Net 最初是为生物医学图像分割设计的，但由于其高效的性能，现在已广泛应用于各种图像分割任务。U-Net 的结构包括一个对称的编码器和解码器，中间通过跳跃连接进行连接。在 U-Net 网络中，编码器的任务是逐步减少特征图的空间维度，同时增加特征的深度，解码器的任务是逐步恢复特征图的空间维度，最终输出与输入图像相同尺寸的分割图。在解码器中，每个反卷积操作后，将对应的编码器层的特征图通过跳跃连接直接连接到解码器的特征图。这样可以保留更多的细节信息。U-Net 的网络结构如图 4-8 所示，主要有以下特点：

1）对称结构。编码器和解码器对称排列，使得特征提取和恢复过程更加均衡。

2）跳跃连接。编码器和解码器通过跳跃连接保留更多的细节信息，有助于提高分割精度。

3）全卷积网络。U-Net 是一种全卷积网络，不包含全连接层，能够接收任意尺寸的输入图像，并生成对应尺寸的输出分割图。

4）数据需求少。U-Net 的设计考虑了医学图像分割的需求，通常医学图像数据较少且标注困难。U-Net 的有效特征提取和融合机制使得它在小数据集上也能表现良好。

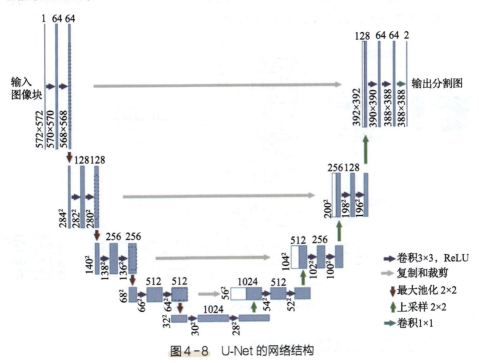

图 4-8　U-Net 的网络结构

2. 基于多尺度网络的语义分割方法

图像中通常会包含大小不一的目标，单一尺度的特征提取可能不足以捕捉所有目标的细节。基于多尺度网络的语义分割方法通过结合不同尺度的特征来提升分割性能，提高模型对不同尺寸、不同细节层次目标的识别能力。目前常用的多尺度方法有 FPN、空洞卷积等技术[309-310]。

基于上述思想，学者们提出了经典的 DeepLab 网络。在 DeepLabv1 中，其使用全卷积网络进行端到端的像素级分类，能够处理任意尺寸的输入图像，并输出与输入图像尺寸相同的预测结果。此外，通过空洞卷积，DeepLabv1 能够在不降低分辨率的情况下捕捉多尺度的上下文信息，空洞卷积的膨胀率可以根据任务需求灵活调整，以适应不同尺度的目标。

在 DeepLabv1 的基础上，为了进一步改进网络的语义分割效果，学者们又进一步提出了 DeepLabv2、DeepLabv3 及 DeepLabv3 + 网络[311-313]。DeepLabv2 中引入了空洞空间金字塔池化（ASPP）[314]，进一步增强了多尺度特征提取能力。DeepLabv3 中对 ASPP 模块进行了改进，使其能够更有效地捕捉不同尺度的特征，在增强对多尺度特征和上下文信息捕捉能力的同时简化了网络结构。鉴于编码器 – 解码器的优点，DeepLabv3 + 在 DeepLabv3 的基础上引入了编码器 – 解码器结构，以更好地捕捉图像中的细节信息，进一步提升了语义分割模型的性能和细节恢复能力，其结构如图 4－9 所示。

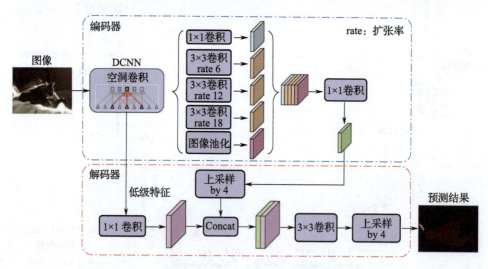

图 4－9　DeepLabv3 +结构

4.2.3　语义分割常用数据集

语义分割任务依赖于大量的标注数据，当前常用的数据集有 Mapillary Vistas、Cityscapes、CamVid、ADE20K、COCO、VOC 等，这些数据集的详细信息见表 4－1。

表 4－1　语义分割领域常用数据集

数据集	发布年份	类别	规模	分辨率	场景
Mapillary Vistas	2017	66	25000	多样化	智能驾驶
Cityscapes	2015	19	5000	2048 × 1024	智能驾驶
CamVid	2008	11	700	960 × 720	智能驾驶
ADE20K	2016	150	25000	多样化	通用场景
COCO	2014	80	330000	多样化	通用场景
VOC	2005	20	17000	多样化	通用场景

（1）Mapillary Vistas

Mapillary Vistas 数据集是一个可用于智能驾驶任务的大规模街景数据集，它包含多种城市和乡村环境中的高分辨率图像及其详细的像素级标注，共有 66 个类别的 25000 张高分辨率图像，涵盖道路、车辆、行人、交通标志等常见的街景元素。其包含的高分辨率图像为精细的语义分割任务提供了丰富的细节和上下文信息，非常适用于智能驾驶这类具有高精度分割需求的任务。

（2）Cityscapes

Cityscapes 数据集是一个专门用于城市环境中视觉理解任务的数据集，特别适合语义分割、实例分割和目标检测任务。Cityscapes 包含来自 50 个不同城市的高分辨率图像，展示了多样的城市街道场景，数据集涵盖道路、建筑、行人、车辆等常见的城市元素，为城市环境下的语义分割和其他视觉任务提供了丰富的资源，极大地促进了智能驾驶任务的发展。

（3）CamVid

CamVid 数据集是一个用于道路和城市场景语义分割的高质量数据集，可广泛用于计算机视觉研究，特别是自动驾驶领域的语义分割任务。CamVid 数据集提供了像素级的精细标注，覆盖了多种城市环境下的常见类别，包括道路、建筑、行人、车辆等。然而该数据集规模相对较小，在训练中可能会导致类别不平衡及过拟合等问题。

（4）ADE20K

ADE20K 数据集是一个全面且多样化的视觉数据集，为语义分割、实例分割和场景理解等任务提供了丰富的资源。其高质量的标注和广泛的应用场景，使其成为计算机视觉领域的重要数据集之一。ADE20K 数据集拥有 150 个语义类别，覆盖了多种室内外场景，其类别有道路、行人、汽车、动物、家具等，既包括大范围的背景元素，也包括小范围的物体细节，为其在多种场景中的广泛应用奠定了基础。

（5）COCO

COCO 数据集是一个可用于目标检测、语义分割等任务的大规模数据集，其由许多不同的日常场景采集得到，共有超过 33 万张图像，包含 150 万个目标实例和 80 个目标类别。因为其丰富的场景和数据量，所以 COCO 目前是多个计算机视觉领域公认的权威数据集，是不同算法进行性能比较的重要基准。在 COCO 数据集中，除了常见的日常场景外，也包含大量交通场景的目标类别，包括行人、自行车、摩托车、汽车、公交车、货车、火车、交通灯及停车牌等。

（6）VOC

VOC 数据集最早发布于 2005 年，随后经过多次扩展和改进，是计算机视觉领域中广泛使用的重要数据集之一。该数据集旨在推动计算机视觉领域的发展，通过提供高质量的图像和详细的标注，支持多种视觉任务的研究和评估，包括图像分类、目标检测、语义分割等。VOC 数据集涵盖日常场景中的 20 个物体类别，包括飞机、自行车、公共汽车、行人等。然而，由于其数据量和类别较为有限，因而在当前一些复杂网络的训练中可能存在一定的不足。

4.2.4 语义分割技术存在的难点

近年来，随着多方面的不断改进，语义分割技术的准确性及实时性均取得了很大的提升和改进，然而由于算法性能及场景复杂性等方面的原因，目前在智能驾驶这类对分割结果有极高要求的场景中应用仍然存在很大的难点[315-317]。为了深入研究限制模型进一步应用的因素，对语义分割所面临的关键问题进行了分析，通过系统地识别和理解这些难点，可以帮助研究者更好地制定改进策略，提高算法的可靠性和实用性。当前语义分割技术所面临的主要难点有以下几点：

1）类别不平衡。在图像中，通常背景区域占据了大部分像素，而目标对象仅占少部分像素。而且，类别的固有特性导致一些类别的像素数量远少于其他类别，如行人所占像素往往相比于车辆、建筑等类别更少。另外，不同类别在整个数据集中出现的频率也不相同。上述原因导致在语义分割技术中存在严重的类别不平衡问题，使得模型更倾向于预测那些像素数量多的类别，限制了算法在复杂场景中的综合准确性。

2）边界精度。语义分割需要准确地定位和识别物体的边界，然而物体的边界通常细致且复杂，传统的卷积操作难以捕捉到这些细节信息，导致语义分割的预测结果中常常存在边缘模糊、边界不连续、细节丢失等问题，进而造成了分类错误、分割质量较差、用户体验不佳等情况，限制了算法的进一步推广应用。

3）计算复杂度较高。当前基于深度学习的语义分割模型通常较为复杂，通常需要占据大量的计算资源。而且高分辨率图像包含大量像素，而语义分割需要对每个像素进行分类，这也导致所需的计算量非常大。另外，智能驾驶这类场景往往需要实时处理图像，这对计算速度也提出了很高的要求。上述原因导致计算复杂度对语义分割模型有显著影响，这也成为限制模型推广应用的关键问题。

4）数据标注。在语义分割的数据标注中，每张图像的每一个像素都需要被分配一个类别标签，与图像分类或目标检测任务相比极大地增加了标注难度与耗时。而且，由于标注较为困难与耗时，因此语义分割图像一般需要多人协作进行标注，而不同的标注人员可能会对同一图像中的同一对象进行不同的标注，这种不一致会影响到训练数据的准确性。另外，智能驾驶这类场景的图像常常包含复杂的情景，例如遮挡、重叠和复杂的边界等，这使得精确标注每个像素也变得极为困难。上述原因导致数据标注对语义分割模型有显著影响，同时也是限制模型性能的关键问题。

5）遮挡问题。在实际场景中，物体之间的遮挡现象非常普遍，尤其是在复杂的场景中，如智能交通场景中的车辆与车辆、车辆与树木、树木与行人等都会产生遮挡，这种复杂的遮挡会增加语义分割任务的难度。在严重遮挡的情况下，标注人员需要根据上下文信息推测被遮挡对象的类别和边界，模型也需要依靠上下文信息和部分可见的特征来推断被遮挡对象的类别，这种遮挡情况限制了语义分割模型的性能。

6）多尺度问题。图像中的物体通常具有不同的大小，相同类型的物体也会因为距离的差异在图像上呈现出不同的大小，而传统的 CNN 在处理不同尺度的对象时，往往难以保持尺度不变性。模型在一个尺度上学到的特征在另一个尺度上可能表现不佳，语义分割模型要在不同的尺度上准确识别和分割物体具有一定的难度，这也是目前所面临的关键问题。

4.3　实例分割

计算机视觉的四大基本任务通常可以定义为图像分类、目标检测、语义分割及实例分割，这些技术也是许多实际问题深入发展的基础。其中图像分类问题的主要目标是从分类标签集合中找出一个分类标签，将该标签分配给输入图像。目标检测问题不仅要将分类标签赋予图像，更进一步需要标记出具体目标的位置信息。语义分割问题指对图像中每个像素赋予一个类别标签，可以分割并检测出具体类别，并精细标注边界。实例分割在区分出每一个类别的基础上，还为属于同一类对象的单独实例提供了不同的标签，可以定义为同时解决目标检测和语义分割问题，并且通常需要面对多个物体重叠和复杂的背景。实例分割是计算机视觉四大基本任务中最具挑战性的一个问题，在智能驾驶、遥感探测及医疗健康等领域有重要的应用价值。计算机视觉基本任务辨析图如图 4-10 所示。

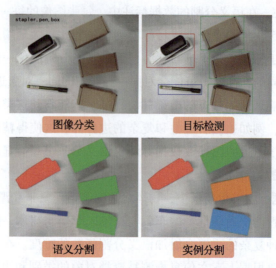

图 4-10　计算机视觉基本任务辨析图

　　与语义分割相似，实例分割也可以追溯到传统的图像分割技术，其将图像划分为互不相交且有意义的子区域，同一区域的像素点具有一定的相关性，不同区域的像素点之间存在一定的差异性。传统的图像分割技术主要有基于阈值、基于边缘、基于聚类等的分割方法，在简单机器视觉问题中拥有较好的处理效果，在实际场景中合理地应用可完成所需的图像分割任务。然而随着智能驾驶及安防监控等复杂场景中计算机视觉的广泛应用，传统图像分割技术已经不能满足复杂场景中目标分割的需求。随着深度学习在许多领域的广泛应用，基于深度学习的 FCN[318]、Mask RCNN[319] 等图像分割算法的出现，为复杂环境中实例分割技术的应用提供了可能。现在基于深度学习的实例分割技术已经可以在常见场景中完成物体的精确分割，然而由于智能驾驶场景极为复杂多变、外界干扰因素众多，实例分割技术仍然有广阔的提升空间。

　　当前目标实例分割技术从处理思路来说，总共有三类解决方案。实例分割任务可以定义为目标检测和语义分割的结合，因此从这两方面出发有两种主要的解决思路。其中一种是基于检测的方法，类似于目标检测任务，这种方法首先检测出每个实例的所在区域，然后在每个区域内分割出实例掩模。另一种是基于像素聚类的方法，这种方法首先对每个像素的类别标签进行预测，然后利用聚类的方法将其分组形成实例分割结果。上述这两种解决思路均属于两阶段分割方法，得到了大量研究者的关注。除此之外，近年来还发展出了一种单阶段实例分割的方法，其相比于上述两种分割方法在处理速度上有了较大的提升。

本节接下来对常见的实例分割方法做详细介绍，其中基于深度学习的实例分割方法类型如图 4-11 所示。

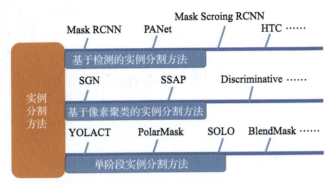

图 4-11　基于深度学习的实例分割方法类型

4.3.1　基于检测的实例分割方法

如前所述，随着 CNN 在目标检测领域的应用，学者们先后提出了 Faster RCNN、YOLO、SSD 等经典的网络模型，极大地促进了目标检测性能的发展。基于检测的实例分割方法首先通过目标检测的方法找出实例所在的区域，之后在检测区域内进行掩模预测，最终每个预测结果都作为一个不同的实例输出。这种方法与目标检测有密切的联系，目标检测技术的快速发展，能够直接推动该类实例分割技术进步，这种方法在算法研究进程上相比其他类别的实例分割技术具有显著的优势。

2017 年，学者们基于 Faster RCNN 提出了 Mask RCNN 算法，该算法在 Faster RCNN 的基础上添加了一个掩模分支来预测实例掩模，获得了优秀的实例分割效果。Mask RCNN 在每个候选区域内进行掩模预测，采用全卷积网络为每个感兴趣区域生成一个二值掩模，这个掩模分支与分类和回归分支并行工作，共同进行模型优化。通过这种设计，Mask RCNN 不仅能够在每个感兴趣区域上生成高质量的边界框，还能够精确地分割出目标的形状。Mask RCNN 在多个公开的实例分割数据集上取得了显著的性能提升，这使得 Mask RCNN 成为实例分割领域的一个重要基准，同时也是经典的基于目标检测的实例分割算法之一，有力地推动了相关技术的发展。用于实例分割的 Mask RCNN 框架如图 4-12 所示。

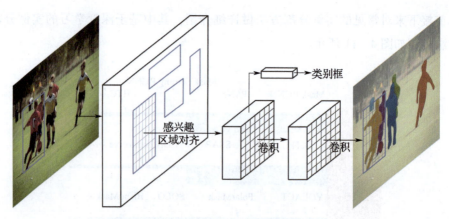

类别框

感兴趣
区域对齐

卷积　　卷积

图4-12　用于实例分割的 Mask RCNN 框架

此后，在 Mask RCNN 的基础上，学者们针对算法中采用分类置信度作为评价掩模的质量分数，但掩模的分割质量与分类置信度没有太强关联的问题，进一步提出了 Mask Scroing RCNN 算法，其采用预测掩模与标注掩模的 IoU 来描述掩模的分割质量，并通过添加新的分支，使网络优先输出更完整的掩模，有效提高了实例分割算法的性能。

为了推动实例分割方法的持续进步，学者们还提出了大量基于检测的经典方法。2016 年，Dai 等人针对语义分割的算法无法应用于实例分割的问题，提出了多任务学习框架[320]，其模型由区分实例、估计掩码及分类对象三部分组成，将这些部分设计为一个级联结构，该算法在 VOC 数据集上达到了当时最先进的实例分割精度。随后，PANet 结构通过自底向上的路径增强方法，在较低的层次上使用精确的定位信号增强整个特征层次结构，有效缩短了较低层次与最上层次之间的信息路径，并且提出了自适应特征池，使每层的有用信息直接传播到其他的建议子网中，创建了一个为每个建议捕获不同视图的互补分支，进一步改进了掩码的预测结果。2019 年，Chen 等人提出了新的混合任务级联（HTC）框架[321]，该框架将检测和分割交织在一起进行联合多阶段处理，采用全卷积区分困难样本，其可以逐步学习更多有区别的特征，同时在每个阶段将互补的特征整合在一起，有效提高了实例分割效果。

基于检测的实例分割方法通过结合目标检测的定位能力和图像分割的精度，已经成为实例分割重要的解决方案[322-324]，其主要有以下特点：

1）多任务学习。在基于检测的实例分割方法中，检测分支对每个候选区域进行边界框回归和目标分类，而分割分支则生成像素级的分割掩码。这种方法不仅提高了分割精度，还有效利用了共享的特征图，增强了模型的整体性能。

2）高分割精度。在实例分割过程中，首先通过目标检测网络精确地定位每个目标的边界框，然后在此基础上进行分割掩码的生成。由于边界框提供了目标的精确位置和大小信息，分割网络可以在一个更小、更精确的区域内工作，减少了背景干扰，从而可以生成更准确、细致的分割掩码。

3）适用性广。由于基于检测的实例分割方法能够同时处理多目标的检测和分割，因此在实际应用中具有很高的实用价值，满足了各种复杂场景下的需求，当前在智能驾驶、视频监控、医学图像分析等多种场景中均具有广泛的应用。

4）复杂性较高。基于检测的实例分割方法需要同时处理目标检测和实例分割任务，通常包含多个复杂的网络结构模块，如特征提取网络、检测分支和分割分支等。多个模块的存在增加了模型的整体复杂性，也对训练和推理过程中的计算资源提出了较高的要求。

4.3.2　基于像素聚类的实例分割方法

基于像素聚类的实例分割方法首先对每个像素的类别标签进行预测，再通过聚类、度量学习[325-327]等方法将其分组形成实例分割结果。与基于检测的方法相比，这类基于像素的算法能够更精确地捕捉局部信息，在处理具有复杂形状和细节的目标时具有优势。然而，这种方法需要对每个像素进行单独预测，这对计算机的处理能力提出了更高的要求。此外，尽管基于像素聚类的方法在细节处理上表现出色，但整体准确性可能由于分割边界的不精确和实例重叠等问题而有所降低。

基于这种像素聚类的思想，有学者提出了一种基于像素的实例分割方法SSAP[328]，通过学习像素对的亲和力金字塔来学习两个像素属于同一实例的概率，其中亲和力金字塔从较高的分辨率图像中学习近距离的亲和力，从较低的分辨率图像中学习远距离的亲和力，进而生成多尺度亲和力金字塔。这种方法将语义分割与亲和力金字塔联合学习，生成多尺度的实例预测。此外，为了提高模型的运行速度，SSAP 中引入了级联图划分模块，通过将大规模图划分任务分解为多个子任务，逐步细化实例分割结果，从而加快了计算过程。在Cityscapes 数据集上的实验结果表明，SSAP 在实例分割任务中达到了当时最先进的性能。SSAP 实例分割算法框架如图 4-13 所示。

与上述方法相似，Brabandere 等人提出了一种像素级的判别损失函数[329]来处理实例分割任务。该损失函数将网络中每个像素都映射到特征空间的一个点上，使得属于相同实例的像素彼此距离很近，而不同实例的像素距离较远。该

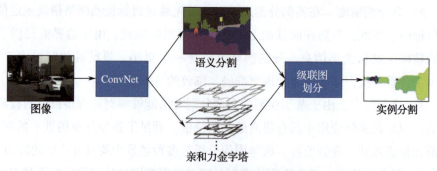

图像　　语义分割　　级联图划分　　实例分割　　亲和力金字塔

图4-13　SSAP 实例分割算法框架

损失函数包括拉力、推力和正则化三部分。拉力作用是减少相同实例中所有像素与其平均值之间的距离；推力作用是将每个实例聚类的中心点相互推开，增加不同实例之间的距离；正则化作用是使各聚类的中心点尽可能靠近原点，防止特征空间的过度扩展。Bai 等人提出了一个简单的端到端 CNN 来完成实例分割[330]。他们将语义分割与传统的分水岭算法相结合生成能量图，然后针对能量图中的每一个实例进行分割。这种方法可以非常快速和准确地完成实例分割。

此外，Kirillov 等人将实例分割问题定义为实例不可知的语义分割和所有的实例边界这两个输出[331]，利用实例分割的标注训练边缘检测器，然后利用边缘检测器对语义分割的区域进行分割，形成了一种新的多切割形式。Arnab 等人基于一个初始的语义分割模块提出了一个实例分割系统[332]，其将语义分割结果输入一个实例子网络来进行实例预测，实现了更高精度的实例分割。Shu 等人提出了 SGN 网络[333]，将实例分割任务分解为一系列子任务，然后由这些子任务组合进行最终的分割掩模预测，该方法的优点是实现了任务分解，但是由于每一个子任务都是顺序进行，导致花费时间较长。

基于像素聚类的实例分割方法通常与语义分割具有紧密的联系，目前也成为实例分割技术重要的解决方案，其主要有以下特点：

1）细粒度分割。基于像素的方法可以提供非常精细的分割结果，能够较为准确地分割出图像中每个实例的轮廓和边界，这种精细分割结果在复杂场景下表现出色，提高了系统的整体性能和可靠性。

2）高精度要求。因为基于像素聚类的实例分割方法中每个像素都需要被准确地分类和分割，因此需要高精度的分类器和分割器，这通常依赖于复杂的模型和大量的计算资源。

3）数据标注复杂。基于像素聚类的实例分割方法依赖于详细的像素级别的标注数据，不仅要求标注每个像素的类别，还需要精确标注每个实例的边界，这种精细的标注工作量大且复杂，通常需要耗费大量的人力和时间。

4）模型复杂度高。基于像素聚类的实例分割方法通常需要结合多个模型和多阶段处理，每个模型或子模块都需要独立训练，并且在整个系统中进行联合调优，这种复杂的处理步骤及超参数调优过程使得模型具有较高的复杂度。

4.3.3　单阶段实例分割方法

与多阶段实例分割方法不同，单阶段实例分割方法在一个统一的框架内完成实例的分割，这种方法通过一个端到端的网络架构，实现了从输入图像到分割结果的直接映射，避免了多阶段处理的复杂性和延迟。单阶段方法拥有更高的计算效率，现有技术已经可以满足实际应用中实时性的需求。

基于端到端的单阶段处理思路，Bolya 等人提出了 YOLACT 算法[334]，其将实例分割任务分解为生成一组原型掩码和预测每个实例的掩码系数两个子任务，然后通过线性组合两个子任务来生成实例掩模。另外为了提高分支的运行速度，该算法提出了一种 Fast NMS 算法来代替 NMS 算法，达到了实时的实例分割效果。为进一步改善单阶段实例分割的检测精度，随后又出现了许多改进的 YOLACT 算法[335]，YOLACT 算法结构如图 4 - 14 所示。

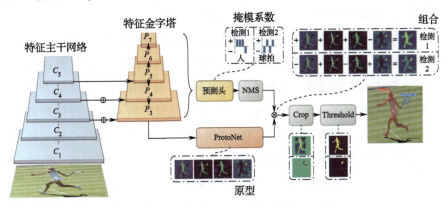

图 4 - 14　YOLACT 算法结构

为了进一步提高 YOLACT 的分割精度，学者们提出了 YOLACT + + 算法[336]。YOLACT + + 在原有 YOLACT 的基础上进行了多项改进，其中最重要的是在主干网络中引入了可变形卷积，这种方法通过动态地调整卷积核的位置，能够更好地捕捉目标的形变和复杂的边界，从而提高分割精度。可变形卷积的引入使得网络能够灵活适应不同形状和尺度的对象，在几乎不影响算法效率的基础上有效提高了分割精度。

与此相似，Xie 等人提出了单阶段实例分割方法 PolarMask[337]。PolarMask 将实例分割问题转化为极坐标系中的目标边界预测问题，它通过预测每个目标的中心点和从中心点到边界的径向距离，生成实例掩码。相比于传统的基于矩形边界框的方法，极坐标表示方法可以更自然地适应目标的形状变化。通过这种方法，PolarMask 有效降低了实例分割任务的复杂性，在保证实时性的前提下，同时拥有较高的分割精度。PolarMask 算法结构如图 4-15 所示。

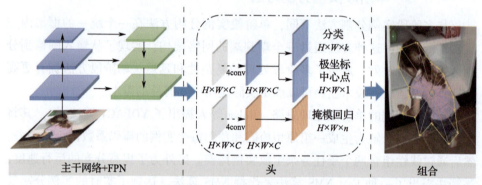

图 4-15 PolarMask 算法结构图

此外，Wang 等人提出了典型的单阶段实例分割方法 SOLO[338]，该方法直接对物体进行预测，根据物体中心的位置和物体尺寸来预测实例类别，不依赖建议框提取和后处理算法。其算法思想是将图片划分为网格，如果物体中心落入某个网格内，则该网格通过分类分支预测该物体的语义类别，并由掩模分支来预测该物体的实例掩模。这种方法简单高效，显著降低了计算复杂度，且在处理精度上可与 Mask RCNN 媲美，并且优于之前的所有单阶段处理算法。在 SOLO 的基础上，学者们进一步提出了 SOLOv2[339]算法。SOLOv2 通过将目标掩码生成过程分解为内核分支和特征分支，进一步简化了计算过程。内核分支负责生成每个实例的动态卷积核，特征分支则生成统一的特征图，这样的设计有效减少了计算量。此外，SOLOv2 引入了 Matrix NMS 方法，该方法能够并行执行 NMS 操作，从而提高处理速度并得到更好的分割结果。

在上述几种实例分割的主流方法中，基于检测和基于像素聚类的方法均属于两阶段的处理方法，相比单阶段的处理方法一般拥有更好的分割准确性。其中基于检测的处理方法由于和目标检测任务的密切联系，目标检测任务的快速发展可以直接推动这类算法的发展，因此具有显著的优势。而单阶段的实例分割算法一般相比于两阶段的算法更加简洁高效，拥有更快的分割速度，另外近年提出的 SOLO 算法也达到了两阶段算法的分割精度,是实例分割领域目前的研究热点。智能驾驶等领域对算法的实时性提出了更高的要求,在这些领域中,当前分割速度更快的单阶段实例分割方法成为了未来的发展方向。

4.3.4　实例分割技术存在的难点

实例分割技术是计算机视觉领域的重要任务之一,它需要同时解决目标检测和语义分割的问题。尽管近年来取得了显著的进展,实例分割仍然存在边界精确度差、模型泛化能力差等许多难点,本小节从算法框架、小目标图像实例分割、边缘轮廓优化等方面对实例分割技术的关键问题进行讨论。

1. 算法框架

从实例分割技术的发展来看,大量的研究集中于两阶段的实例分割框架。其中包括经典的如 Mask RCNN 这类先检测后分割的算法,另外还包括 SSAP 这类先逐像素预测再聚类处理的算法,在测试中均取得了不错的分割结果。近年受 YOLO 等检测器的启发,实例分割领域也出现了一些单阶段分割方法,例如 YOLACT 及 PolarMask 算法。

在实例分割的技术发展过程中,与单阶段的处理方法比较,两阶段的方法拥有很多优点,例如分割精度较好、更容易推广等。并且目标检测技术的不断改进也可以推动基于检测的两阶段实例分割技术的发展,因此大量的研究集中于两阶段方法。但是两阶段的方法一般训练起来更为烦琐,且需要更多的训练时间及硬件资源,在测试中往往检测速度比单阶段的方法慢。而单阶段的分割算法结构简单、运行速度快,可以达到实时应用的要求。这类算法在刚出现时分割精度较低,然而经过持续的研究发展,取得了长足的进展,近年来发展的 SOLO 及 BlendMask 已经可以达到两阶段算法 Mask RCNN 的分割精度。

在当前实例分割技术的研究进程中,由于单阶段框架分割速度的优势,相关算法研究越来越多,有力地推动了单阶段实例分割技术的发展。然而整体上两阶段算法更容易取得优异的分割精度,在医疗等对实时性要求不高的场合仍然具有重要的应用价值。在实例分割技术的研究与应用中,具体的框架选择应与应用场景紧密结合,以获得更适合的分割效果。

2. 小目标图像实例分割

小目标实例分割在许多领域有重要的应用价值,在智能驾驶场景中,远处的物体均以小目标的形式呈现在图像上，此外还有遥感图像实例分割、医学影像目标分割等，准确的实例分割结果可以为其进一步的深入分析提供可靠的信息。目前针对小目标的实例分割准确率低、效果差，经常存在漏分割及错误分割问题，并且成功分割的小目标经常存在与真实目标 IoU 过低及分割边界模糊等问题。以遥感领域为例，典型的小目标图像如图 4-16 所示。

a）建筑物卫星图　　　　　　　　　　b）建筑的实际分割结果

图 4-16　遥感领域典型的小目标图像

CNN 经过多层的特征提取之后，在输出层一般仅包含语义信息，缺少检测小目标所需的细节信息，虽然可以通过上采样在一定程度上恢复细节信息，但是在多层卷积之后会造成严重的细节信息损失，造成小目标分割困难。Pang 等人针对小物体分割困难的问题，提出了一种部分感知的分割方法[340]，其能明确检测语义部分，并在分割中保留相关信息，有效改进了小物体的分割的问题。此外，Dijkstra 等人针对小目标分割中存在的问题，在 CentroidNet 的基础上提出了 CentroidNetV2[341]，其损失函数结合了交叉熵损失和欧几里得距离损失，算法能够更加准确地检测对象的中心点，并精细地分割目标边界，实现了高质量的对象实例中心检测和边界分割，在小目标分割方面取得了有效的改进。

在利用 CNN 提取目标特征的过程中，一般在高层仅包含分割大目标所需的语义信息，为了准确分割小目标，必须利用低层特征图所包含的细节信息，故可以减少卷积层数以提高小目标分割能力。不过在实际应用中为了保留充足的大目标检测能力，一般会利用特征融合结合多层特征的信息。上述方式虽然可以在一定程度上改善小目标分割能力，然而效果仍然不够理想。如何对小目标图像进行高效、精准的分割仍是目前实例分割领域的一个主要难点。

3. 边缘轮廓优化

针对一些复杂的特征实例，现有算法普遍对边界区域的分割较为模糊，虽然分割结果可以完成特定的实例分割任务，然而由于边缘粗糙，因此整体视觉效果较差。精细的轮廓优化可以直接提高实例分割的视觉效果，实例分割中轮廓细节对比如图 4 - 17 所示。

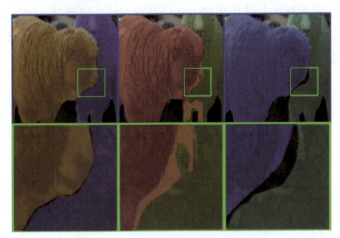

图 4 - 17　实例分割中轮廓细节对比

针对 PolarMask 中分割结果边缘信息模糊的问题，有学者通过对轮廓点的角度偏置和距离进行预测，准确地提取出实例的轮廓[342]。这一方法能够更精确地捕捉到物体的边界形状，从而避免了原始 PolarMask 方法中边缘信息模糊的问题。此外，他们还利用一个语义分割子网络对实例边缘进行了进一步的细化处理，显著改善了算法的分割精度。同样，针对 Mask RCNN 分割出的实例边缘不够精细的问题，有学者在 Mask RCNN 得出初步分割结果的基础上，进一步利用 PoolNet 的结果对实例分割的掩码图边缘进行了优化，有效地提升了实例分割边缘轮廓的准确性和细节表现[343]。Chen 等人针对检测的质量影响掩模完整性的问题[344]，提出了一种可以学习目标特征与边界框之间关联的方法，其可为实例分割提供更准确的边界框，有效改进了分割质量。Zhao 等人针对分割轮廓的精度问题提出了一种实例分割模型，将检测和分割作为一个多阶段处理过程，获得了准确的分割边缘，提高了分割结果的几何规律性[345]。

实例分割边缘轮廓优化不但能提高分割精度，还可以大幅度改善人类对计算机视觉实例分割的认同度及信任度，可以促进实例分割技术在智能驾驶等领域的应用，是影响实例分割最终效果的一个关键因素。

4.4　本章小结

智能驾驶的复杂场景感知通常会涉及多种任务，要实现准确可靠的环境理解需要同时结合多种技术。在第 3 章对目标检测进行详细介绍的基础上，本章对场景感知中所涉及的目标跟踪、语义分割和实例分割技术进行了详细讨论，系统地分析了这些技术目前的主流方法以及存在的关键问题。通过详细的介绍，本章内容可以为智能驾驶复杂场景感知提供较为全面的概述，为技术发展及应用提供重要的参考价值。

第 5 章
车联网场景下多传感器
融合感知技术

环境感知是智能驾驶技术的重要组成部分，其是实现智能决策与协同控制的信息基础。由于单传感器的局限性，随着深度学习及传感器技术的不断发展，车联网多传感器融合感知成为当前的研究热点，这也是实现完全自动驾驶的主要解决方案。本章对智能驾驶复杂场景中的车联网多传感器融合感知技术进行详细介绍，从不同角度进行深入分析，为智能驾驶技术的推广应用提供重要参考。

5.1 车联网多传感器融合系统概述

智能驾驶技术包括感知、决策及控制等多个部分，感知的目标是获取并理解周围的环境信息，决策的目标是基于感知信息进行实时决策，控制的目标是根据决策结果控制车辆。在智能驾驶系统中，感知是整个系统的信息基础，感知的准确性及完整性直接决定了系统的可靠性[346-347]。

当前智能驾驶中常见的感知设备有摄像头、激光雷达、毫米波雷达等，鉴于各类感知设备的固有特性，其往往对不同的任务具有独特的优势[348]。智能驾驶技术发展初期，主要通过驾驶辅助系统实现智能车辆上的实际应用，学者们针对具体的感知任务进行了大量的研究，包括车辆检测[349]、行人检测[350]、车道线检测[351]等。然而，智能驾驶环境是复杂的综合场景，其不但要同时进行目标检测与跟踪、场景分割、环境建模等多种任务，还要面临复杂多变的恶劣环境的干扰，这使得单个传感器很难实现复杂场景的全面可靠感知。为此，学者们尝试结合多个传感器的优点实现融合感知，大量的研究结果表明这种方法可以有效弥补单个传感器的感知缺陷，显著改善智能驾驶系统的感知性能，为实现完全自动驾驶提供重要的助力[352]。

在多传感器融合领域，虽然传统融合方法能够在一定程度上整合不同类型的传感器数据，但是其处理复杂特征和高维数据的能力往往较为有限，通常多用于处理跟踪任务。同时，传统的融合算法在遇到新的场景或传感器配置时，往往需要重新设计或调优模型，导致复杂环境的适应性较差。而深度学习方法能够更有效地融合来自多个传感器的复杂特征和高维数据，这种特征提取能力极大地推动了多传感器融合技术的发展，目前基于深度学习方法的多传感器融合技术已经可以较好地处理复杂场景感知与理解问题。

多传感器融合技术是通过结合不同传感器的优点来改进感知效果的方法，当前常见的融合方式有摄像头－激光雷达、摄像头－毫米波雷达、摄像头－激光雷达－毫米波雷达等。而从具体的融合思路进行分析，当前主要的信息融合框架有数据层融合、特征层融合和决策层融合三种类型。其中数据层融合直接利用采集的原始数据进行融合处理，可以保持数据的完整性和真实性，然而这种方式与传感器的硬件参数及外界环境紧密相关，数据配准较为困难且可移植性差。特征层融合直接对不同传感器的特征信息进行融合，具有泛化能力好、结构适应性强等优点，然而这种方式可能会丢失部分原始信息，从而降低了系统的精确度和鲁棒性。决策层融合对多个传感器的结果进行整合判断，可以轻易融入新的传感器信息，具有较好的拓展性，然而这种方式难以进行数据互补，系统的融合精度相对较低[353]。考虑到不同融合策略的特点存在差异，在实际的应用中需要考虑多种因素选择合适的策略。此外，为了进一步提升系统的感知性能，有些融合算法会进一步结合惯性测量单元（IMU）、GPS等车身传感器的信息，以改善整体信息感知的精确度，增强模型的稳定性及鲁棒性。

虽然多传感器融合已经极大地改善了模型可靠性及适应性，然而由于交通情况极为复杂多变，单车智能面临感知范围有限、信息孤岛、紧急情况优化不足等问题。针对上述问题，基于车联网的多传感器融合成为当前的研究热点[354-355]，相比于单车智能，这种方案通过车辆间和车辆与环境的信息交互实现更准确安全的智能驾驶功能。当前车联网信息融合主要包括车－车信息融合、车－路信息融合、车－人信息融合及车－公共网络信息融合四种方式，通过多方推动已经在部分地区进行了大规模布设，这种方案有望彻底改变我们的驾驶方式和交通系统，使无人驾驶技术真正地走向市场化应用，提高驾驶的安全性和舒适性[356-357]。车联网多传感器信息融合的系统架构如图5-1所示。

基于上述车联网多传感器信息融合的简要概述，本章接下来内容对车联网多传感器信息融合的关键感知设备、融合方法以及融合过程中存在的关键问题进行详细的介绍与分析。

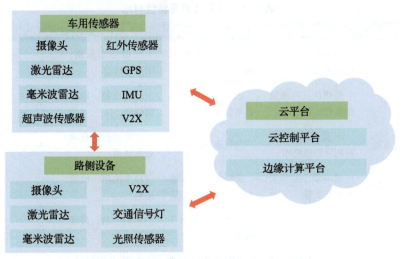

图 5-1　车联网多传感器信息融合的系统架构

5.2　车联网多传感器信息融合的关键感知设备

　　传感器的固有特性决定了感知系统的性能,在车联网多传感器信息融合的过程中,当前常用的传感器有摄像头、激光雷达、毫米波雷达、超声波传感器、GPS、IMU 及 V2X 等[358],车联网场景中传感器布置示意图如图 5-2 所示。基于这些传感器的固有特性,针对具体的感知需求有多种融合方式,可以有针对性地实现性能互补,各种传感器特性总结见表 5-1。本节接下来对车联网多传感器信息融合中的感知设备进行深入分析。

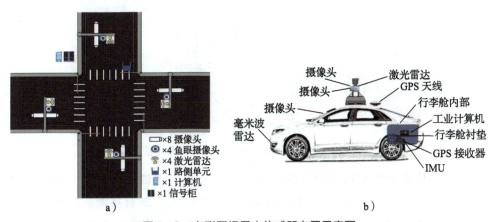

图 5-2　车联网场景中传感器布置示意图

表5-1　不同传感器特性对比

传感器	优势	劣势	应用任务	成本	工作距离
摄像头	高分辨率,细节信息丰富	受环境光线影响大	交通标志识别、障碍物检测	低	中
激光雷达	高精度,可测量距离和形状	成本高,受天气影响较大	环境建模、障碍物检测	高	远
毫米波雷达	不受天气影响,可测量移动物体	分辨率有限	车辆检测、自动紧急制动	中	远
超声波传感器	成本低,适用于近距离测量	受环境噪声影响大,工作距离有限	自主泊车、低速巡航	低	近
GPS	提供精确位置信息	室内和遮蔽物下效果差	车辆导航、路径规划	中	远
IMU	受限环境下的定位	长时间累计误差较大	车身姿态测量、运动检测	中	—
V2X	扩展车辆的感知视野	需要广泛的通信与设备支持	车车通信、车路协同	高	中

5.2.1　摄像头

摄像头是应用最早和最广泛的感知设备之一,通常所述的计算机视觉即使用摄像头作为传感器,当前其已经成为智能驾驶环境感知中不可或缺的组成部分。摄像头非常擅长进行目标分类,可以轻松实现复杂场景中上百种目标的分类,在智能驾驶领域可以广泛用来处理目标检测、目标跟踪、语义分割等多种任务。利用摄像头进行驾驶环境信息感知如图5-3所示。

图5-3　利用摄像头进行驾驶环境信息感知

当前应用于智能驾驶领域的摄像头主要有单目摄像头[359-360]、双目摄像头[361-362]、红外摄像头[363-364]及环视摄像头[365-366]等。单目摄像头使用单个镜头进行环境识别,是智能驾驶中最常用的感知传感器,广泛用于交通标志识别、车道线检测等任务。双目摄像头使用两个摄像头模拟人的视觉，相比于单目摄像头可以更准确地估计距离信息，有助于实现更准确的障碍物检测任务。红外摄像头可以在低光照或者夜间环境提供清晰的图像，有助于改善摄像头在不同光照下的工作能力。环视摄像头系统是目前的研究热点，即一般所述的鸟瞰视图（Bird's Eye View, BEV）系统，其通过一组摄像头捕捉图像，可以覆盖车辆周围的完整范围，可有效增强近场感知的能力。

早期的计算机视觉多使用边缘检测、阈值分割或者传统分类器进行任务处理，虽然在一定程度上解决了工业检测的问题，然而由于智能驾驶场景的复杂性，此类方法的应用较为困难。随着深度学习的发展，复杂场景中计算机视觉的性能有了极大提高。基于此，学者先后提出了 Faster RCNN、YOLO 等经典的目标检测网络，有力地推动了目标检测技术的进步。与摄像头在目标检测任务中的应用相似，摄像头在目标跟踪、语义分割、实例分割等智能驾驶任务中均有广泛的应用。在目标跟踪方面，深度学习方法通过多帧信息的融合和多目标关联，大大提升了跟踪的稳定性和精度；在语义分割和实例分割方面，深度卷积网络的引入使得像素级别的分类和分割成为可能，提高了智能驾驶系统的环境感知能力。

虽然摄像头可以清晰地捕捉目标轮廓、纹理及颜色等信息，然而其存在一些难以避免的缺点，如低光照下成像效果显著下降，强光照下可能产生过曝导致性能变差；雨雪等恶劣天气干扰镜头，导致成像模糊。Li 等人[367]详细讨论了 RGB 摄像头的局限性及其他传感器的应用价值，并指出 RGB 摄像头在极端环境下表现不佳，且难以处理空间距离的确定问题，普通摄像头所遇到的四种典型困难场景如图 5-4 所示。

低光照（夜间）　　　强光照　　　　过曝　　　　　雾

图 5-4　普通摄像头所遇到的四种典型困难场景

针对摄像头感知存在的问题，目前主要的解决思路是与其他传感器进行融合，并且结合 V2X 设备来提高感知的准确性，如对于交通灯这类基础设施，使用 V2X 设备直接传输信息可以有效避免因环境变化引起的感知错误；对于一般的感知场景，结合激光雷达等传感器可以有效提高感知系统对于光照变化的适应性。

5.2.2 激光雷达

激光雷达是利用激光感知物体的传感器,其向目标区域发射激光束,通过测量激光束反射回来的时间,可以准确计算障碍物的距离并构建精确的三维图像。激光雷达非常适用于环境建模及场景解析等任务,同时其不受光照条件的影响,对大雾、浓烟等环境状况具有一定的穿透性。鉴于其多方面的优势,激光雷达目前已经成为智能驾驶车辆中使用最为广泛的感知设备之一,常见的任务场景有目标检测、定位与建图、三维建模等。利用激光雷达进行驾驶环境信息感知如图5-5所示。

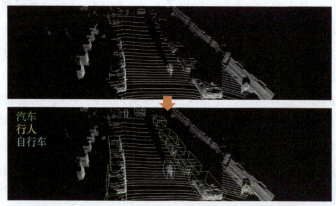

图5-5 利用激光雷达进行驾驶环境信息感知示意图

当前用于智能驾驶领域的激光雷达主要有机械式激光雷达[368-369]、固态激光雷达[370-371]及混合式激光雷达[372-373]等。机械式激光雷达通过机械旋转实现环境扫描,可以进行360°的环境感知。固态激光雷达使用固态光学元件来进行激光的发射和接收,相较于机械式激光雷达更加便宜耐用,但是其扫描范围较为受限。混合式激光雷达也称为MEMS激光雷达,其使用微电机系统(MEMS)来微调激光束的方向,可以在环境感知任务中实现精确的扫描控制。

早期的激光雷达主要用于大范围的地形测绘和大气数据采集,技术及应用均较为局限。在智能驾驶领域的著名赛事DARPA中,激光雷达显示出了其在智能驾驶技术中的应用前景。由于激光雷达卓越的感知性能,大量研究人员开始研究利用激光雷达进行环境感知。Li等人[374]提出了一种基于激光雷达点云的三维物体检测模型,通过优化基于点的检测方法,避免了PointNet等模型中普遍存在的问题,有效提高了检测准确性及效率。Xie等人[375]提出了一种基于三维激光雷达点云的移动物体分割轻量化模型，并针对嵌入式平台的应用进行了优化及测试，有效推动了激光雷达在移动平台中的应用。Meng 等人[376]针对智能车辆所面临的遮挡、点云稀疏等问题提出了一种新方法，该方法通过将历史数据与当前检测方法相结合，利用历史数据更好地理解和预测物体的当前位置和状态，显著改善了物体检测能力。Jo 等人[377]提出了一种快速运动分割算法，根据被测物体的运动特性将激光雷达点云分为动态点云和静态点云，分割得到的点云运动信息可用于智能驾驶的各种任务。

　　虽然激光雷达具有测距精度高、不受光照条件干扰等许多优点，然而其仍然存在一些难以避免的缺点，如制造成本较高、恶劣天气（雨、雪、雾）适应性差、难以提供颜色和纹理信息等。Li 等人[378]详细讨论了激光雷达在智能驾驶领域的应用、面临的挑战及未来发展趋势，在指出一系列技术挑战的同时还讨论了这些挑战对激光雷达感知系统性能的影响。针对激光雷达感知中存在的一系列问题，当前主要的解决思路有降低硬件成本、与其他传感器进行融合等。随着制造工艺的不断优化，激光雷达不但可以在智能驾驶场景中发展更大的作用，还可以推动无人机、机器人等领域的研究进展。

5.2.3　毫米波雷达

　　毫米波雷达是利用毫米波段的电磁波进行环境感知的传感器，当雷达发射的电磁波遇到物体时会发生反射，系统通过计算发射波与返回波的时间差可以准确地预测目标距离与运动速度。毫米波雷达具有不受天气影响、成本低等优势，当前已经成为汽车领域中不可或缺的组成部分。在智能驾驶任务中，毫米波雷达主要的任务场景有障碍物检测、速度检测、自动紧急制动（AEB）、盲点监测等。毫米波雷达感知点云图如图 5-6 所示。

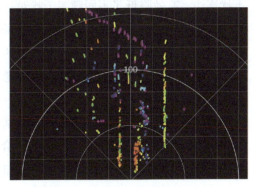

图5-6　毫米波雷达感知点云图

　　毫米波雷达主要使用的通信频段有 24GHz[379-380]、77GHz[381-382]及 79GHz[383-384]等。24GHz 是早期激光雷达所使用的频段，这种雷达在制造成本上具有一定的优势，然而由于频率较低，因此探测距离和分辨率较为有限，此外由于这个频段可能会和其他设备产生干扰，所以现在的应用已经逐渐减少。77GHz 雷达是现在汽车领域应用最为广泛的毫米波雷达，相比于 24GHz 雷达，可以提供更高的分辨率和探测距离，因此这种雷达非常适合处理智能驾驶相关任务。79GHz 雷达是近年来最新的毫米波雷达技术，相比于 77GHz 雷达，可以提供更高的分辨率及探测范围，在智能驾驶领域具有良好的应用前景。

随着毫米波雷达的不断发展及其在智能驾驶领域的应用不断加强，77GHz 和 79Ghz 毫米波雷达已经成为智能驾驶领域最常用的感知设备。为了增强车辆的感知能力，研究者不断深入研究毫米波雷达在智能驾驶领域的应用。Zhou 等人[385]系统地讨论了毫米波雷达在智能驾驶汽车中的应用，包括高级驾驶辅助系统（ADAS）及高级自动驾驶系统等，另外对技术存在的挑战及发展方向进行了讨论，为利用毫米波雷达进行环境感知的深入研究提供了有用的参考。Zhang 等人[386]提出了一种考虑毫米波雷达故障的自适应巡航系统主动容错控制模型，有效提高了智能车辆的安全行驶性能。Zhu 等人[387]提出了智能汽车毫米波雷达在环仿真方法，建立了恶劣天气条件下雷达目标探测的几何模型和功率衰减模型，与实车实验相比具有更高的效率、可重复性和安全性。Zhang[388]等人提出了一种基于车联网技术的路边毫米波雷达标定方法，结果表明改进的方法相比于常见方法具有更好的定位性能，可以满足车联网场景中车道级的定位要求。Dai 等人[389]针对智能车辆环境感知中的毫米波雷达相互干扰问题，将毫米波雷达干扰分为同频干扰和异频干扰分别进行研究，设计了 77GHz 毫米波雷达的抗干扰算法，有效降低了不同频率干扰对智能汽车环境感知的影响。Song[390]等人提出了一种使用毫米波雷达进行弯曲道路目标跟踪的算法框架，采用改进的自适应扩展卡尔曼滤波，提高了目标跟踪的鲁棒性和精度。

虽然毫米波雷达凭借其成本低、穿透能力强等许多优点已经成为汽车领域最常用的传感器之一，然而其仍然存在一些难以避免的缺点，如覆盖范围较窄、易受干扰等问题。鉴于毫米波雷达的优势，毫米波雷达在智能驾驶领域的应用会越来越广泛，此外与其他传感器的融合也是未来的研究热点，综合多种传感器的优势，智能车辆会获得更全面的感知性能。

5.2.4　超声波传感器

超声波传感器是利用超声波的反射原理进行环境感知的传感器，通过发射器发送信号，这些信号遇到障碍物时会发生反射，系统通过计算发射波与返回波之间的时间差可以得到障碍物的位置。虽然随着技术的发展已经出现了多种不同类型的超声波传感器，其通过调整超声波的频率或者探测角度以满足不同场景中的要求，然而在智能驾驶系统中最常用的还是传统的超声波传感器，这类传感器成本低、技术较为成熟，非常适合智能驾驶中近距离的探测需求[391-392]，常用来处理的任务有自动泊车、近距离辅助检测、低速安全行驶等。超声波传感器感知示意图如图 5-7 所示。

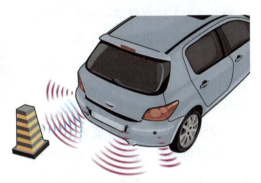

图 5-7　超声波传感器感知示意图

虽然相比于摄像头、激光雷达等传感器，超声波传感器在环境感知任务中的关注度较低，然而由于其对于智能驾驶车辆具有重要的作用，近年来也受到越来越多的关注。Shen 等人[393]提出了一种基于多超声波传感器的定位方法，其使用三个超声波传感器进行定位，在不需要额外温度信息的情况下可以实现高精度的定位功能，在自主移动机器人的应用中具有显著优势。Nesti 等人[394]提出了一种基于超声波传感器的目标检测系统，可以在低速场景中准确地检测目标，实验结果表明他们的方法具有突出的性能，对于进一步利用超声波传感器进行环境感知具有重要的参考价值。Diehl 等人[395]面向停车场景对精度要求较高的需求，对车辆在低速范围的动力学系统进行分析，提出了一种基于超声波传感器的自主泊车结构，可以在恶劣条件下稳定运行。De Simone 等人[396]研究了使用超声波传感器在无人车辆中实现避障功能的方法，通过集成神经网络和超声波传感器可以提升无人车辆在复杂环境中的自主导航能力，并且还详细讨论了超声波传感器在小型自动化车辆中的应用前景。

虽然超声波具有探测距离有限、穿透力较差等限制，然而由于超声波雷达成本低、技术成熟等优势，因而其对于智能驾驶具有重要的应用价值，目前在复杂的感知任务中已经成为智能车辆感知系统的重要组成部分。

5.2.5　GPS 和 IMU

智能车辆要实现自主行驶离不开准确定位与导航，GPS 与 IMU 是目前智能车辆中最常用的定位设备。卫星持续发送定位信号，因此车辆可以利用 GPS 来确定车辆的地理位置信息，目前使用差分 GPS 与实时动态测量（RTK）技术可以达到动态厘米级和静态毫米级的定位精度。虽然 GPS 可以实现高精度的定位，但是在建筑内部或遮挡严重的场景中卫星信号可能被遮挡，导致定位精度下降甚至无法定位，在这种场景中可以利用 IMU 进行定位。IMU 通过测量车辆的加速度和角速度，在车辆初始位置的基础上能够推算车辆实时的姿态和运动信息，进而对车辆的相对位置进行持续的估计。

这种方式为车辆提供了一个自主感知其姿态和运动状态的基础工具，在智能驾驶、无人机、机器人等领域都有着广泛的应用，智能驾驶任务中常用的组合惯导系统如图 5-8 所示。

图5-8　智能驾驶常用的组合惯导系统

GPS 和 IMU 对于智能驾驶定位具有重要的作用，研究者在相关领域已经进行了广泛的研究。Sun 等人[397]提出了一种将 GPS、北斗和 IMU 与先进算法相结合的车道级异常驾驶检测框架，实现了对不同类型异常驾驶的检测，并显著提高了相关目标的检测准确性。Knoop 等人[398]针对传统 GPS 难以在车道级别精确定位的问题，研究了单频精确点定位在进行车道定位方面的优势，实验结果表明这种方法可以准确识别各车道的位置和宽度。Atia 等人[399]提出了一种不依赖于高精度 GPS 技术的低成本实时车道定位系统，该系统利用扩展卡尔曼滤波将 IMU、GPS 以松耦合模式相融合，实现了车辆位置、速度和方向的高分辨率估计。Yang 等人[400]针对智能车辆传统定位方法精度不足的问题，在 GPS 和 IMU 的基础上融合了集成传感系统的信息，实现了更好的定位和跟踪性能。Cai 等人[401]针对智能汽车的自定位问题，通过卡尔曼滤波将 GPS、单目视觉和高清地图融合在一起，提出了一种低成本的精确定位方法，实验结果表明这种方法有效降低了定位误差。Li 等人[402]针对没有 GPS 信号情况下陆地车辆所面临的导航问题，设计了融合 GPS、IMU 及数字罗盘信息的位置预测模型，显著提高了 GPS 不可用时的定位精度。

除了 GPS 与 IMU 之外，当前智能驾驶技术中常见的定位技术还有 SLAM 及 V2X 技术。SLAM 技术通过传感器持续获取环境信息，然后通过与预先获取的环境特征进行匹配来进行定位，这种方法可以在 GPS 信号较弱或无法使用的场景中实现定位与导航。Dissanayake[403]等人阐明了 SLAM 问题的基本结构，通过毫米波雷达在户外环境中进行了 SLAM 算法的实施与验证，并对解决 SLAM 问题的一些关键技术进行了讨论，为同时定位与建图提供了理论基础。V2X 技术通过将固定基础设施获取的精确定位信息传递给车辆可以增强车辆定位的精度，这种方法可以在交通密集的复杂场景中为车辆提供更为丰富的位置信息。

Ko[404]等人对利用 V2X 进行定位的优势进行了讨论，指出 V2X 可以提高复杂环境中定位的可靠性并降低延迟，这种方法可以为实现完全自动驾驶做出重要贡献。

5.2.6　V2X

V2X 是实现车辆与周围环境进行通信的技术[405-406]，主要包括 V2V[407]、V2I[408]、V2P[409] 及 V2N[410] 四种形式，如采用车路通信的方式来代替视觉识别信号灯可以确保感知结果的可靠性，V2V 是实现车辆之间进行通信的技术，使车辆之间可以实时共享路况信息与行驶状态，V2I 是实现车辆与交通基础设施进行通信的技术，使车辆可以获得更广泛及准确的环境信息，V2P 是实现车辆与行人之间通信的方式，使车辆可以提前预测行人运动轨迹，提高驾驶安全性，V2N 是实现车辆与云平台之间通信的方式，主要用于车辆导航、车辆远程监控、紧急救援及信息娱乐服务等。上述方法可以使智能车辆尽可能避免环境干扰，确保识别结果的可靠性，使用 V2X 进行协同感知的概念图如图 5-9 所示。

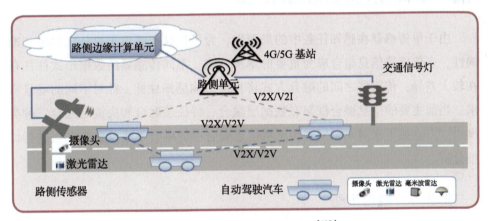

图 5-9　V2X 协同感知概念图[405]

由于智能驾驶环境的复杂性及 V2X 在环境感知领域巨大优势，车路云一体化近年来已经成为实现完全自动驾驶的热点研究方向。研究者针对 V2X 技术应用中存在的问题提出了一系列解决方案。Hasan 等人[411]针对车联网通信的安全性对 V2X 系统中主要的安全和隐私问题、目前的标准及保护机制进行了总结，并概述了可能存在的问题。Zheng 等人[412]针对 V2X 通信中的能源效率及延迟约束等问题，提出了满足延迟约束和能量消耗最小的最优资源分配策略，在可接受的延迟下实现了显著的节能。Decarli 等人[413]针对当前智能驾驶定位技术中存在的问题，利用 V2X 侧链通信进行辅助定位，有效提高了实际交通场景中车辆的定位性能。Duan 等人[414]针对智能驾驶车辆之间的非合作智能提出了一种 RGB-PVRCNN 环境感知框架，利用 V2I 通信技术有效扩展了自动驾驶汽车在交叉口的感知能力和范围，有利于交叉口的路径规划和交通效率。Wang 等人[415]针对由于交叉口起动过程不及时而导致的交通延误提出了一种基于 V2I 的驾驶员辅助系统，该系统可以有效帮助驾驶员以较小的延迟起动车辆，从而显著提高交通效率。Ni 等人[416]针对车联网中的传输延迟问题，提出了一种基于 LSTM 的 V2V/V2I 混合传输方法，有效优化了车联网中的传输效果。

虽然 V2X 技术对环境感知、定位、决策等均有极大的帮助，然而在目前的发展过程中仍然存在标准不统一、基础设施部署成本高、数据安全难以保证、网络延迟等多方面的问题。未来政策及技术的进一步发展，将为智能交通带来更安全、高效和便捷的解决方案。

5.3 车联网多传感器融合方法

由于单传感器在感知任务中的局限性，为了提高智能汽车对环境的感知准确性，多传感器信息融合成为重要的解决方案。不同传感器的数据形式往往存在较大差异，传感器之间的融合方式将直接影响感知性能，针对不同的场景需求，当前主要的信息融合框架有数据层融合、特征层融合和决策层融合三种类型[417-418]。接下来对车联网多传感器信息融合中的融合策略及融合方法进行详细分析。

5.3.1 融合策略

1. 数据层融合

数据层融合是指将不同传感器所采集的原始数据直接进行融合，随后在融合后数据的基础上进行特征提取和环境感知，这种融合方式通过对不同来源的数据进行对齐、去噪、归一化等处理，使融合后的数据具有较高的完整性[419]，其融合原理如图 5-10 所示。由于数据层融合是直接对原始数据进行处理，因此这种方法的数据损失相对更小，可以获得更加全面的原始信息。然而，数据层融合也存在诸多挑战。由于不同传感器在结构和功能上的差异，它们在数据格式、精度和采样率等方面往往存在显著差异，这使得数据同步及对准具有极高的难度，同时这些复杂的数据处理还在一定程度上影响了数据的原始质量和完整性。此外，融合不同传感器的数据可能会引入额外的噪声和误差，在融合中这些误差可能被进一步放大。此外，由于数据层融合通常涉及大量的数据处理和计算，因此对计算资源的需求极高。

图 5 - 10　数据层融合原理

2. 特征层融合

特征层融合是指不同传感器先对所采集的原始数据进行特征提取，随后将不同传感器所提取的特征进行整合，进而在整合特征的基础上进行环境感知[420]，其融合原理如图 5 - 11 所示。这种方法的优势在于只处理提取后的关键特征而不是所有的原始数据，可以有效降低对计算资源及数据通信的需求，这使得特征层融合更适合资源受限或实时性要求高的应用场景。通过模型预先提取的特征一般是信息丰富且具有代表性的，能够代表原始数据中的重要信息，同时去除不必要的冗余和噪声，可以为模型提供更有效的环境信息。然而，这种方法也存在一些局限性，特征提取的过程中可能会丢失部分信息，并且不同传感器的特征提取策略也可能会影响最终的融合效果，从而遗漏某些关键信息，影响整个系统的性能和准确性。

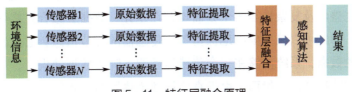

图 5 - 11　特征层融合原理

3. 决策层融合

决策层融合是指不同传感器独立进行数据采集、特征提取、感知处理并各自独立输出感知结果，最后通过对独立感知结果进行选择或组合得出最终的判断或预测结果[421]，其融合原理如图 5 - 12 所示。这种方法的优势在于多个传感器独立进行决策，可以提供比单传感器更准确和可靠的信息。由于每个传感器独立处理自己的数据，降低了对数据格式和类型的依赖性，因此不同种类的传感器更容易整合。同时若某个传感器出现故障时，整个系统仍然可以完成感知任务。然而，决策层融合结果无法充分利用所有传感器的原始信息，造成信息损失较大。此外多个独立的决策结果可能存在冗余或冲突，需要设计复杂的算法进行融合处理，这种复杂性不仅增加了系统设计的难度，还可能影响系统的运行效率和可维护性。

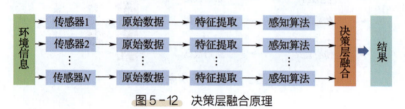

图 5-12　决策层融合原理

4. 融合策略对比

在多传感器融合中，不同的数据融合策略具有不同的优势和劣势，下面从多个方面对数据层融合、特征层融合、决策层融合三种融合策略进行对比分析，它们的特点见表 5-2。

表 5-2　不同融合策略的特点

融合策略	融合难度	算力需求	抗干扰能力	实时性	数据完整性	复杂性
数据层融合	高	高	低	低	高	高
特征层融合	中	中	中	中	中	中
决策层融合	低	低	高	高	低	低

由表 5-2 可知，三种融合方式在融合难度、算力需求、抗干扰能力、实时性、数据完整性及复杂性等多个方面均存在差异。数据层融合直接处理原始传感器数据，因此可以最大限度地保留各个传感器的细节信息；通过融合多个传感器的原始数据，系统能够在一个传感器性能下降或数据缺失时，从其他传感器的数据中获得补偿。然而，由于直接处理传感器的原始数据，数据层融合会产生庞大的数据量，需要强大的计算资源支持；此外，各个传感器的原始数据往往包含噪声和测量误差，数据层融合容易将这些噪声直接传递到后续处理环节；不同传感器的数据可能具有不同的采样频率和空间分辨率，因此在数据层融合中，数据在时间和空间上对齐较为困难。

特征层融合对原始数据的特征进行处理，经过特征提取的数据维度通常比原始数据低很多，避免了融合的数据冗余，降低了数据的计算负担；特征层融合在融合前已经对数据进行了处理，因此可以通过滤波减少数据中的噪声，增强了对噪声的抗性；此外，不同类型的传感器可能产生不同模态的数据，特征层融合通过特征提取使得不同传感器数据之间的融合变得更加方便。然而，特征提取可能丢失部分信息，导致数据完整性下降；并且不同传感器提取的特征可能存在复杂的依赖关系，传统的特征融合方法有时难以捕捉这些复杂的非线性关系。

决策层融合首先分别从各个传感器的数据中独立生成结果，然后将这些单独的结果进行融合，最终生成全局的结果。因为只有决策结果需要进行融合，因此融合时需要处理的数据量较小，实时性最好；此外，因为每个传感器的数据已经独立转换为决策结果，因此易于实现异构传感器的融合；在决策层融合中，多个传感器的独立决策相互验证或补充，在易于扩展和集成的同时增强了系统的鲁棒性和冗余性。然而，决策层融合结果无法充分利用所有传感器的原始信息，造成信息损失较大；并且这种方法对独立决策准确性要求较高，无法捕捉不同传感器之间的复杂依赖关系；当多个传感器的决策结果出现严重冲突时，决策层融合往往难以保障准确性。

在智能驾驶中应用多传感器融合技术，应根据具体的场景选择最适宜的融合策略。例如，目标检测任务需要在保证检测精度的同时保持较高的实时性，而特征层融合能够提取不同传感器的重要特征，同时减少数据量，保证实时处理，因此较为适合自动驾驶中动态环境下的目标检测。车道保持任务要求快速反应，而决策层融合的计算量最小，能够让系统以最快速度做出决策，因此较为适合在高速行驶过程中快速做出保持车道的决策。自动泊车任务需要对环境进行准确感知，但数据处理量不能过大，特征层融合能够兼顾实时性和感知精度，因此较为适合精准控制泊车动作。高精度地图建模需要尽可能多的环境信息来生成精确的模型，而数据层融合直接处理原始数据，能够最大限度保留细节信息，使得地图建模结果更加准确，因此较为适合精细的三维环境重建。

5.3.2　多传感器融合中的深度学习架构

在多传感器融合领域，虽然传统融合方法能够在一定程度上整合不同类型的传感器数据，但是其处理复杂特征和高维数据的能力往往较为有限。随着深度学习的发展，基于深度学习方法的多传感器融合技术已经可以较好地处理复杂场景感知与理解问题。下面对用于多传感器融合的深度学习架构进行介绍。

1. 基于 CNN 的信息融合

在多传感器融合任务中，CNN 主要利用其强大的特征提取能力，可以处理来自不同传感器的时空数据，并自动学习到它们之间的关联，最终融合成统一的决策或结果。根据具体需求的不同，CNN 可以分别用于数据层融合、特征层融合及决策层融合。在数据层融合中，所有传感器的数据会在网络的输入层前进行结合，之后 CNN 会处理融合后的数据。在特征层融合中，各个传感器的数据通过各自的卷积层分别提取特征，随后再对特征进行融合。在决策层融合中，不同传感器的数据分别经过独立的 CNN 处理，最终再对结果进行融合。

2. 基于 RNN 的信息融合

在多传感器融合任务中，RNN 主要利用其擅长处理时间序列数据的优势来处理来自不同传感器的时变数据，RNN 可以综合各传感器在不同时间点的信息，生成对环境或系统状态的整体理解。根据具体需求的不同，RNN 可以分别用于数据层融合、特征层融合及决策层融合。在数据层融合中，来自不同传感器的时序数据首先被拼接在一起，然后 RNN 通过处理这些融合后的数据生成时间步的输出。在特征层融合中，不同传感器的数据分别通过各自的 RNN 进行特征提取，随后在高层次进行特征融合。在决策层融合中，不同传感器的数据分别经过独立的 RNN 进行独立处理，最终在决策层进行融合。

3. 基于 Transformer 的信息融合

在多传感器融合任务中，当不同传感器的数据具有复杂的相互关系或需要建模长距离的依赖时，Transformer 可以使用自注意力机制来捕捉输入数据的长距离依赖关系，能够很好地处理多模态和多时序数据的融合。与 CNN 或 RNN 模型不同，Transformer 的架构通过自注意力机制在每个输入数据点之间建立依赖关系，因此无须定义为数据层融合、特征层融合或决策层融合。通过其并行计算和全局依赖建模的能力，Transformer 能够自动识别和融合不同模态数据中的重要特征，并且可以对不同模态的特征进行选择性关注。

5.3.3　车联网场景中常用的多传感器融合方法

1. 同类传感器数据融合

多传感器信息融合按传感器类型划分通常可以分为同类传感器融合和异类传感器融合。同类传感器融合指通过整合相同类型传感器的多路数据来提高数据完整度、降低单传感器误差，进而增强系统对环境的稳定感知能力。常见的同类传感器数据融合有多摄像头、多激光雷达及多超声波传感器等方式。

摄像头是最成熟和最广泛应用的传感器,多摄像头融合[422]可增强系统的视觉感知能力,通过整合前视、侧视和后视等不同位置摄像头的数据,生成车辆周围的完整视图,解决单个摄像头视野受限的问题。常用基于深度学习的摄像头融合方法有 CNN、Transformer 等,可以显著提升视觉目标检测与识别的性能。

除了完全相同的摄像头融合之外,在实际应用场景中还存在红外摄像头、深度摄像头等多种类型,它们各自具有不同的感知能力和适用场景,通过互补融合能够弥补单摄像头的局限性,从而提升系统感知精度和稳定性。在智能驾驶中常用的融合类型有可见光摄像头 – 红外摄像头[423]、可见光摄像头 – 深度摄像头[424]等。在可见光摄像头 – 红外摄像头的融合方式中,可见光摄像头在白天提供丰富的色彩和细节信息,而红外摄像头能够在低照度或完全黑暗的环境中检测目标,这种方法可以提高系统的全天候目标识别能力。在可见光摄像头 – 深度摄像头的融合方式中,可见光摄像头可以提供丰富的色彩和纹理信息,而深度摄像头能够生成物体的深度信息,这种方法可以在视觉目标检测中实现更精确的三维目标识别与定位。

激光雷达是智能驾驶系统中用于环境建模和障碍物检测的核心传感器之一,然而单个激光雷达通常存在视野盲区、点云密度不均匀等问题,通过多雷达数据的融合[425],可以整合来自不同位置的激光雷达数据,增强点云数据的密度与完整性,以提高系统的三维空间感知能力。常用基于深度学习的激光雷达融合方法有点云处理网络、图神经网络等。

超声波传感器主要用于近距离障碍物检测,主要应用场景有自动泊车和低速行驶。由于单个超声波传感器的感知范围较为受限,因此多超声波传感器融合[426]已经成为智能汽车的常用方法,能够在近距离范围内提供高精度的障碍物检测。常用的多超声波融合方法有基于几何模型融合和基于概率滤波融合,此外还可以使用 CNN 或 RNN 等深度学习方法进行融合。

同类传感器融合虽然可以在一定程度上提升数据完整性,然而由于数据冗余度较高,因此易受环境噪声的影响,此外也难以突破单类传感器的感知局限性。因此,感知系统往往会结合不同种类的传感器以实现更为全面、精确的环境感知。

2. 摄像头 – 激光雷达

由于摄像头在信息获取及成本等方面的优势,智能驾驶中的多传感器融合一般均包含摄像头。考虑摄像头难以获得距离信息,尤其在光照条件不佳或天气条件恶劣时性能可能受限，而激光雷达可方便地获取物体位置信息，并且对光照条件不敏感，摄像头 – 激光雷达[427-428]已经成为最常见的多传感器融合方式，一种摄像头与激光雷达融合的典型结构如图 5 – 13 所示。

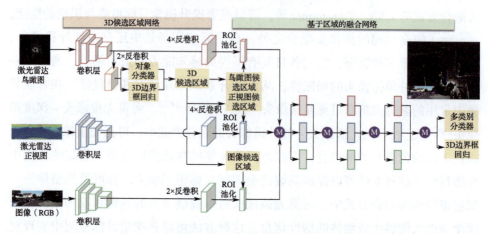

图 5 – 13　摄像头与激光雷达融合的典型结构[428]

　　摄像头与激光雷达的融合方法结合了详细的视觉信息和激光雷达精确的空间信息，可以更准确地进行环境理解和预测，有效地改善了单传感器因环境受限的问题。Bai 等人[429]针对较差条件下的环境感知提出了一种新的摄像头与激光雷达的融合方法，在自动驾驶中的三维物体检测任务中，通过软连接机制增强了系统的鲁棒性，可以在图像质量下降或传感器未完全对准的情况下仍保持较好的检测性能。Xu 等人[430]针对 3D 目标检测中由激光雷达点云的稀疏性引起的远距离物体识别困难，将激光雷达的稀疏几何信息与图像的密集纹理信息进行融合，有效改善了物体检测性能。Wang 等人[431]提出了一种多级互补融合的三维目标检测网络，通过设计"预融合""锚框融合""提案融合"等方法来充分融合激光雷达和 RGB 图像信息，最终在接近实时的处理速度下获得了优秀的检测性能。Li 等人[432]发现大多数融合方法都是用摄像头特征直接结合激光雷达点云，他们将摄像头特征与深度激光雷达特征融合提出了深度融合模型，获得了更好的性能。

　　虽然摄像头 – 激光雷达的融合有效改善了单传感器对环境适应性差的问题，但是这种方法也存在一些不足之处。在图像的基础上融合三维点云数据需要消耗大量的计算资源，为了保证智能车辆可以实时处理感知任务，这对硬件的性能及算法的优化策略提出了极高的要求。此外，摄像头获取的数据为二维图像，而激光雷达获取的数据为三维点云，这种数据格式方面的较大差异使得融合过程极易出现数据不对齐的情况，从而影响检测精度。基于上述多传感器融合中的实际问题，目前模型轻量化、数据配准等[433-434]也成为了研究中的热点方向。

3. 摄像头－毫米波雷达/摄像头－超声波传感器

如前所述，由于毫米波雷达和超声波传感器的感知特点，这类传感器可以适用于智能车辆中的多种场景，其中毫米波雷达较多适用于紧急制动、自适应巡航等场景，超声波传感器较多适用于自动泊车、近距离安全行驶等。针对智能驾驶场景中的实际需求，摄像头－毫米波雷达[435-436]、摄像头－超声波传感器[437-438]也成为常见的融合方式。

摄像头和毫米波雷达在智能感知方面具有不同的优势。摄像头能够提供高分辨率的图像信息，具备对物体颜色、纹理等细节的捕捉能力。然而，在光照、阴影、反光等复杂场景下，摄像头可能受到较大的影响，导致图像质量下降。与之相比，毫米波雷达对于这些因素相对不敏感，能够在恶劣天气条件下穿透雨雪、雾霾等，提供可靠的距离、速度和角度信息。通过融合摄像头的高分辨率图像和毫米波雷达的距离、速度信息，可以有效地克服摄像头在复杂环境下的局限性，提高感知系统的鲁棒性和可靠性，实现更精确的物体感知和定位[439-440]。此外，通过摄像头捕捉到的物体外观特征和毫米波雷达提供的位置和速度信息，可以实现对运动物体的准确跟踪及预测[441-442]，这对于实现智能导航、紧急制动等功能至关重要。

与上述融合方式相似，在极近距离或极低速度下，摄像头可能难以准确测量物体的距离或大小，特别是在停车和低速行驶的情况下。与之相比，超声波传感器在近距离范围内非常敏感和精确，能够有效地探测和测量小范围内的障碍物。通过融合摄像头的高分辨率图像和超声波传感器的精准近距离测量，可以有效地克服摄像头在低速近距离感知方面的局限性[443]，提高感知系统在近距离任务中的适应性及可靠性，实现对近距离物体的准确识别和避障，这对于实现自动泊车、低速行驶辅助等功能至关重要。

虽然摄像头－毫米波雷达、摄像头－超声波传感器的融合方式也存在某些缺陷，如摄像头与毫米波雷达的信息差异较大，使得融合中的数据处理较为复杂，而超声波传感器有效范围较短，对环境噪声和气象条件较为敏感等。然而上述融合方式在处理特定问题时均有其显著的优势，目前已经成为智能驾驶领域常用的感知融合方法，也是信息融合领域的研究热点。

4. 摄像头 - 激光雷达 - 毫米波雷达

上述讨论的均是基于两种传感器进行融合来增强感知效果的方法，虽然相比于单传感器有效改善了环境适应性较弱的问题，然而两种传感器融合所获取的信息仍然有可能存在明显的缺陷。为了增强感知系统的性能，一些学者尝试集成更多的传感器，更多的数据源可以提供更多的环境信息，减少单一传感器的故障影响，提升环境感知完整性。在智能驾驶场景中，摄像头 - 激光雷达 - 毫米波雷达[444 - 445]是目前多种传感器融合的研究热点。典型的摄像头 - 激光雷达 - 毫米波雷达融合感知示意图如图 5 - 14 所示。

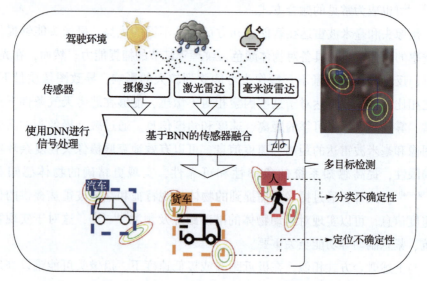

图 5 - 14   典型的摄像头 - 激光雷达 - 毫米波雷达融合感知示意图[444]

在摄像头 - 激光雷达 - 毫米波雷达三种传感器的融合系统中，针对不同的场景任务各传感器之间互补融合极大地增强了系统对复杂环境的适应能力和准确性。摄像头负责提供高分辨率的视觉信息，激光雷达负责提供精确的距离和形状信息，毫米波雷达在负责提供物体的速度和距离信息的同时具有很强的抗干扰能力[446 - 447]。这类融合系统在用于紧急制动任务时，摄像头可以提供详细的物体类型，激光雷达可以提供精确的距离和形状，而毫米波雷达则可以在恶劣天气下准确提供物体的距离和速度，三种传感器的有效融合保证了系统在各种环境中的响应能力，提高了驾驶的安全性。在自适应巡航控制任务中，摄像头和激光雷达可以完成前车位置识别及距离，毫米波雷达可以提供连续的速度信息，多种信息的相互协作使得系统可以完成精确平滑的驾驶行为控制。

摄像头 - 激光雷达 - 毫米波雷达的互补融合不但可以有效避免遮挡问题，同时具有较强的抗干扰性，可以适应多种光照及天气条件，使感知系统准确完成感知任务。另外，多种传感器的感知数据可以相互验证，提高了单传感器故障时的系统鲁棒性，可以为实现完全自动驾驶提供重要技术支持。

5. 摄像头 - 激光雷达 - 超声波传感器

与摄像头 - 激光雷达 - 毫米波雷达的融合系统相似，针对具体的场景需求，为了提升感知系统在实际场景的可靠性及适应性，摄像头 - 激光雷达 - 超声波传感器[448]也是目前智能驾驶多传感器融合的重要方式。

在摄像头 - 激光雷达 - 超声波传感器三种传感器的融合系统中，摄像头负责提供高分辨率的视觉信息，激光雷达负责提供精确地距离和形状信息，而超声波传感器则擅长在近距离内提供物体的位置和速度信息，尤其是狭窄或拥挤的低速场景。这类融合系统在用于自动泊车任务时，摄像头可用作识别停车位的标识线，激光雷达可以精确测量车辆与周围障碍物的距离，超声波传感器则可以用来探测其他传感器难以精确感知的紧邻障碍物。在低速安全行驶任务中，摄像头可用来识别和分类环境物体及交通标识，激光雷达可用来准确判断车辆与周边物体的距离，而当车辆通过狭窄道路时超声波传感器可以准确检测临近车辆及障碍物。

由于摄像头 - 激光雷达 - 超声波传感器融合具有较大的难度，当前相关研究相对较少。然而鉴于传感器的特性，这种融合方式可以显著提高低速行驶时的安全性和效率，不仅可根据实际场景需求用于驾驶辅助系统，也可以为实现完全自动驾驶提供重要技术支持，是智能驾驶环境感知的重要研究内容。

6. 其他融合方法

一般所述的多传感器融合方法更多倾向于直接利用传感器对外界环境进行感知，在车联网场景中讨论的多传感器融合一般还应包括对车身信息的感知及多源信息感知交互。

在车身信息感知方面，最重要的感知问题是位置感知，准确的位置信息对于车辆导航、路径规划及决策控制至关重要。在位置感知方面常用的感知方法为 GPS 和 IMU，此外还有一些利用 SLAM 及 V2X 进行定位的方法，相关内容已经在前面进行了详细讨论。除此之外，车身信息感知还涉及速度传感器、加速度传感器、方向传感器等[449-450]，利用这些传感器可以实时获取车辆的速度、加速度及方向等信息，为实现智能驾驶的协同控制提供信息基础。车联网场景中的多源信息交互即指 V2X 技术，利用信息通信技术使得车辆除了自身主动感知外，可以获得来自路侧设备、其他车辆等的感知信息，相关内容也已经在前面进行了详细讨论。

摄像头、激光雷达等传感器的融合旨在获得对外界环境更准确全面的理解，而 GPS、加速度传感器这类传感器可以获得必要的车身及定位信息。因此，在车联网多传感器融合中，环境感知信息、车身信息、V2X 信息等均应全面结合[451-452]，这也是实现完全无人自动驾驶的必要方向。

7. 常见多传感器融合算法的性能比较

早期的多传感器融合大多基于卡尔曼滤波、粒子滤波等传统方法进行，这类传统算法方法通常擅长处理随时间变化的系统状态，通过多个传感器的融合，能够逐步更新系统状态的估计，因此这些方法非常适合用于跟踪任务。此外，这类方法在多传感器融合中也具有较低的计算复杂度，能够实时处理传感器数据，这也可以较好地满足跟踪场景的实时性需求。

与传统的卡尔曼滤波或粒子滤波等方法相比，深度学习方法能够更有效地融合来自多个传感器的复杂特征和高维数据，这种特征提取能力极大地推动了多传感器融合在场景理解问题方面的发展。目前基于 CNN、RNN、Transformer 等深度学习方法的多传感器融合技术已经可以较好地处理复杂场景感知与理解问题。基于此，本小节基于 KITTI、NuScenes 两个主流的数据集对目前常见的融合算法进行性能比较，主要指标包括 mAP、NuScenes 数据集检测分数（NuScenes Detection Score，NDS）、3D 物体检测平均精度（Average Precision for 3D object detection，AP_{3D}）以及参数量（Parameters，Params），比较结果见表 5-3。

表 5-3 常见多传感器融合算法的性能比较

算法	数据集	mAP	NDS	AP_{3D}（汽车）			Params/M
				简单	适中	复杂	
MV3D	KITTI	—	—	71.29	62.68	56.56	238
AVOD[453]	KITTI	—	—	73.59	65.78	58.38	38.07
Frustum PointNets[454]	KITTI	—	—	81.20	70.39	62.19	41.36
PointPainting[455]	KITTI	—	—	92.45	88.11	83.36	45.9
EPNet[456]	KITTI	69.86	—	89.81	79.28	74.59	26.51
FusionPainting[457]	NuScenes	66.3	70.4	—	—	—	65.83
PointAugmenting[458]	NuScenes	66.8	71.0	—	—	—	36.15
TransFusion[459]	NuScenes	68.9	71.7	—	—	—	27.81

由表 5 - 3 可知，随着不断研究与探索，传感器的融合架构也在多样化，目前基于深度学习技术已经可以实现高效的多模态数据处理，总体融合性能已经取得了巨大的进步，不论是 KITTI 数据集上的 3D 物体检测平均精度还是 NuScenes 数据集上的检测分数均有显著提高，TransFusion 在 NuScenes 数据集上的 mAP 已经达到了将近 70%。

此外，虽然基于深度学习的融合模型往往拥有更大的参数量，在实时性上不如传统算法，然而随着算法结构的不断更新，目前模型的参数量也得到了极大的控制，稍早的 MV3D 有超过 200M 参数，而 EPNet 在取得更好性能的同时仅有 26M 参数，极大改善了深度学习模型的实时性。最后，研究发现当前常见的多传感器融合算法仍然大量集中在摄像头与激光雷达的融合上，如何更好地结合更多传感器的数据，仍然有较大优化空间，未来的算法可以进一步改进融合策略，尝试引入更多先进的机制，促进完全自动驾驶的实现。

5.4　车联网多传感器融合技术中的关键问题

单个传感器的感知结果极易受到环境变化的影响，而智能驾驶场景会常态化遭遇多变的环境条件，为了提升智能驾驶在多种场景下的适应性，近年来基于车联网的多传感器融合技术显著改善了环境感知系统的性能。然而在技术的发展过程中，仍然存在着许多影响系统性能及应用的问题，本节针对这些问题进行详细分析。

5.4.1　多传感器数据同步

在多传感器融合技术中，多传感器数据同步是实现多传感器数据融合的前提，也是影响融合性能最重要的因素之一。多传感器数据同步主要有时间同步及空间同步两方面内容，只有确保不同传感器所采集的数据具有时间和空间上的一致性，多源数据才可以实现准确的融合[460-461]。

时间同步是指确保所有传感器的数据具有一致的时间标记，由于不同传感器在固有特性上存在差异，目前要完成精确的时间同步仍然存在许多问题[462-463]。

1）不同传感器的内部时钟存在差异，因此尽管可以在初始时刻进行时间对齐，但是随着时间的变化仍然会产生偏移。要实现多源数据的时间同步，尤其是在没有统一时间源的环境中，存在巨大的技术挑战。

2）传感器采集数据以后的传输过程可能会具有难以预测的延迟，尤其 V2X 技术通常使用的无线数据传输具有极大的不确定性，在实际的融合过程中需要对延迟进行准确的估计和补偿，这使得高精度的时间同步存在极高的难度。

3）在智能驾驶这类移动场景中，硬件设备的计算资源较为有限，这对实际所用时间同步技术的复杂度也产生了一定的限制。

空间同步是指将不同传感器的数据在空间上进行对齐，使得不同格式的数据可以在共同的参照系中进行融合及分析，在车联网等大范围场景实现精确的空间同步极为困难，一种典型的应用于车联网场景的空间同步框架如图 5 – 15 所示。由于不同传感器在位置及数据格式等方面的差异，目前要完成精确的空间同步也存在许多问题[464 – 465]。

1）不同的传感器使用的坐标系可能存在差异，要将不同坐标系转换到统一的全局坐标系下需要进行复杂的变换和配准操作，在参与融合的传感器数量较多时存在较大的难度。

2）在智能驾驶的动态环境中，不同传感器的相对位置及方向可能会发生改变，尤其是车联网场景中车端传感器与路侧传感器的相对位置一直在动态变化，这使得要保证融合的精度必须进行实时补偿和调整，具有极大的难度。

3）在某些场景中，部分传感器可能存在遮挡导致的暂时失效，这种情况使得空间同步需要额外的算法来进行处理，增加了系统的难度。

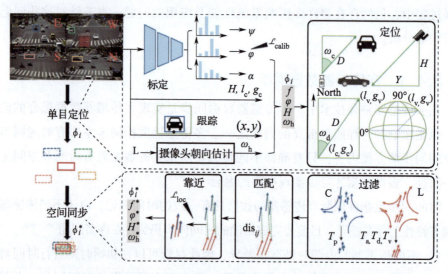

图 5 – 15　应用于车联网场景的空间同步框架[464]

除了独立的时间同步和空间同步之外，它们往往是一个统一的过程，在空间同步的同时要解决时间同步的问题，这为数据同步问题提出了更高的要求。针对多传感器融合中的时空同步问题，当前主要有时间/空间分布同步、联合时空同步两类方法。其中常用的时间分布同步方法包括基于统一时间戳同步、分布式时钟同步等，而常见的空间分布同步方法有传感器标定与空间对齐、动态空间配准与位置更新等。虽然这种分步同步策略相对实现简单，并且在静态或半动态场景中能够保证较好的数据融合效果，但在动态环境中会面临时空数据不一致带来的误差累积问题，难以处理快速变化的传感器时空关系。

为了解决上述问题，近年来发展了联合时空同步方法，旨在同时考虑时间偏差与空间位置变化的相互影响，从而实现更加精确的多传感器同步，典型方法有基于时空图优化的联合校准、基于深度学习的时空对齐等。然而，这些联合时空同步方法虽然能够有效解决传统分步同步中的误差累积问题，但在实际应用中仍然存在计算复杂度高、对数据质量要求高等挑战。特别是对于车联网这类传感器数量多、环境复杂的动态场景，对联合时空同步方法的实时性、精度与可靠性提出了更高的要求。为了解决这些问题，未来的研究方向可以考虑轻量化时空同步模型、时空同步与特征提取的联合优化等，通过这些策略，可以在复杂环境下实现更加高效、稳定的时空同步，从而提升多传感器融合的整体性能。

5.4.2　信息融合算法

多传感器融合算法是影响最终感知结果的关键因素。为了实现高性能的融合，研究人员提出了大量相关的算法。根据不同的场景需求，当前主要有数据级融合、特征级融合和决策级融合三种策略。而针对具体的融合策略，融合算法还包括卡尔曼滤波、贝叶斯滤波、信息滤波和深度学习等多种类型[466-470]。为了进一步提升多传感器融合性能，研究人员不断开发和优化新的算法。针对具体的任务需求选择和优化算法性能是实现智能驾驶高级环境感知的必要途径。

虽然针对不同的感知目标，研究人员已经提出了大量的融合算法，然而由于传感器固有特性的差异及环境多变等问题，要实现满足感知需求的高质量数据融合仍然存在许多问题[471-474]：

1）不同的传感器在数据采集时存在固有的测量误差及噪声，并且其在采样频率及延迟、数据格式、抗干扰性能等多方面存在差异，使得多传感器融合中会时常遭遇多源数据冲突的问题，进而可能会导致错误的感知及决策结果，影响系统的整体性能。针对具体的环境感知需求，在开发多传感器融合算法时需要统筹考虑不同传感器之间的冲突问题，具有较大的难度。

2）在多传感器融合系统中，传感器故障及数据丢失是影响系统性能的严重问题。常见的传感器故障类型有硬件故障、软件故障、电源故障及环境干扰等[475-477]，常见的数据丢失类型有通信中断、存储故障及数据溢出等。传感器故障及数据丢失会导致数据不完整，进而降低系统可靠性，有可能会导致错误的决策。针对多传感器中的故障问题，要有针对性地设计可靠的融合算法具有较大的难度。

3）在复杂多变的智能交通场景中，环境变化是影响融合系统性能的重要因素，如光照、温度、湿度、天气等因素均会影响传感器的性能和数据质量，进而影响融合算法的有效性。在各种环境条件下保持传感器和融合算法的稳定性能是确保系统可靠性和准确性的关键，要设计具有环境变化适应性强的算法具有较大的难度。

车联网多传感器融合技术中的大多数问题均可以通过融合算法来改善及解决，改善融合算法的性能可以有效改善时空不同步、传感器故障、环境多变等问题，其对提高系统的可靠性与鲁棒性至关重要。如经典的 MV3D 算法，通过 CNN 分别提取激光雷达和摄像头数据的特征，并在 3D 空间中进行融合，有效利用不同传感器的互补特性来提升检测的鲁棒性和精度。基于上述融合算法所面临的主要问题，可以考虑采用多种策略来改善。首先，可以使用基于贝叶斯推理和信息熵的自适应融合方法来改善不同传感器数据间的冲突和差异，并且通过冗余设计与容错机制来提升传感器失效时系统的可靠性与容错性。其次，可以通过自适应特征选择与加权策略等方法根据环境变化动态选择最优特征。最后，在模型设计上，通过轻量化融合模型的设计与优化可以显著降低融合算法的计算复杂度，提升其在实际场景中的部署和应用能力等。

基于智能驾驶的实际需求，未来的算法研究将更多地关注环境适应性、实时性与鲁棒性的提升。结合深度学习、自监督学习及多模态融合策略，不断优化感知系统在复杂环境中的整体性能，以更好地满足动态、多变的智能驾驶场景对高精度感知的需求。

5.4.3 数据隐私与安全

车联网多传感器融合涉及大量实时信息的获取与处理，如环境信息、车辆状态、位置、行驶路线等，这些数据对车辆的行驶安全至关重要。车联网多传感器融合数据的泄露和滥用不仅会严重影响车辆的安全运行，还会导致严重的用户信任及法律责任问题。

车联网系统会收集大量的环境信息以及敏感数据，如道路信息、行驶路线等数据，如何确保这些数据在收集、传输及存储过程中的隐私安全对于智能驾驶推广应用至关重要[478-482]。虽然已经有研究人员尝试解决上述问题，然而由于数据量极大且涉及范围极为复杂，仍然存在大量未解决的问题[483-484]：

1）车联网多传感器融合所涉及的数据需要在车辆、基础设施及云端等多个节点之间传输，并且这种传输方式均为无线连接，数据在传输过程中极易被截获，在实时传输的海量数据中要确保数据的安全性具有较大的难度。

2）在车联网的实时数据传输中会涉及大量的环境数据，这些数据通常需要保存在本地或云端以便后续处理，而这些车辆及公共数据与交通及国家安全紧密相关。在海量的智能网络数据中要确保数据的安全性及可靠性具有较大的难度。

3）智能网联车辆的安全与感知信息紧密相关，这些信息的处理结果直接决定了车辆后续的决策与控制行为，如何防止感知数据被篡改或伪造，确保车辆接收到数据的完整性及安全性具有较大的难度[485-487]。

在车联网多传感器融合技术中，只有确保数据隐私和安全，才能保证系统的可靠性和用户信任，从而促进车联网技术的真正推广应用。基于上述数据隐私与安全所面临的主要问题，可以采用多种技术方案来提升车联网多传感器信息融合系统的整体数据安全性。首先，针对数据在传输过程中的风险，可以使用端到端数据加密[488-490]、区块链[491-493]等方法来提升数据的传输安全。其次，可以通过基于差分隐私的数据保护、数据分级存储与访问控制等方法来确保数据在本地与云端的存储安全性。最后，为了防止数据被恶意篡改，可以采用基于哈希链的数据完整性验证[494-496]和基于数字水印的防伪机制来保障数据的完整性与真实性。

基于车联网系统数据安全的重要性，未来的研究应综合考虑数据传输、存储和完整性保护三方面的需求，并针对车联网环境中的通信频率、节点状态与数据敏感度的实时变化动态调整安全策略。同时，还应进一步关注轻量化安全策略的设计和基于 AI 的实时安全监测与异常检测机制，从而在复杂动态环境中提升车联网多传感器融合系统的安全性与隐私保护水平，增强系统的整体可靠性与用户信任。

5.4.4 融合中的传感器类型

车联网多传感器信息融合系统中除了常见的可见光摄像头、激光雷达、毫米波雷达等传感器之外，事件摄像头、热成像摄像头等一些新兴的传感器技术也展示出了巨大的潜力。事件摄像头与传统摄像头不同，它并不是以固定的帧率采集图像，而是基于场景中的像素亮度变化，它只在像素的亮度发生变化时触发事件，这使得事件摄像头具有高动态范围、低延迟及低功耗等优势。热成像摄像头通过检测物体辐射的红外线来生成图像，这种特性使得热成像摄像头具有低光和夜间环境感知、雨雾穿透、温度信息等优势。通过在多传感器融合系统中融入这些新兴传感器可以为自动驾驶提供更加精准和多维度的数据感知。

然而由于不同传感器的工作原理不同，它们的数据输出形式也各不相同，如何实现较好的数据融合，目前仍然存在许多问题：

1）新兴传感器生成的数据类型往往与传统传感器不同，例如事件摄像头输出的是一系列"事件"数据而非传统的图像帧；热成像摄像头则输出温度分布，如何在系统中处理并融合这些异构数据具有较大的难度。

2）一些新兴传感器和传统光学摄像头的成像原理和坐标系不同，导致不同传感器之间的校准过程极为复杂，如何实现精准的多传感器校准具有较大的难度。

3）新兴传感器生成的数据量可能非常大或非常复杂，如在高动态环境的情况下，事件摄像头会生成大量事件数据，如何有效处理这些数据具有较大的难度。

在车联网环境中，将最常见的摄像头数据与其他传感器数据进行融合，可以提供更丰富、全面的环境信息，提高感知的鲁棒性和环境适应能力，同时自动驾驶系统也可以更精确地识别和理解复杂场景中的物体及其动态变化，从而提高驾驶安全性和效率。然而由于各传感器工作原理和数据输出方式的不同，因此也存在数据难以同步、异构信息处理极为复杂、处理延迟等问题。未来可以通过开发新的融合算法、改进校准方法以及采用边缘计算等技术，提高多类型传感器的融合程度，提升车联网系统的感知能力和整体性能。

5.4.5 监管和立法

随着车联网多传感器信息融合技术的不断发展，这些技术会处理大量的传感器数据，并依赖数据融合来确保车辆和其他交通参与者的安全与隐私，在上述背景下合理的监管和立法变得尤为重要。

除了前面已讨论的数据隐私与安全之外，目前监管和立法还存在下列关键问题：

1）车联网系统涉及大量的传感器、车辆、基础设施和云端设备之间的通信，为了确保这些设备能够顺利互操作，必须有统一的数据格式和通信协议标准。而在全球范围内，不同国家和地区可能采用不同的技术标准和协议，使得如何实现数据交换和传感器通信的标准化与互操作性成了关键问题[497-498]。

2）在车联网系统中，自动驾驶和驾驶辅助系统高度依赖多传感器融合提供的环境感知信息。如果传感器出现故障或误判，则可能发生交通事故，这使得如何确定事故责任归属成了关键问题[499-500]。

3）随着全球车联网技术的发展，车辆可能在多个国家和地区行驶，而各个国家和地区的监管要求可能并不一致，从而阻碍自动驾驶和多传感器融合系统的跨境应用，使得国际协调与跨境管理成为关键问题。

监管和立法对于车联网多传感器信息融合系统的部署至关重要，未来应该推动多方协作，从技术适应性、全球协调、数据隐私保护、责任划分等多方面入手，有效促进车联网技术的安全、可靠和公平发展。

5.5 车联网多传感器融合技术中的发展趋势

车联网多传感器融合是目前解决复杂场景感知最重要的发展趋势，也是智能驾驶技术的主要研究方向，结合车联网多传感器技术的发展现状及技术需求，本章认为未来主要有以下几个发展方向：

1）在实际的智能驾驶环境中，可能会遭遇环境及传感器状态的动态变化，虽然多传感器融合可以显著提升系统的感知性能，然而其对不同环境的适应性必然存在差异。在动态变化的环境中，设计自适应的数据融合算法以实时匹配环境与传感器状态的变化，可以增强系统的鲁棒性与适应能力，是未来一个重要的发展方向。

2）智能驾驶对算法实时性有极高的要求，单车的感知范围较小且计算资源有限，而云端的感知受通信质量的限制，通信延迟或中断可能会导致严重的交通事故。因此，在车联网多传感器融合中加强边缘计算节点的部署，实现"车-路-云"一体化数据感知与处理可以有效提升系统的整体性能，是未来一个重要的发展方向。

3）当前的多传感器融合技术仍然处于快速发展阶段，并未形成统一的融合方法或策略。而在车联网多传感器融合技术中涉及车-车、车-路、车-人及

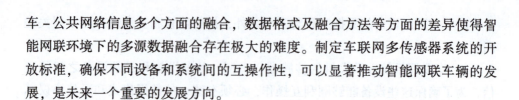

车－公共网络信息多个方面的融合，数据格式及融合方法等方面的差异使得智能网联环境下的多源数据融合存在极大的难度。制定车联网多传感器系统的开放标准，确保不同设备和系统间的互操作性，可以显著推动智能网联车辆的发展，是未来一个重要的发展方向。

5.6 本章小结

车联网多传感器信息融合是智能驾驶复杂场景感知的重要发展趋势，对实现完全自动驾驶具有重要的作用。随着传感器技术及智能交通的不断发展，车联网多传感器信息融合成为当前的研究热点，也是当前的研究难点。本章首先对车联网多传感器融合系统进行了概述，随后对其所涉及的常见传感器进行了详细介绍。在此基础上，对车联网多传感器信息融合的具体方法进行了详细分析。最后，对影响车联网多传感器信息融合技术的关键问题进行了讨论。本章内容可为智能驾驶复杂场景感知的发展提供重要的参考价值。

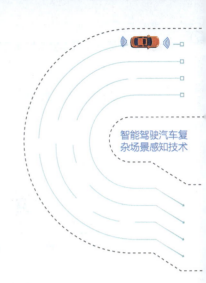

第 6 章
复杂场景感知中的边缘计算技术

6.1 边缘计算概述

车联网是物联网[501]的典型应用之一，智能车辆通过摄像头、激光雷达等传感器实时采集环境数据。这些数据需要迅速处理，以应对快速变化的交通环境，进行决策和控制。由于车载设备的计算资源有限，常见做法是在处理量较小时直接在车端完成，遇到复杂计算则将数据传输至云端，借助云端强大的计算能力加快处理速度。然而在车联网场景中，信息的实时性至关重要，车辆必须及时接收其他车辆或基础设施的实时信息，如在环境实时感知与识别任务中，自动驾驶车辆必须在毫秒级时间内识别前方障碍物，并做出紧急制动或转向的决策，任何延迟都会增加碰撞风险[502-503]。如果将大量数据传输到云端处理，可能会产生显著的延迟，从而影响行车安全。有研究人员估算，智能网联汽车每行驶 1h，传感器发送和接收的数据将会达到 TB 级，这使得需要消耗大量的计算与网络带宽资源，在这种情况下，如何降低网络数据传输的延迟显得尤为重要。

针对上述问题，学者们提出了利用边缘计算[504-505]解决智能驾驶数据处理的方案。边缘计算是一种分布式计算架构，将数据处理从集中式云端移至网络边缘，靠近数据生成源头（如车载传感器、路侧设备等）。车联网边缘计算的数据传输示意图如图 6-1 所示。

边缘计算通过将计算和数据处理能力从中心化的云端数据中心下放到更靠近数据源或设备端的方式具有显著的优势，在智能驾驶场景应用中其主要特点[506]如下：

1）低延迟：由于边缘计算减少了数据传输到远端云服务器的时间，因此能够显著降低延迟，满足实时性需求。

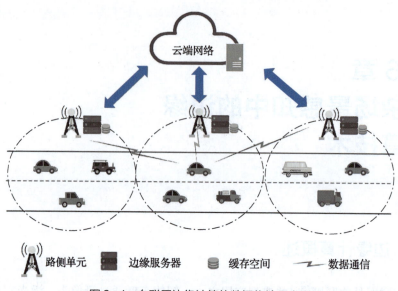

图6-1 车联网边缘计算的数据传输示意图

2）降低带宽压力：因为大量的数据直接在边缘设备进行处理，因此极大地降低了数据传输至云端所需的网络带宽，降低了大规模数据传输的带宽压力。

3）数据安全：边缘计算将大量数据进行本地化处理，避免了传输过程中的数据泄露风险，可以有效提升数据安全。

4）分布式处理：边缘计算基于分布式架构，可以多个节点同时工作，有效避免了单点故障的风险，提高了系统的容错性和稳定性。

随着5G网络的不断发展，边缘计算与5G结合进一步加速了智能驾驶、工业互联网及智能制造等领域的发展。在此基础上，融合5G、边缘计算、云计算与移动计算等概念的5G移动边缘计算也成为研究热点，有助于构建起更灵活、更高效的计算架构[507-508]。

6.2 边缘计算架构设计

6.2.1 边缘计算模型

边缘计算通过将计算和数据处理能力从中心云端下放到靠近数据源的设备和网络，其架构通常分为设备层、边缘层以及云层，利用各层级的计算能力处理不同复杂度的任务，从而减少数据传输延迟，优化带宽使用，提升实时响应能力[509]。边缘计算架构示意图如图6-2所示。

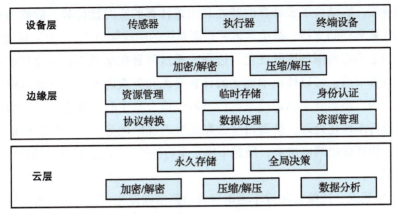

图6-2 边缘计算架构示意图

设备层是边缘计算架构中的最底层，其位于最靠近数据源的部分，包括各种终端设备、执行器和传感器。该层负责数据采集和感知，并将数据发送给上层进行处理，设备层一般包括传感器、执行器及终端设备。

边缘层可以分为边缘-设备层与边缘-云层两个部分，其中边缘-设备层负责控制具体设备的运行，该层负责数据的初步处理和存储，将一些简单的数据处理任务本地化，从而减轻上层的负担，主要有资源管理、临时存储、身份认证、协议转换、数据处理及资源管理等功能。边缘-云层能够处理更加复杂的计算任务，并根据需要与中心云进行数据交互。此外，边缘-云层通常是区域化的，其既能够与本地设备直接互动，又能够与中心化的云平台协作，主要有加密/解密、压缩/解压等功能。

云层是云计算的核心部分，其具有永久存储、全局决策、加密/解密、压缩/解压、数据分析等功能，可以处理大规模的数据存储、复杂的批处理、深度学习、数据分析等任务。通过与边缘层的相互通信，可以为具体任务提供计算资源、管理和协调服务。

边缘计算架构通过分层处理和分布式计算，有效优化了数据处理的效率，减少了延迟，并提升了系统的容错能力和扩展性[510]。它将云计算和边缘计算相结合，实现了灵活的计算资源管理和更高效的数据处理，可以在智能驾驶等实时性要求高的场景中发挥重要作用[511]。

6.2.2 边缘云与核心云

边缘云是指在网络边缘部署的小型云计算节点或数据中心，通常靠近数据源或设备端。它结合了云计算的特性和边缘计算的实时性优势，能够为本地设备提供计算和存储支持，减少延迟并提高系统的响应能力[512]。由于自动驾驶车辆需要快速响应周围环境的变化，边缘云通过部署在车辆本身或靠近道路基础设施的计算节点，可以提供本地化的计算资源和决策能力。以自动驾驶感知任务为例，当自动驾驶车辆通过车载传感器生成大量实时数据之后，边缘云对这些数据进行本地化处理，借助边缘云靠近数据源的优势，可以极大降低数据传输延迟，快速做出驾驶决策，确保车辆安全行驶[513]。在智能驾驶场景中边缘云的优势如下：

1）低延迟：边缘云靠近车辆本身或道路基础设施，减少了传输到远程数据中心的时间，能够极大地减少通信延迟，这种特性确保了自动驾驶系统能够在毫秒级时间内对外部环境做出响应，进而确保自动驾驶的实时性和安全性。

2）高可靠性：通过在本地处理数据，即使在网络连接较差或中断的情况下，边缘云依然能够完成关键任务的处理，避免因网络故障而导致的车辆误操作等问题。

3）数据预处理：边缘云可对车辆采集的大量数据进行初步处理和过滤，只将需要进一步深入分析的关键数据传送到核心云，降低了网络中大量信息的传输压力。

核心云是指传统的中心化云计算平台或大型数据中心，它通常远离数据源，位于网络的中心位置[514]。核心云具有强大的计算、存储和分析能力，适合处理大规模、复杂的数据任务。以自动驾驶感知任务为例，自动驾驶车辆在运行过程中产生大量数据，核心云可以接收和存储这些数据，并对其进行深入分析，进一步进行自动驾驶算法优化。此外，核心云能够汇总来自不同边缘节点和车辆的数据，提供全局化的交通管理和协调服务，进而进行宏观的交通流量优化，调度车辆避开拥堵路段等。在智能驾驶场景中核心云的优势如下：

1）强大的计算能力：核心云的数据中心提供了大规模的计算和存储资源，能够进行复杂的算法训练和深度分析。

2）全局视角：核心云能够对来自不同车辆和地区的数据进行汇总和分析，从全局角度进行交通管理和决策支持。

3）长期数据存储与模型优化：核心云可以长期存储和分析数据，持续改进自动驾驶的模型和算法。

在智能驾驶系统中，边缘云与核心云的协作至关重要，各自发挥独特的作用，共同保障系统的高效、实时性和持续优化[515-516]。边缘云主要负责车辆周围的实时数据处理和快速决策，如通过车载传感器实时感知环境、识别行人和障碍物、进行路径规划和即时避障等操作。这种低延迟的数据处理能力确保了车辆在动态交通环境中能够做出毫秒级的反应，避免突发事故。而核心云则负责处理更大规模的数据存储和分析任务，支持系统的长期优化。同时，核心云也负责算法更新和远程维护，可以进行全局交通管理，确保智能驾驶系统不断适应新的驾驶环境。通过这种协同，边缘云和核心云相互配合，不仅满足了自动驾驶系统对于实时性和安全性的高要求，还通过长期的数据积累和分析推动技术的持续进步，为智能驾驶的未来提供了坚实的基础。边缘云与核心云的协作关系如图 6-3 所示。

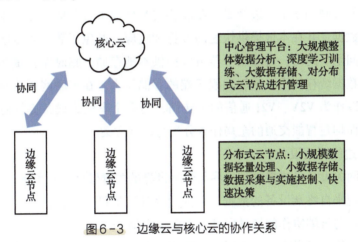

图 6-3　边缘云与核心云的协作关系

6.2.3　边缘硬件设备

边缘硬件设备是承载边缘云平台的基础设施资源，是边缘云体系中最基础的组成部分。根据应用场景及部署位置的不同，边缘云的硬件形态也有所不同，在智能驾驶场景中，常见的硬件设备有边缘计算单元、边缘服务器、边缘网关设备、边缘存储设备等。

（1）边缘计算单元

边缘计算单元是部署在靠近数据生成端的硬件设备，负责在车端处理大量实时数据，并进而执行决策任务，减少与远程云服务器的通信需求。它是边缘计算体系中最核心的硬件设备之一，在智能驾驶场景中发挥着至关重要的作用。

在智能驾驶场景中，边缘计算单元通过标准接口与车辆的各种传感器进行连接，采集传感器传输的数据流，并直接处理来自车辆传感器的大量数据，这种本地处理能力确保了车辆能够迅速做出反应，避免网络延迟导致的安全隐患。

此外，边缘计算单元通常配备 5G 或 V2X 通信模块，用于与其他车辆或基础设施实时通信[517-518]。在边缘计算单元内部，其一般布置有 GPU、NPU 等高性能处理器，可以对采集的传感器数据进行快速分析。通过内置的算法库和深度学习模型，它可以执行物体识别、路径规划、障碍物检测等任务，输出精确的驾驶决策。

（2）边缘服务器

边缘服务器是部署在网络边缘的小型数据中心服务器，负责在数据源附近处理和存储数据，进而提供实时计算和响应能力[519-520]。它结合了云计算和本地化计算的优势，解决了传统云计算中延迟和带宽瓶颈的问题，尤其适用于智能交通这类对实时性、可靠性要求较高的场景。

在智能驾驶场景中，边缘服务器能够实时处理来自车辆、传感器等设备生成的海量数据，并在本地提供快速的计算和响应，避免了数据回传远程云端带来的延迟问题。同时，边缘服务器可以提供本地存储，临时保存重要数据，并可以作为数据缓存使用，减轻远程云端的存储压力。在车联网通信时，边缘服务器还可以作为 V2V、V2I 通信的中转站，为多个车辆或设备提供协同优化的支持，进而构建智能交通的全局任务分配与调度方案。

（3）边缘网关设备

边缘网关设备是连接物理世界与数字世界的关键硬件，它负责采集、处理、传输和管理来自终端设备的数据，并为边缘计算提供支持，在智能驾驶这类需要本地处理与云端协作的场景中具有重要的作用[521]。

在智能驾驶场景中，边缘网关主要用于连接车辆、路侧基础设施和云端服务，并支持实时数据处理、通信、预处理和安全管理，它能够整合来自不同传感器的海量信息，并为进一步的处理和分析做准备。在 V2V 通信中，边缘网关帮助车辆与周围其他车辆实时交换位置、速度、行驶方向等信息，从而提高驾驶的安全性和协调性。在 V2I 通信中，边缘网关帮助车辆获取基础设施所提供的交通信号、事故预警等信息，使得车辆可以根据当前交通状况及时调整行驶策略，优化行车策略。在 V2N 通信中，通过与云端或核心网络的连接，边缘网关可以将车辆的本地数据上传至云端进行长期存储和进一步分析，同时可以获取云端基于大规模数据的决策结果。

（4）边缘存储设备

边缘存储是将数据直接存储在数据采集节点或边缘云平台中，而无须将数据通过网络传输到云端服务器的数据存储方式，这种方法可以在靠近数据源的地方为系统提供实时可靠的数据存储与访问。

在智能驾驶场景中,边缘存储设备能够在本地缓存海量的传感器数据,以避免网络延迟或中断的情况,保证系统的连续运行[522]。同时,其能够在网络条件允许的情况下,选择性地将部分数据上传到云端,用于长期存储与后续分析。此外,为了满足智能驾驶对数据处理的实时性要求,边缘存储设备可以将数据从云端服务器中预先下载到本地缓存中,在边缘侧实现对所需数据的读取,提高对环境的快速响应能力。目前,面对边缘计算海量的数据存储需求,分布式存储成为边缘存储的主流技术,通过边缘存储设备构建分布式存储网络,实现多个车辆和设备间的数据共享与冗余存储,提高了数据的可用性和安全性。

6.2.4 边缘计算的工程应用

由于边缘计算的显著优势,其已经广泛应用于多个行业[523-524],特别是在需要实时数据处理、低延迟决策和大规模物联网支持的场景中,如智能驾驶、智能制造、智慧农业等。

(1)智能驾驶

边缘计算在智能驾驶中的应用为系统提供了低延迟、实时决策、安全性等强大支持。它通过本地处理和分布式架构,优化了自动驾驶的感知与决策流程,并增强了车联网的协同效应[525]。这种方法不仅提升了自动驾驶的效率和安全性,还减少了对远程云端的依赖,为智能驾驶的全面普及奠定了重要基础。其在智能驾驶中的主要应用任务有实时环境感知与数据处理、低延迟决策与控制、车联网通信支持、地图更新与导航优化、分布式存储与处理、数据安全与隐私保护等,边缘计算在智能驾驶中的应用示意图如图6-4所示。

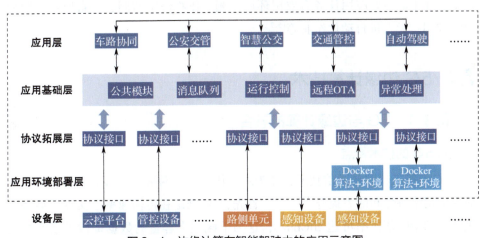

图6-4 边缘计算在智能驾驶中的应用示意图

（2）智能制造

在智能制造中，边缘计算通过将计算能力部署在靠近生产设备和车间的数据源附近，能够实时处理和分析工业数据，提升生产效率、设备可靠性、安全性以及灵活性，推动了制造业向智能化和自动化方向发展。其在智能制造中的主要应用任务有实时设备监控、工厂自动化控制、产品质量检测、生产流程动态调度、供应链优化等。边缘计算在智能制造中的应用示意图如图6-5所示。

图6-5　边缘计算在智能制造中的应用示意图

（3）智慧农业

在智慧农业中，边缘计算正逐步改变传统农业的生产方式，通过实时数据处理、自动化控制、精确农业管理等手段，提高了农业的生产效率、资源利用率和可持续发展能力，不仅可以帮助农民实时监控和优化农业生产过程，还减少了资源浪费，为现代农业的数字化和智能化提供了有力的技术支持[526]。其在智慧农业中的主要应用任务有农田环境监测、作物健康监测、牲畜监控、智能温室控制、无人机自动化作业等[527]。

6.3　5G 边缘计算技术

6.3.1　5G 与边缘计算的融合

1. 5G 的技术特点

5G 即第五代移动通信技术，作为新一代的通信网络，为移动通信带来了革命性的网络特性和能力提升[528-529]。首先，5G 网络在传输速率上实现了显著的飞跃，理论峰值速率可达 20Gbit/s，这为下载超大容量的数据提供了坚实的技术基础，使得高清视频、虚拟现实等高带宽应用成为可能。其次，5G 网络的端到端时延可低至 1ms，这也为智能驾驶、远程医疗等对实时性要求极高的应用场景提供了有效的技术支持。

除了超高速率和超低时延，5G 网络还具备超高的连接密度，支持每平方千米百万级设备的连接。这满足了物联网设备的海量连接需求，推动了万物互联的实现。在智能驾驶领域，这种高连接密度的特性尤为重要，能够有效支持车联网场景中大规模传感器信息的实时传输和处理，促进自动驾驶技术的发展和应用。5G 网络的主要性能指标见表 6-1。

表 6-1　5G 网络的主要性能指标

名称	定义	单位	指标
峰值速率	在理想条件下可以实现的数据速率的最大值	Gbit/s	常规情况 10Gbit/s 特定场景 20Gbit/s
端到端延迟	数据和指令的传输延迟	ms	低于 1ms
移动性	在移动环境中，用户可以获得体验速率的最大移动速度	km/h	500km/h
流量密度	单位面积的平均流量	$bit/(s \cdot m^2)$	$10Mbit/(s \cdot m^2)$
连接密度	单位面积可支持的各类设备数量	个/km²	$1 \times 10^6/km^2$

由表 6-1 可知，5G 网络的峰值速率在常规情况下可以达到 10Gbit/s，而在特定应用场景中，5G 可以实现高达 20Gbit/s 的峰值速率。相比于 4G 网络的峰值速率提高了大约 10 倍，这有效推动了车联网场景中边缘设备与云端服务器的大规模数据传输的实现。

端到端延迟是指数据包从发送端传输到接收端所需的总时间，包括信号传输、处理时间和网络延迟，5G 网络的端到端延迟目标是低于 1ms，相比于 4G 网络的 20~30ms 提升了几十倍，这对于智能驾驶这类实时应用极为重要，可以使车辆在瞬间做出响应，避免交通事故[530]。

移动性是指 5G 网络在客户端高速移动时能够维持的最大体验速率，它体现了客户端高速移动时网络连接的稳定性和可靠性[531]。在智能交通场景中，车辆需要保证在上百千米时速的高速移动时与其他车辆、基础设施以及云端进行实时通信，5G 网络的目标是在 500km/h 的速度下，可以有效确保这种通信的连续性。

流量密度是指每单位面积内能够支持的平均数据流量，5G 网络的流量密度目标是 $10Mbit/(s \cdot m^2)$，相比 4G 网络的流量密度有显著提升，能够更好地支持密集环境中的网络需求，这确保了在复杂智能交通场景中多感知设备数据的同时传输能力[532]。

连接密度是指每单位面积内能够支持的设备数量，5G网络的连接密度目标是每平方千米的范围内100万个设备连接，相比4G网络的连接密度有显著提升。在智能交通场景中，大量感知设备需要与网络进行通信，如摄像头、激光雷达、V2X等各类车联网，5G网络的高连接密度可以确保这些设备能够无缝连接网络。

2. 5G与边缘计算的结合优势

在智能驾驶技术背景下，5G与边缘计算的结合优势尤为关键。智能驾驶需要快速、可靠的网络连接和强大的计算能力，以实现车辆之间的实时通信、自动驾驶决策以及交通管理等功能[533-535]。

在智能驾驶场景中，车辆需要实时处理来自环境中多种数据源的信息，边缘计算将计算资源部署在靠近车辆的地方，减少了将数据传输到远程云服务器处理的时间，从而提高了响应速度。而5G网络的超低延迟特性确保了车辆在毫秒级的时间内接收并处理来自其他车辆、基础设施和行人的数据，5G与边缘计算的结合极大地推动了车联网在实时性方面的需求。

为了提高感知性能，智能车辆一般会配备多种不同的传感器，通常会产生极大的数据量。通过在本地处理大量数据，边缘计算减少了需要传输到云端的数据量，这有效地节省了网络带宽。而5G网络的高带宽数据传输能力提供了更高的传输速率，使得大数据量内容的实时传输成为可能，可以较好地支持智能驾驶车辆获取更丰富的环境信息。

车联网场景通过大量车载与路侧设备的相互通信来提升环境感知的完整性。边缘计算支持在网络边缘部署大量的计算节点，能够适应大量设备的接入需求[536]。而5G网络能够支持每平方千米百万级的设备连接，这种大规模连接能力可以充分支持V2V、V2I和V2P等各类通信需求，提升交通效率和安全性。

边缘计算通过在边缘节点处理数据，减少了敏感数据在网络上传输的次数，降低了数据被拦截或泄露的风险，增强了数据安全性。而5G网络也引入了更高级的安全机制，如增强的加密和认证技术，结合边缘计算和5G的安全特性，智能驾驶系统能够更好地保护用户隐私和数据安全，增强用户对自动驾驶技术的信任和接受度。

通过结合5G与边缘计算的优势，可以构建一个高效、低延迟、高带宽和高度可靠的计算与通信平台，满足智能驾驶对实时性、大数据处理和安全性的极高要求，有效推动自动驾驶技术的快速发展和应用普及[537-538]。5G 与边缘计算优势结合示意图如图 6-6 所示。

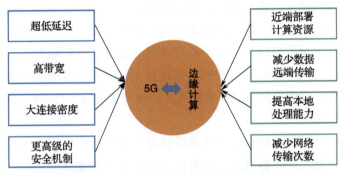

图 6-6　5G 与边缘计算优势结合示意图

6.3.2　5G 边缘计算的关键技术

在智能驾驶领域，5G 边缘计算的引入为自动驾驶车辆提供了高带宽、低时延和高可靠性的通信和计算环境，使得车辆能够实时处理大量数据，实现更安全、更高效的自动驾驶功能，5G 边缘计算中的关键技术如图 6-7 所示，本小节对其进行简要介绍。

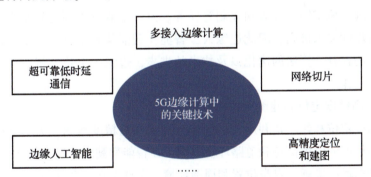

图 6-7　5G 边缘计算中的关键技术

（1）多接入边缘计算

多接入边缘计算是一种将计算和存储能力从集中式的云数据中心下沉到网络边缘的技术架构[539-541]。通过在靠近终端用户的位置部署边缘服务器，这种方法使得服务可以更接近用户，从而降低时延、减轻网络负载，提高服务的实时性和效率。在智能驾驶场景中，多接入边缘计算在网络边缘处理车辆的传感器数据，车辆可以迅速获取道路信息、交通状况等关键数据，进而做出及时的驾驶决策。此外，多接入边缘计算支持 V2V、V2I 之间的协同感知和通信，增强了系统的信息共享能力，推动了智慧交通的发展，提升了交通效率和安全性。

（2）超可靠低时延通信

超可靠低时延通信是 5G 网络的核心技术之一，旨在提供极高的通信可靠性和极低的端到端时延[542-543]。这项技术对于智能驾驶等对实时性和可靠性要求极高的任务具有重要价值。借助于超可靠低时延通信，智能驾驶车辆可以实现实时通信，获取其他交通参与者的状态信息，从而进行协同决策，及时应对道路情况的变化，进而有效避免事故的发生，提升交通安全性和行驶效率。

（3）网络切片

网络切片是一种将物理网络基础设施划分为多个虚拟网络的技术，每个网络切片都是端到端的逻辑网络，具有特定的网络功能和性能参数，能够满足不同业务或应用场景的需求[544-545]。通过将物理网络划分为多个独立的虚拟网络，这种方法可以针对不同的驾驶场景和服务需求，动态调整网络资源配置，为自动驾驶车辆提供专用的高可靠、低时延网络切片，有效保障了通信质量。

（4）边缘人工智能

边缘人工智能是指在边缘设备或节点上部署并运行人工智能算法，直接对本地数据进行处理和分析，而无须将数据上传到云端，从而实现低时延、高效率和增强的数据隐私保护[546-547]。智能驾驶需要对大量传感器数据进行实时处理，以实现环境感知、决策和控制等任务。由于车辆行驶环境复杂多变，且对时延和可靠性要求极高，因此边缘人工智能在智能驾驶中具有重要价值。随着硬件性能的提升、算法的优化以及技术的进步，边缘人工智能将在智能驾驶中发挥更大的作用。

（5）高精度定位和建图

高精度定位和建图是利用先进的定位技术和高精度地图，为车辆提供厘米级或更高精度的位置信息和道路环境数据。在智能驾驶中，这项技术至关重要，能够帮助车辆准确感知自身位置和周围环境，实现安全、高效的自动驾驶功能。通过结合 5G 基站的高带宽和低时延特性，以及边缘计算的本地化数据处理能力，可以实现高精度定位[548-549]。边缘节点能够及时更新道路信息和交通状况，提供最新的导航数据，从而提高行驶的安全性和效率。这种协同作用使车辆能够更迅速地响应实时变化，优化路径规划，提升整体驾驶体验。

6.3.3　5G 边缘计算的挑战与解决方案

智能驾驶作为未来交通发展的重要组成部分，旨在通过先进的传感器及人工智能等技术，实现车辆的自主感知、决策和控制。基于 5G 的边缘计算作为一种重要的计算方式极大地推动了智能驾驶的进展，它可以提供超低延迟、高带宽和高可靠性的通信环境，使得智能车辆能够实时与周围环境以及其他车辆进行交互。然而，在实际部署和应用过程中仍面临着诸多挑战[550-553]，本节对与此相关内容进行讨论与分析。

（1）网络不稳定性

虽然 5G 网络拥有延迟低、速度快的特点，然而无线通信环境复杂多变，信号干扰、网络拥塞等因素都会增加数据传输的延迟；同时，如果某些区域边缘计算节点的部署密度不足，也可能无法满足低延迟的需求。智能驾驶需要在极短的时间内完成环境感知、路径规划和决策执行，一旦系统延迟超过阈值，可能会导致车辆无法及时响应，进而带来安全隐患。

针对上述问题，可以在道路沿线、交通枢纽等关键区域密集部署多接入边缘计算节点，降低输出传输发生延迟的风险。此外，在边缘节点上使用实时调度策略，优先处理延迟敏感型任务，也可以确保关键数据的及时处理。

（2）整体系统较为复杂

面向智能驾驶场景的 5G 边缘计算系统极为复杂，不但要处理多个不同传感器的数据传输需求，还要处理复杂的车路协同任务。这种复杂系统中的任何网络或计算节点故障都可能导致系统失效，进而引发安全事故。同时，数据在复杂的传输过程中也可能遭受篡改或丢失，影响最终决策的准确性。

针对上述问题，可以在关键组件和通信链路上采用冗余配置，防止单点故障影响系统整体功能。此外，针对数据传输过程，设计强大的加密算法和认证机制，并部署网络和系统的实时监控工具，及时发现和处理异常情况，保证整体系统的可靠性与安全性。

（3）网络的频繁切换

尽管 5G 技术在网络移动性和连接可靠性方面取得了巨大进步，但在智能车辆高速移动的情境下，数据传输和接收必须在不同基站和边缘节点之间频繁切换。随着车辆不断驶出当前基站的覆盖范围并进入下一个基站的区域，频繁的切换过程极易导致短暂的通信中断和瞬时的延迟。这种延迟对于高度依赖实时数据的自动驾驶系统极为关键，可能导致车辆决策和驾驶安全方面的风险。

针对上述问题，应该首先研究并应用快速切换技术，通过设计基于预判和多连接的快速切换方案，智能车辆在当前连接即将失效时提前建立下一基站或边缘节点的连接，从而减少切换时间。其次，开发智能化的网络切换算法，使系统能够根据车辆行驶方向、速度和网络的信号强度实时调整切换策略。最后，引入多网络接入机制[554]，在5G网络基础上增加卫星通信等多种接入选项，当5G信号出现波动或切换延迟过长时，系统可以自动转移到信号质量更好的网络上，确保车辆始终具备稳定的通信支持。

（4）边缘计算资源的部署

虽然边缘计算可以极大地改善数据的传输性能，但要在智能交通系统中实现大规模应用，边缘计算节点的部署需要巨大的资金投入。大规模部署不仅需要投入大量硬件和基础设施成本，同时对部署位置有极高的要求，然而由于城市基础设施的多样性、交通流量的动态变化以及地理位置的限制，边缘计算资源的实际部署面临多种问题[555-557]。

针对上述问题，首先应该充分利用现有的公共基础设施来安装边缘计算设备，在保证覆盖范围的同时尽可能降低安装和施工成本。其次，采用小型化、模块化的边缘计算节点设计方案，使得可以根据流量需求或服务区域的增长，随时添加或更换节点。最后，可以探索政府和企业的合作模式，共同承担边缘计算节点的部署成本，促进城市基础设施的智能化发展。

（5）异构网络的互操作性

在大规模部署边缘计算资源的过程中，由于不同厂商的设备可能采用各自的通信协议和标准，因此设备之间的互联互通存在显著的障碍。此外，当移动端在不同网络之间切换时，往往需要进行复杂的协议转换，这不仅增加了系统的额外开销，也导致了网络管理和优化的复杂度急剧提升。

针对上述问题，政府、运营商和设备制造商可以紧密合作，推动采用统一的通信协议，使得不同厂商的设备能够更顺畅地进行互联互通，减少因协议不兼容引发的技术障碍。在移动端和网络设备中引入智能化协议转换工具，以便在不同网络切换时实现快速的协议适配，从而减少切换延迟和数据丢失。此外，可以建立一个集中化的网络管理平台，将不同厂商和不同类型的网络节点统一纳入整体管理框架，从而及时调整网络资源分配。

6.4 边缘计算安全

6.4.1 边缘计算安全概述

随着5G网络、车联网等技术的迅猛发展，边缘计算已成为数据处理和服务的重要模式。边缘计算通过将计算和存储能力从传统的集中式云端迁移到靠近数据源的边缘设备上,极大地提高了响应速度,降低了带宽消耗。在此基础上,边缘计算的安全性逐渐成为技术发展中所关注的重要问题[558-560]。

边缘计算涉及大量分布式设备和实时数据的处理,其架构将数据处理从集中化的云端转移到网络边缘的设备上,这带来了新的安全需求。边缘计算安全是边缘计算的重要保障,其基本功能主要表现在提供可信的基础设施、提供可信的安全服务、提供安全的设备接入与协议转换、提供可信的网络覆盖几个方面。通过构建整体的安全防护体系,可以增强系统抵御外界攻击的能力,为边缘计算的发展提供安全、可信的运行环境,加速并保障边缘计算产业的发展[561-564]。边缘计算安全中的主要内容如图6-8所示。

图6-8 边缘计算安全中的主要内容

与传统的网络安全技术不同,由于分布式架构、异构网络、实时性应用、数据多源异构等特点,以及受边缘节点、终端设备多样性等因素的影响,传统的网络安全策略难以直接应用到边缘计算场景中,边缘计算在安全性方面具有一些特殊的需求。

边缘计算架构中的设备、节点遍布于不同的位置与网络环境,这种特性使得每一个边缘节点都可能成为潜在攻击目标。相比云计算这类集中化的数据处理模式,边缘计算极大增加了攻击面的复杂性。此外,不同节点的硬件设备与网络安全等级可能也存在差异,这增加了管理和保护的难度,需要制定适应不同场景的分布式安全策略。

边缘计算的设备种类繁多,某些设备的计算资源、存储空间等通常较为有限,在应用复杂安全策略时具有一定的限制。因此,在边缘环境中,需要设计安全高效的算法和协议,确保在不影响设备性能的前提下提供基础的安全保障,促使边缘计算安全方案更加小型化及高效率。

边缘计算系统通常会包括大量不同类型的设备,这可能涉及多种操作系统、硬件架构、通信协议等,此外不同设备厂商和服务提供商的安全策略和技术差异较大，使得在不同边缘节点间进行安全数据共享和协同防护变得困难，增加了安全保护的复杂性。

传统的数据中心通常具备强大的物理安全保障措施，而边缘节点往往位于开放环境中，这种物理环境的开放性增加了设备遭受物理攻击的可能性，使得这些设备可能面临物理损坏、篡改或恶意接入等威胁。这一特殊性促使边缘计算的物理安全也成为重要关注领域，需要通过防篡改外壳、硬件加密模块和安全启动等各种方式降低设备物理攻击的风险。

实际的使用场景中，边缘计算的安全性需求复杂且多样化，具有许多独特的安全挑战。为了实现有效的边缘安全保护，要求安全策略既要适应设备多样化和资源受限的环境，又要能够满足实时性和隐私保护需求，进而促进边缘计算的安全性发展和广泛应用。

6.4.2 边缘计算安全架构设计原则

科学的边缘计算安全架构可以有效保护数据和设备的安全、提高系统的可靠性、保证数据隐私[565-566]。针对边缘计算安全架构设计中的问题，边缘计算产业联盟与工业互联网产业联盟联合发布了"边缘计算参考架构3.0"，其对边缘计算架构的基本设计原则进行了说明。"边缘计算参考架构3.0"中给出边缘计算安全架构中需要考虑的因素与原则有：

1）安全功能适应边缘计算的特定架构。

2）安全功能支持灵活部署与扩展。

3）能够在一定时间内持续抵抗攻击。

4）能够容忍一定程度和范围内的功能失效，但是基础功能始终保持运行。

5）整个系统能够从失败中快速完全恢复。

在上述设计原则的基础上，需要考虑边缘计算应用场景的特殊性，其主要表现在以下几个方面：

1）安全功能轻量化，能够部署在各类硬件资源受限的设备中。

2）由于需要接入大量异构设备，传统的基于信任的安全模型不再适应，需要按照最小授权原则重新设计安全模型。

3）在关键节点实现网络与域的隔离，对安全攻击和风险范围进行控制，避免攻击的扩展。

4）在边缘计算架构中无缝嵌入安全和实时态势感知，实现持续的检测与响应，充分结合自动化监测与人工介入的优势。

5）在统一安全运维体系的基础上，需要针对不同层的特征设计不同的安全模型，使得安全设计能够覆盖边缘计算架构的所有层，最大限度地保障整个架构的安全性与可靠性。

　　基于上述原则，考虑边缘计算应用场景的特殊性，将边缘安全问题进行分解和细化，边缘计算安全参考框架可分为应用域、数据域、网络域与设备域4个部分，如图6-9所示。

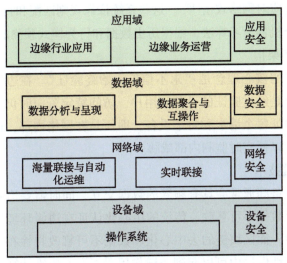

图6-9　边缘计算安全参考框架

6.4.3　边缘计算安全的关键技术

　　基于边缘计算安全的需求以及其发展瓶颈，从边缘基础设施、网络、数据、应用等多方面进行分析，对边缘计算安全的关键技术进行总结，以期推动边缘计算安全的进一步研究与发展。

　　(1) 设备认证与身份管理

　　随着车联网等应用任务的不断发展，边缘计算涉及的设备越来越多，这些设备种类多样，如何确保接入设备的合法性、预防伪造设备和未授权访问成为边缘技术安全的核心需求。通过设备认证与身份管理技术可以确保每个设备的合法性，进而降低网络风险，如轻量级加密协议用于边缘设备的初步认证，基于硬件的身份认证可以提供更高的安全等级[567]。

　　(2) 数据加密

　　边缘计算中的数据往往敏感性较高，可能包含个人隐私数据以及公共安全数据。边缘计算允许数据在设备本地处理，从而减少了传输到中心云的风险，但同时也对本地数据的安全性提出了更高要求，数据加密在数据传输和存储中

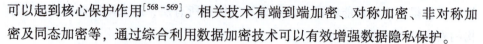

可以起到核心保护作用[568-569]。相关技术有端到端加密、对称加密、非对称加密及同态加密等，通过综合利用数据加密技术可以有效增强数据隐私保护。

（3）入侵检测与防御系统

边缘计算通常部署在开放的网络环境中，容易受到各种网络攻击，如 DDoS 攻击、恶意代码入侵等，因此入侵检测系统和入侵防御系统具有重要的价值，可以帮助识别并应对网络攻击[570]。这些系统依靠规则匹配和行为分析检测异常活动，并可结合机器学习算法，根据历史数据和行为模式预测潜在威胁。

（4）零信任架构

零信任架构的核心理念是"永不信任，始终验证"。在边缘环境下，零信任可以确保即使是经过验证的设备和用户，访问特定资源时仍需重新验证。该架构通过持续验证每个请求和每个设备，即便是在网络内部，也不认为设备或用户自动安全，以便实时监测内部威胁。

（5）区块链技术

边缘计算设备间通常会具有频繁的数据交互，同时需要追溯数据来源和操作历史，以确保数据不可篡改。传统的中心化认证在边缘环境中面临效率瓶颈和单点故障风险，而区块链的去中心化和数据不可篡改特性在边缘计算的身份验证和数据完整性保护中可以起到关键作用[571-572]。边缘计算中的区块链可以实现分布式设备认证，通过区块链共识机制，确保每个设备的合法性和数据的真实来源。此外，区块链还可以帮助管理边缘节点的安全策略和访问权限，提供更高的数据透明性和可信度。

（6）安全多方计算

在车联网领域，多个边缘节点可能需要进行协同计算，然而数据敏感性较高，如何在保证数据安全的前提下进行联合分析成为研究重点[573-574]。安全多方计算是一种隐私保护技术，可以适用于边缘计算中多个节点间协同计算的场景，其允许各边缘节点在不泄露数据的情况下进行联合计算，确保参与节点间的数据隐私不被侵犯，可以有效防止数据泄露和不当访问。

6.5 边缘计算开源平台

6.5.1 开源平台概述

边缘计算系统是一个典型的分布式计算系统，旨在充分利用靠近数据源的边缘设备来处理和分析数据。在实际的应用和实现中，边缘计算系统不仅仅是单一的计算架构，而是通过整合计算、存储和网络资源，构建出一个高效的计算平台，以实现数据处理的本地化、实时性和智能化。如何有效整合并管理网络边缘的资源，构建出能够灵活扩展且高效协同的边缘计算平台，成为推动边缘计算技术发展的关键问题[575-577]。

边缘计算平台通过在靠近用户的区域内部署数据采集、预处理、分析和存储功能，使数据可以在本地处理和分析，大幅降低了传输延迟，减少对云端的依赖，并提升系统的响应速度和实时性。通常边缘计算平台采用多层架构设计，支持从设备层、边缘节点层到云端的分级管理和协同。这种架构设计允许边缘设备在本地处理数据的同时，必要时将处理过的数据或摘要发送到云端，以满足更高层次的分析和决策需求。近年来，边缘计算得到了各行业的广泛关注，成为推动物联网、人工智能等领域应用的重要技术手段。许多物联网平台供应商已经开始布局边缘计算解决方案，以支持复杂场景下的大规模设备管理和数据处理需求。一些中小企业也开发了针对特定应用的专业化边缘计算方案，可以为智能驾驶、工业制造、智慧医疗等场景提供定制的技术支持。

目前，边缘计算领域出现了多个典型的开源平台，包括 EdgeX Foundry、Akraino Edge Stack 和 KubeEdge 等。这些平台提供了从底层架构到应用开发的全面功能，不仅加速了边缘计算的创新步伐，也为企业构建灵活、高效的边缘计算系统提供了丰富的资源和技术支持。

由于面向的用户类型与应用领域不同，边缘计算平台的系统结构与功能设计有较大差异[578]。但是，不同的边缘计算平台也具有一些共性的特点，边缘计算平台的通用功能框架如图 6-10 所示。其中，资源管理功能用于管理网络边缘的计算、存储与网络资源，设备接入功能用于管理网络边缘接入的各类边缘

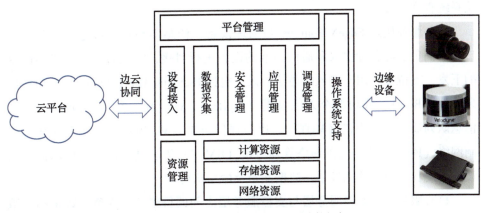

图 6-10 边缘计算平台的通用功能框架

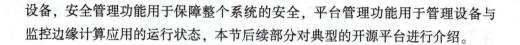

设备，安全管理功能用于保障整个系统的安全，平台管理功能用于管理设备与监控边缘计算应用的运行状态，本节后续部分对典型的开源平台进行介绍。

6.5.2　EdgeX Foundry

EdgeX Foundry[579-580]是由 Linux 基金会主导的一个开源项目，旨在构建一个通用的、可互操作的边缘计算框架，以支持物联网设备和应用程序的集成与交互。该平台致力于解决边缘计算领域的互操作性挑战，进而加速边缘生态系统的创新与发展，使得开发者能够更轻松地构建和部署边缘计算解决方案，其框架结构如图 6-11 所示。

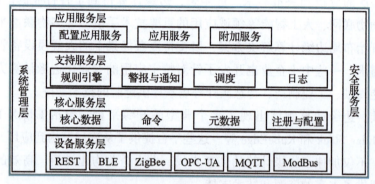

图 6-11　EdgeX Foundry 的框架结构

如图 6-11 所示，EdgeX Foundry 的结构由两部分组成，分别是定义业务逻辑的 4 个水平层和提供安全与管理功能的 2 个垂直层。其中，水平层包括设备服务层、核心服务层、支持服务层以及应用服务层，垂直层包括安全服务层以及系统管理层。

设备服务层是 EdgeX Foundry 与物理设备、传感器和执行器进行交互的入口。它们负责与各种协议和通信标准的设备进行对接，实现数据的采集和命令的下发，支持多种用于接入的通信协议，包括 RESTful API（REST）、低功耗蓝牙协议（BLE）、低功耗个人区域网（ZigBee）、OPC 统一框架（OPC-UA）、消息队列遥测传输协议（MQTT）、串行通信协议（ModBus）、楼宇自动化与控制网络（BACNET）、简单网络管理协议（SNMP）等。其工作流程可以概述为设备发现和注册、数据读取、数据发布及命令执行。

核心服务层是设备服务层与支持服务层之间的桥梁，主要负责数据和元数据的存储、管理和路由，为系统的基本操作提供支持。主要功能有元数据管理、核心数据管理、命令控制以及注册与配置。其工作流程可以概述为数据流动、命令下发及元数据维护。

支持服务层为系统提供一系列辅助功能，提升系统的稳定性、可管理性和功能性。主要功能有集中收集和管理系统日志、提供系统事件和警报的通知机制、定时触发任务或事件，以及通过 Consul 等工具管理服务的配置和注册。其工作流程可以概述为日志收集、事件通知以及任务调度。

应用服务层负责处理来自核心数据服务的数据，将其转换、过滤、分析，并发送到云端、数据库、企业系统或其他应用。主要功能有筛选感兴趣的数据、将数据转换为目标系统要求的格式或协议、将数据发送到指定的目的地，并支持简单的数据处理和分析。其工作流程可以概述为应用服务从核心数据订阅数据事件、应用服务按照配置的处理流水线对数据进行一系列处理、将处理后的数据发送到目标系统。

安全服务层为整个系统提供安全机制，确保系统和数据的安全性。主要功能有控制对服务和应用程序的访问权限、进行安全存储和分发敏感信息、保护数据在传输过程中的安全。其工作流程可以概述为安全服务初始化机密存储和反向代理、外部请求进行身份验证后才能访问内部服务、内部服务通过安全通道获取必要的凭证。

系统管理层用于监控和管理系统的各个组件，提供统一的管理接口，简化系统运维。其工作流程可以概述为获取各服务的状态和运行信息、动态调整服务的配置、集中访问和管理各服务的日志信息、进行服务的生命周期管理。其工作流程可以概述为代理定期收集各服务的状态和指标、动态调整服务的配置参数、接收管理命令。

EdgeX Foundry 的六大服务层相互协作，构建了一个功能完备、可扩展的边缘计算平台。设备服务层负责与各种物理设备和传感器交互，实现数据的采集和命令控制；核心服务层提供元数据管理、数据路由和命令控制等核心功能，确保系统的稳定运行；支持服务层提供日志记录、通知、调度等辅助功能，增强系统的可管理性和可靠性；应用服务层对数据进行过滤、转换和路由，可将处理后的数据发送到云端、数据库或企业系统；安全服务层为系统提供认证、授权和机密管理，确保数据和通信的安全性；系统管理层用于监控和管理系统的各个组件，提供统一的管理接口。通过这种架构，开发者和企业可以快速构建、部署和管理边缘计算解决方案，满足多种应用场景的需求，同时利用其开放性和可扩展性，促进了边缘生态系统的创新与发展。

6.5.3　Akraino Edge Stack

Akraino Edge Stack 也是由 Linux 基金会主导的一个开源项目，旨在为边缘计算环境提供高可用性、高性能的开源软件堆栈。该平台致力于满足边缘计算对低延迟、高带宽和实时处理的需求，为电信运营商、企业和工业物联网等领域的应用提供支持，其框架结构如图 6 - 12 所示。

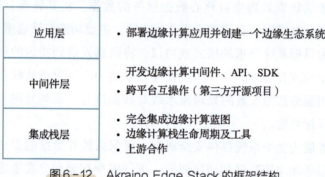

图 6 - 12　Akraino Edge Stack 的框架结构

如图 6 - 12 所示，Akraino Edge Stack 的结构可以分为应用层、中间件层以及集成栈层三个部分。通过以上三层架构，平台实现了从底层硬件到上层应用的全栈边缘计算解决方案。这种分层架构的设计，使得每一层都可以独立演进和优化，同时又能协同工作，形成一个完整的生态系统，为边缘计算需求提供了灵活、可扩展的支持。

应用层是直接面向最终用户和业务需求的部分，承载了各种边缘计算应用和服务。它利用中间件层提供的通用服务和接口，支持特定的业务逻辑。典型应用场景包括智能驾驶、智能制造和增强现实/虚拟现实等。在智能驾驶中，应用层处理来自摄像头和传感器的实时数据，以支持自动驾驶和行车安全。

中间件层充当应用层与集成栈层之间的桥梁，提供通用服务和功能，支持应用的开发、部署和运行。它在架构中扮演关键角色，提升系统的灵活性和可扩展性。主要组成部分包括容器和编排系统、服务框架、数据管理和分析、安全服务以及 API 网关和服务发现。通过微服务架构，该层支持组件的热插拔和灵活扩展，能够适应快速变化的业务需求，并为应用层提供了强大的功能支撑。

集成栈层是整个平台的基础，负责底层硬件资源的管理、网络配置和基础设施的自动化部署。集成栈层主要由硬件基础设施、虚拟化和操作系统、网络功能、基础设施管理和自动化组成。该层支持多种硬件架构，利用

OpenStack[581-582]等虚拟化技术实现资源的灵活配置和管理。通过软件定义网络和网络功能虚拟化，集成栈层能够动态分配网络资源，同时使用自动化工具简化运维。集成栈层不仅提供底层资源的高效管理，还支持不同的硬件架构和供应商，为边缘计算的应用场景提供灵活的部署选择，提升了系统的整体性能和可靠性。

通过应用层、中间件层和集成栈层的有机结合，Akraino Edge Stack 提供了一个完整、高效的边缘计算解决方案。这三层架构相互依赖、紧密协作，既确保了系统的高性能和可靠性，也使得平台具备极高的灵活性和可扩展性，为各类边缘计算需求提供了有力支持。

6.5.4　KubeEdge

KubeEdge[583-584]是一种将云与边缘设备结合的物联网解决方案，其旨在将Kubernetes[585]的容器编排和调度能力扩展到边缘环境。该平台为云端和边缘之间的网络、应用管理以及元数据同步提供了基础架构支持，满足边缘计算场景下的多样化需求。KubeEdge 的框架结构主要包括云端与边缘端两个部分，其中云端负责将调度到边缘节点的应用、元数据下发到边缘，边缘端负责运行边缘应用与管理接入设备，其框架结构如图 6-13 所示。

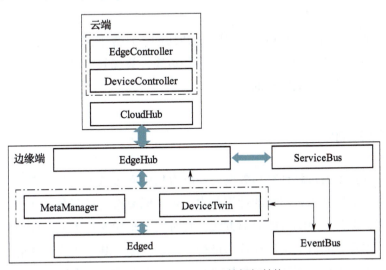

图 6-13　KubeEdge 的框架结构

如图 6-13 所示，云端组件主要包括以下 3 个模块：

1）CloudHub：WebSocket 服务器，负责监控云端变化，缓存并发送消息到

EdgeHub。

2）EdgeController：扩展的 Kubernetes 控制器，管理边缘节点和交付点的元数据，确保数据能发送到指定的边缘节点。

3）DeviceController：扩展的 Kubernetes 控制器，管理边缘设备，实现设备元数据和状态在云端与边缘端的同步。

边缘端组件主要包括以下 6 个模块：

1）EdgeHub：WebSocket 客户端，负责与云端交互，提供同步云端资源、报告边缘主机与设备状态等功能。

2）Edged：运行在边缘节点的代理，用于管理容器化的应用程序。

3）EventBus：MQTT 客户端，与 MQTT 服务器交互，为其他组件提供发布和订阅功能。

4）ServiceBus：运行在边缘的 HTTP 客户端，接收来自云的服务请求，负责与边缘设备上的 HTTP 服务器进行交互，为云端组件提供访问边缘 HTTP 服务器的能力。

5）DeviceTwin：存储设备状态，并将其同步到云端，同时提供应用查询接口。

6）MetaManager：Edged 与 EdgeHub 之间的消息处理器，负责元数据的存储和查询。

通过上述架构，KubeEdge 实现了云边协同、计算下沉、海量边缘设备管理和边缘自治等核心能力，可以适用于多种边缘计算场景，以满足不同行业对低延迟、高可靠性和数据隐私的需求。

6.6 本章小结

边缘计算是通过将计算和数据处理能力从中心云端下放到靠近数据源的设备和网络，随后利用各层级的计算能力处理不同复杂度的任务，从而减少数据传输延迟，提升实时响应能力的方法，其对实现车联网这类复杂任务具有重要的作用。本章首先对边缘计算技术进行了概述，随后基于边缘计算的架构设计对其结构进行了详细阐述。在此基础上，对该领域当前的研究热点 5G 边缘计算技术进行了介绍与分析，并讨论了对边缘计算实际应用具有重要影响的安全问题。最后，对当前主流的边缘计算开源平台进行了介绍。本章内容可为智能驾驶复杂场景感知的发展提供重要的参考价值。

第7章
复杂感知技术在智能驾驶场景中的实际应用

智能驾驶是未来汽车产业最重要的发展趋势，它不仅能够极大降低人类的驾驶强度，还能够显著提升交通系统的安全性和效率。随着全球汽车市场逐步向智能化、网联化的方向发展，智能驾驶已逐渐成为汽车产业的核心竞争力之一，具有广泛的应用前景。为了实现完全智能驾驶，复杂场景的准确感知是发展的前提。复杂场景感知可以为智能驾驶系统提供全面的环境理解，使其能够在复杂多变的环境下安全、高效地做出实时决策，从而保障车辆自身及其周围环境的安全。

实现复杂场景感知不仅依赖于多传感器融合，还需要强大的数据处理能力和高效的智能算法，以应对城市交通、恶劣天气、夜间驾驶等复杂场景中的不确定因素。目前，通过多个行业研究人员的不断推进，已经可以实现有条件的智能驾驶技术，可以在多种道路和环境中协助驾驶员完成常规驾驶任务，如车道保持、自动巡航、紧急制动等各类已在量产车中实际应用的辅助驾驶功能，显著提升了驾驶体验与安全性。

同时，在园区运输、固定路线摆渡等某些特殊场景中，智能驾驶技术已经能够实现完全自主的驾驶操作，展现出了在复杂场景中全面智能化的可能性[586-588]。本章分别从具体的智能驾驶复杂场景感知任务、智能驾驶特殊场景应用等方面对复杂感知技术在智能驾驶场景中的实际应用进行介绍，通过对智能驾驶实际应用的分析和总结，以期为智能驾驶技术的进一步推广应用提供参考依据，促进智能驾驶技术的发展。

7.1 障碍物检测及跟踪

7.1.1 障碍物检测及跟踪任务讨论

障碍物检测及跟踪是智能驾驶中最常见和基础的任务，它不仅可用于识别、定位及追踪交通场景中的各种物体，还在提升驾驶安全性和行驶效率方面扮演着重要的角色[589-590]。在车辆的自主行驶过程中，当系统检测到前方出现障碍物时，车辆可以根据既定的算法采取绕行或停车避让的动作。这种反应机制与驾驶安全紧密相关，因此障碍物检测及跟踪被视为系统最基本也是最核心的功能之一。

在早期的智能驾驶系统中，研究者更多关注的是障碍物检测功能，其主要目标是识别和定位环境中的障碍物，并确定其类型，如行人、车辆、交通标志等。这一阶段的检测任务通常依赖单帧图像或点云数据，算法从这些数据中提取特征，随后进行障碍物识别。尽管这些方法在简单场景中较为有效，但在复杂的交通环境中，由于物体的多样性和场景的复杂性，这种方法存在一定的不足。随着智能驾驶技术的发展，研究者们认识到，在交通场景中不同时间的障碍物并不是独立存在的，而是存在特有的时序关系。因此，障碍物跟踪任务逐渐获得越来越多的关注。跟踪任务能够持续监测已检测到的障碍物，记录其运动状态并预测未来位置，从而显著提升检测的准确性。例如，跟踪可以识别出某辆车的移动方向和速度，为系统提供更全面的信息，帮助车辆做出更智能的决策。在智能驾驶任务中，目标检测与目标跟踪的相似之处如下：

1）目标：两者都旨在识别和理解图像或视频中的特定对象，通常是人、车辆、其他交通参与物等。

2）输入数据：都依赖于传感器收集的视觉数据，如摄像头图像或视频流。

3）特征提取：两者都依赖特征提取技术来识别目标的特征，当前主要使用的特征提取技术如深度学习中的 CNN。

4）应用场景：常常在相同的应用场景中共同工作，例如动态障碍物检测、视频监控等。

除此之外，目标检测与目标跟踪也存在许多差异之处，以智能驾驶场景为例，主要差异如下：

1）最终结果：目标检测旨在识别和定位图像中的所有目标，并给出每个目标的边界框及其类别标签；目标跟踪旨在对已经检测到的目标进行持续监测，记录其运动轨迹和状态，并预测其未来位置。

2）时间维度：目标检测通常在每一帧中独立执行，不考虑时间上的连续性；目标跟踪强调时间序列数据，主要利用历史信息预测目标在未来帧中的位置。

3）输入数据类型：目标检测一般处理单帧图像，并输出检测结果；目标跟踪通常需要处理连续帧的图像数据，并依赖先前帧的检测结果来进行状态更新。

4）性能指标：目标检测通常的评估指标有精度、召回率、均值平均精度等；目标跟踪主要侧重于评估跟踪的准确性和稳定性，常用指标包括成功率、跟踪精度等。

在智能驾驶任务的实际应用中，障碍物检测和跟踪往往是相互关联的。检测任务的输出结果通常作为跟踪任务的输入，高质量的检测结果可以显著提高跟踪的精度，这也是很多目标跟踪任务的基础。此外，稳定的跟踪则能够有效过滤误检，从而提高系统的鲁棒性。这种互相依赖的关系不仅增强了系统的整体性能，也提升了车辆在复杂环境下的应对能力，目标检测与目标跟踪任务的对比示意图如图 7-1 所示。

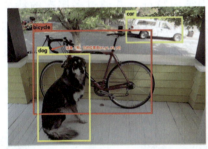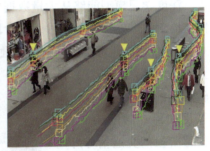

图 7-1　目标检测与目标跟踪任务的对比示意图

随着深度学习和计算机视觉等技术的不断进步，障碍物检测与跟踪的精度和实时性得到了极大提升。这两种任务的密切关系也使得它们在技术实现和应用场景上相互影响，并随着技术的发展呈现出更加智能化和融合化的趋势，当前越来越多的场景将障碍物检测与跟踪同时讨论。随着数据融合、边缘计算和人工智能的进一步应用，障碍物检测与跟踪任务也将在智能驾驶中发挥更加重要的作用，推动汽车向全自动驾驶的目标迈进。

7.1.2　具体检测目标的应用

1. 交通信号灯检测

在实际的交通场景中，交通信号灯承担着管理交通流、引导行人和车辆安全通过路口的作用，是确保道路交通安全和秩序的重要设备。如果自动驾驶车辆无法准确识别并遵循交通信号灯，将可能导致闯红灯、误行等严重后果，不仅威胁到自身的安全，还可能影响到其他交通参与者的安全。因此，交通信号灯成为智能驾驶中最需要准确检测的基本交通参与物之一。有效的交通信号灯检测能力可以为自动驾驶车辆提供实时的道路信息，确保在复杂环境下的准确响应，同时交通信号灯检测也是障碍物检测与跟踪领域中最早进行大量研究的主要对象，也为后续其他物体的检测提供了重要参考[591-592]。

　　早期的交通信号灯检测技术主要依赖于传统的计算机视觉算法和经典机器学习方法，这些方法通常通过颜色阈值分割、形状特征提取、基于规则的判别方法或经典的分类器进行识别。例如，颜色阈值分割利用交通信号灯的特定颜色特征来分割红、绿、黄灯区域，形状特征提取则通过检测圆形或矩形轮廓以识别可能的交通信号灯位置。然而，这类方法在应对复杂环境时表现不佳，例如，在强光、阴影、夜间低光照条件下极易出现误检以及对遮挡情况的适应性较差等。随着深度学习的发展，基于 CNN 的交通信号灯检测方法逐渐取代了传统方法，深度学习模型能够从大量数据中学习特征，并通过多层次的特征表示显著提高检测的准确性和鲁棒性。现阶段的使用深度学习的相关技术主要包括基于 CNN 的目标检测算法以及多模态融合检测算法，这些方法在检测精度和实时性上均优于传统方法，为自动驾驶车辆的交通信号灯识别提供了更加可靠的解决方案。深度学习阶段的交通信号灯检测结果如图 7-2 所示。

　　虽然深度学习已经极大地推动了交通信号灯检测的准确性和鲁棒性，然而由于复杂环境的影响，交通信号灯检测依然面临较为严重的问题。例

图 7-2　深度学习阶段的交通信号灯检测结果

如，遮挡问题会导致交通信号灯被其他车辆、行人或建筑物部分或完全遮挡，极大地增加了检测难度；极端天气如大雨、雾霾、雪天等也会干扰视觉感知，使得检测效果不稳定；强烈的阳光、夜晚的低光环境以及复杂的阴影效应均会影响交通信号灯的颜色和形状特征，从而导致检测系统出现误检和漏检的问题。为了提高交通信号识别的可靠性，考虑到交通信号灯作为城市交通中最常见且位置固定的基础设施，其逐渐成为布设 V2X 设备的首选目标。通过 V2X 通信，智能车辆可以与交通信号灯直接交换信息，从而在复杂环境下持续准确地获取交通信号灯的实时状态。V2X 技术不仅减少了因遮挡、光照变化和天气因素带来的检测误差，还提供了低延迟的信号传递方式，使交通信号信息的传递和响应更加精准。类似地，交通标志等其他固定交通参与物也逐步依赖 V2X 通信来提升检测效果，为智能驾驶的安全性和高效性提供了强有力的支持。

2. 行人检测

行人检测是目标检测的一个具体应用，与一般目标检测相比有相通之处，但也有其独特的特点，在智能驾驶等领域具有重要的应用价值[593-594]。行人是道路交通中最易受伤的参与者，尤其在城市环境中行人的行为较为随机、运动方向多变，因此自动驾驶系统必须能够及时、准确地检测并预测行人位置，以避免可能的交通事故。准确的行人检测不仅关系智能驾驶车辆的安全，还直接影响城市中的交通秩序和行人通行效率。随着智能驾驶技术的广泛应用，对行人检测系统的要求也在逐渐提高，已经不仅仅要求简单地检测出行人，而是需要在各种复杂的动态环境下保证准确性和实时性，如系统需要识别并跟踪多个行人同时出现的情况，必须具备足够的感知能力来识别被遮挡的行人等。

与交通信号灯检测相似，行人检测也经历了从传统计算机视觉方法到深度学习的发展过程。由于行人检测的重要性，为了推动行人检测任务的发展，有学者很早就推出了 Caltech 行人检测数据集[595]，其图像如图 7-3 所示。早期行人检测方法主要依赖于手工设计的特征和基于统计的分类器，这些方法通常通过提取形状、纹理等低级特征来判断图像中的行人，典型的特征主要有 Haar 特征、HOG 特征等。在传统方法较为成熟的时期，有研究人员提出了可变形部件模型（DPM）方法[596]，有效改善了检测效果。DPM 通过将行人分解为头部、四肢等若干部分，并对每个部分进行独立检测，最终通过这些部分的组合来完成行人检测。这种基于部件的模型提高了行人检测的灵活性，对行人姿态变化的适应性更强，但计算复杂度相对较高，难以满足实时性需求。

图 7-3　Caltech 行人检测数据集中的图像

由于依赖于人工特征，缺乏对复杂特征的表达能力，在应对行人遮挡、光照变化等复杂环境时性能较差，因此传统方法难以满足自动驾驶中高精度的要求。随着深度学习的快速发展，行人检测技术取得了显著突破。深度学习模型通过学习数据中的多层次特征，能够自动提取并优化特征表达，极大地提高了检测的精度和鲁棒性。为了进一步提升行人检测的性能，一些研究还将多模态数据引入行人检测任务，如在可见光图像和红外图像融合检测中，红外成像可以提供夜间和低光环境下的清晰轮廓，而可见光图像则在白天具有更高的分辨率，这种多模态融合在极端天气和光照条件下显著提高了行人检测的可靠性。

虽然行人检测技术已经取得了长足进展，但在自动驾驶的实际应用中依然存在很多挑战，如行人遮挡与多尺度检测、极端天气与光照变化情景、实时性与计算效率问题等，多尺度行人检测图像如图7-4所示。未来的发展将更多关注如何提升模型在复杂环境下的稳定性，以及进一步优化模型以满足自动驾驶的高效实时检测需求。

图7-4　多尺度行人检测图像

3.车道线检测

车道线检测是自动驾驶和高级驾驶辅助系统中的核心技术之一，作为车辆行驶环境感知的关键部分，其作用在于通过视觉或其他传感器数据精确提取道路上车道线的位置、形状、走向等关键信息[597-598]。这些数据不仅为车辆的路径规划和控制提供了基础依据，还直接影响车辆的安全导航和车道保持的实现。目前，随着自动驾驶技术的快速发展，对车道线检测的要求也在不断提高。在实际道路环境中，自动驾驶车辆需要应对各类复杂的驾驶场景，如多车道公路、交叉口以及城市中密集的车流和复杂的路况。因此，车道线检测不仅要能够准确识别直线路段的车道，还要具备应对多车道变化、车道分叉、并道等多样化路况的能力。此外，在复杂的城市道路环境中，车道线可能因施工、遮挡等因素而不清晰，这也增加了车道线检测的难度，使得检测系统需要具备强大的鲁棒性和适应性。

与其他检测任务相似，车道线检测也经历了从传统计算机视觉方法到深度学习的发展过程。早期的车道线检测主要依赖于传统图像处理方法，这些方法通常使用边缘检测、霍夫变换、形态学运算等经典算法，利用图像中的梯度、颜色、对比度等特征来检测车道线。这类方法的优势在于其实现相对简单、计算量小，因此非常适合处理道路环境较为单一的应用场景。例如，在光线充足、道路标线清晰的情况下，简单的传统方法可以达到较为理想的检测效果。随着机器学习技术的兴起，车道线检测逐渐引入了机器学习方法，这类方法通过手工提取颜色、边缘、形状等特征，随后使用 SVM 等传统机器学习分类器来进行车道线识别。这种方法在一定程度上提高了系统的灵活性，使得检测系统在不同的道路场景下具有更好的适应性。然而，这种方法仍然主要依赖于人工设计的特征，难以应对复杂多变的道路场景，当遇到多车道、阴影遮挡等情况时检测效果较为有限。简单场景中的车道线检测图像如图 7-5 所示。

图 7-5　简单场景中的车道线检测图像

近年来，CNN 及自注意力机制等深度学习模型的发展使得复杂图像的特征提取变得更加高效和准确，极大地推动了车道线检测技术的进步。目前，车道线检测的研究已经从单帧图像的静态检测发展到将时空信息引入到检测系统中。这种方法通过利用连续帧之间的时序信息，不仅能够提高检测的稳定性，还能够更好地适应复杂的驾驶环境。例如，在高速行驶、车道线磨损严重或部分被遮挡的情况下，时空信息可以帮助系统推测出车道线的连续性和走向，从而提高对复杂场景的适应能力。

此外，随着对自动驾驶技术需求的不断提升，为了进一步提高对道路信息的获取能力，车道线检测技术也在持续发展，目前已经从传统的车道线提取发展到更加广义的可行驶区域提取。可行驶区域提取不再局限于检测车道线本身，而是将道路中可以行驶的区域整体纳入检测范围。这种方法不仅可以识别出清晰可见的车道线，还可以应对无明显车道线的乡村道路或弯曲复杂的城市道路，进一步提高了自动驾驶系统对道路信息的全面感知能力。典型的可行驶区域提取结果如图 7-6 所示。

图 7-6　典型的可行驶区域提取结果

基于深度学习的车道线检测方法不仅使得检测系统在精度和稳定性上实现了飞跃，还获得了对多样化场景的适应能力。随着技术的不断发展，未来车道线检测技术还将继续在各种交通场景中发挥重要作用，为实现完全自动驾驶提供重要的技术基础。

7.1.3　车联网对障碍物检测及跟踪的影响

传统的障碍物检测和跟踪技术主要依赖于摄像头、激光雷达和毫米波雷达等车载传感器来获取实时环境信息。然而，单一车辆传感器的感知范围是极其有限的，且容易受到各种环境因素的影响。车联网技术通过将车辆与其他车辆、基础设施、行人等进行通信，可以实现大范围的信息共享，有效改善障碍物检测及跟踪的性能。在障碍物检测及跟踪方面，车联网的改进作用有以下方面。

（1）提高障碍物检测的可靠性

车联网使车辆可以从周围的车辆或基础设施中接收障碍物的位置信息，从而对车载传感器无法检测到的盲区提供有效补充，其可以有效改善严重遮挡、重叠等极端情况下的检测性能。车联网的多方信息实时共享可以极大提升系统的可靠性，使车辆对周围环境的感知更加全面。此外，在恶劣天气或夜间行驶时，某些车载传感器的检测效果往往会受到较大影响，而车联网通过与其他车辆共享实时环境信息，可以帮助车辆克服传感器受限的问题。例如，当激光雷达无法在雨雪天气下准确检测到前方障碍物时，车联网数据可提供重要的补充信息，提升检测的可靠性。

（2）提升障碍物跟踪的精度和连续性

障碍物跟踪需要对目标位置、速度和运动轨迹进行连续估计，这对传感器数据的实时性和稳定性有较高要求。传统单车中的障碍物跟踪受限于数据输入的局限性，可能因检测范围不足、数据更新率低等原因造成跟踪结果不稳定。车联网能够使车辆实时接收到周围障碍物的轨迹信息，通过多源数据融合实现更准确、连续的跟踪。如在高速行驶或拥挤交通场景中，障碍物的运动轨迹可能变化较快，车联网的信息共享使得车辆能够及时更新目标的运动状态，保证跟踪的连贯性和准确性。此外，车辆还可以通过车联网系统预测障碍物的运动趋势，进而提前采取必要的驾驶策略，提升行驶安全性。

（3）改善障碍物检测及跟踪的实时性

在动态驾驶环境中，障碍物检测及跟踪的实时性与驾驶安全紧密相关。传统系统依赖单车传感器处理数据进行检测和跟踪，当遇到处理延迟时可能会影响系统的反应速度。车联网技术的引入使得车辆可以直接获取周围其他车辆和基础设施的数据，同时部分数据已经在其他车辆或边缘侧进行了处理，这样不仅减少了单车的数据处理负担，还加快了对障碍物信息的获取速度，实现了更快速的决策响应。例如，前方车辆可以通过车联网直接向后方车辆共享检测到的障碍物信息，进而后方车辆提前做出减速或避让决策，可以有效地避免突发情况，提高自动驾驶系统对突发障碍物的处理实时性。

虽然车联网对障碍物检测和跟踪带来了许多优势，但正如前面章节所讨论的，车联网技术在应用中也存在本身的许多问题。首先，车联网的数据传输质量和延迟问题会直接影响系统的实时性和稳定性，这对网络条件提出了较高的要求。其次，不同车辆传感器的数据精度、时间同步等可能存在差异，如何有效地筛选和融合这些数据成为技术难点。最后，车联网的信息安全和隐私直接关系智能驾驶的系统安全，如何防止通信数据被篡改或拦截是系统的关键问题。在障碍物检测及跟踪任务中，为进一步发挥车联网的作用，还需进行持续的研究，为自动驾驶奠定更为坚实的技术基础。

7.2　碰撞预警与制动

7.2.1　碰撞预警与制动任务讨论

碰撞预警与制动便是常说的自动制动系统，该系统综合应用了传感器、计算机、自动控制等技术，其主要目的是在车辆即将发生碰撞时进行及时预警，并在必要时自动实施制动[599-601]。该系统能够避免可能发生的碰撞或将碰撞损害降至最低，确保车辆在动态行驶环境中的安全性，是自动驾驶和高级驾驶辅助系统中的关键技术之一。

碰撞预警与制动系统可以分为两个阶段：碰撞预警和自动制动。在正常行驶过程中，系统始终通过车载传感器保持对环境的实时监测，并监测车辆与潜在碰撞对象的距离、相对速度等参数，当系统检测到与前方障碍物的碰撞风险超过设定的安全阈值时，便会触发碰撞预警，以提醒驾驶员及时采取相应措施，如减速或避让等。智能汽车发生碰撞预警时的示意图如图 7-7 所示。

汽车的碰撞预警主要通过听觉、视觉和触觉反馈的方式提醒驾驶员。常见的预警方式包括：

1）听觉预警：发出蜂鸣声、语音提示等，提醒驾驶员注意即将发生的危险。

2）视觉预警：通过仪表盘、抬头显示或车载屏幕的警告图标和文字提示向驾驶员发出警告。

图7-7　智能汽车发生碰撞预警时的示意图

3）触觉预警：系统可以通过振动方向盘或座椅的方式，使驾驶员直观地感知到即将发生的碰撞风险。

碰撞预警系统的触发阈值通常依赖于车辆的速度和与前车的距离，通过计算碰撞时间、相对速度以及驾驶环境等因素确定合适的预警时机，以确保预警的及时性和准确性。

当碰撞预警发出后，如果驾驶员没有及时采取操作，系统将启动自动制动功能，在这个过程当中要求系统具备快速决策和执行的能力，以保证极短时间内做出准确反应。自动制动的实施过程可以分为以下两个阶段：

1）减速制动：在预警触发并达到制动的阈值后，系统一般会首先判断是否可以进行轻度减速，在尽量优化制动体验的同时可以进一步提醒驾驶员，尽可能保证行车安全。

2）紧急制动：如果系统判断碰撞不可避免，且驾驶员未进行有效干预，系统会直接启动紧急制动，迅速施加最大制动力，将车辆减速到完全停止或尽量降低碰撞速度，从而减少碰撞带来的伤害。

自动制动的实现依赖于先进的制动控制技术和车辆动态控制系统，如电子稳定控制和防抱死制动系统等，这些技术的配合能够确保在紧急制动过程中车辆不会因制动力过大而失控。在车辆智能驾驶的过程中，当遭遇突然出现的行人或障碍物时，一般均是直接进行紧急制动。智能汽车进行紧急制动时的示意图如图 7-8 所示。

图 7-8　智能汽车进行紧急制动时的示意图

尽管碰撞预警与制动系统可以在提升行车安全方面提供重要的保障，但是由于驾驶环境的复杂性以及系统的稳定性等因素，因而在实际应用中仍然存在一些技术问题：

　　1）误报与漏报：因为碰撞预警与制动功能与驾驶安全紧密相关，因此预警系统的任何误报和漏报均会严重影响驾驶体验和安全性。当误报时，驾驶员对系统的信任度会严重下降，而漏报则可能导致严重的安全事故。因此，如何提高碰撞预警与制动系统的判定精度，不断降低系统发生误差的可能性，仍然是需要不断研究的重要内容。

　　2）实时性要求有待提高：碰撞预警与制动系统必须在极短的时间内完成检测、判断和制动操作，因此对计算速度和传感器响应时间有着极高要求，这要求车载计算单元与算法均具备极高的实时性与可靠性。因此，如何在提高系统可靠性的同时提升系统反应速度，仍然是需要不断研究的重要内容。

7.2.2　车联网对碰撞预警与制动的影响

　　在早期的碰撞预警与制动系统中，车辆主要依赖单传感器来检测周围的障碍物，虽然后续通过多传感器融合技术有效改善了检测准确性，但是单车传感器的检测范围仍然较为有限，容易受遮挡、恶劣天气等因素影响，这在复杂交通场景下可能会造成误报或漏报的问题。车联网将车辆与其他车辆、基础设施等进行信息互通，有效提升了碰撞预警与制动的性能。在碰撞预警与制动方面，车联网的改进作用有以下方面。

　　（1）提高预警的覆盖范围

　　车联网的最大优势在于信息共享，通过 V2V 以及 V2I 的通信，车辆可以实时获取来自其他车辆或交通设施的信息，这种信息共享极大地提高了预警系统的感知范围。例如，当前方车辆检测到障碍物或急制动情况，可以立即通过 V2X 将信息传递给后方车辆，即使后方车辆的传感器并未检测到相关信息，也能够提前做出预警或制动决策。这种多源信息共享可以帮助车辆识别潜在的碰撞风险，进而改善整体的行车安全。

　　（2）改善低能见度场景下的预警和制动效果

　　在低能见度条件下，常规车载传感器的检测效果往往较差，而 V2X 技术通过通信可以有效获取远方和遮挡区域的信息，进而改善系统在恶劣环境中的感知能力。例如，在雨雪或大雾天气中虽然常规传感器难以准确识别远处的障碍物，但是车辆通过 V2X 设备可以有效感知其他车辆的存在和移动，从而提前采取预警或制动措施。这种场景下利用车联网的优势，有效提升了低能见度场景中系统的预警和制动效果。

　　（3）提升制动反应的可靠性

　　在单车的碰撞预警与制动系统中，车辆的反应时间主要取决于车载传感器的检测能力和运算速度，而车联网通信使得车辆能够提前获得潜在碰撞的信息，极大地增加了系统反应时间。如前方车辆发现存在风险的情况并通过 V2X 通知后方车辆，则后方车辆依靠提前收到的信息可以提前进行危险规避，使得车辆的制动反应更加及时和可靠，尤其在高速行驶时能够有效减少因制动不及时而引发的连环碰撞事故。

（4）提供更智能的动态决策支持

除了基于检测到的危险进行碰撞预警与制动之外，V2X 技术还可为基于车辆的行驶意图进行更智能的动态决策。如基于 V2V 通信，车辆可以实时了解前方和周围车辆的意图信息（变道、减速等），从而基于此进行自身的决策规划。此外，在交通拥堵路段，V2X 还可以整合整体道路的交通情况，进而指导后续车辆进行更合理的规划，改善整体交通流的稳定性和效率。

在碰撞预警与制动任务中，V2X 通过信息共享有效提升了预警覆盖范围、低能见度感知等方面的性能，虽然也存在前面所述 V2X 的某些缺陷，然而通过不断的研究与改进，其必将成为未来智能交通系统的核心组成部分，促进整个系统的安全发展。

7.3 自动泊车

7.3.1 自动泊车任务讨论

自动泊车是自动驾驶技术中的重要应用之一，其主要功能是帮助车辆在各种停车场景中找到合适的车位，规划并执行停车路径，使车辆安全、准确地停入车位[602-604]。自动泊车系统的目标在于减轻驾驶员的负担，特别是在拥挤、狭窄或视野受限的停车环境中提升停车的效率，同时提升驾驶水平较低驾驶员的停车安全性，是实现高级驾驶辅助系统和自动驾驶的重要功能之一。

根据自动泊车系统的控制水平和驾驶员的参与程度，其可分为半自动泊车和全自动泊车两种类型。在半自动泊车中，泊车系统会提供转向控制和轨迹规划，但加速和制动仍由驾驶员操作，系统主要用于提供泊车指导，并在检测到潜在障碍时提醒驾驶员；在全自动泊车中，从寻找车位到执行入库，泊车系统全程控制车辆的转向、加速、制动等操作，其可以在完全无人干预的情况下自动完成所有操作。当前，全自动泊车技术已经逐渐应用于日常驾驶，并随着技术的进步和成本的降低，未来该功能有望成为车辆的标配功能。智能汽车自动泊车示意图如图 7-9 所示。

自动泊车任务涉及环境感知、路径规划、运动控制等多个技术模块，当车辆准备进行自动泊车时，一般包括以下步骤：

图 7-9　智能汽车自动泊车示意图

1）停车位检测。自动泊车的第一步是检测并识别适合停车的空位，在标识明确的停车场需要检测停车位的边界线，计算出停车位的宽度和长度。在无明确边界的停车位，需要利用各种传感器检测相邻车辆之间的间隙，并结合自身尺寸判断是否可以停车。

2）路径规划。当系统找到合适的停车位时，需要进一步规划出进入停车位的路径，所规划的路径可能会涉及倒车入库所需的多次调整角度，最终确保车辆能够沿规划轨迹安全地进入停车位。

3）运动控制。当系统规划好停车路径之后，进一步通过控制车辆的转向、加速、制动等动作，使车辆按照规划路径准确停入车位。如果在控制过程中有障碍物出现，需要及时停止并等待或重新规划。

通过上述过程，当车辆成功停入停车位后，系统会执行停车确认步骤，通常会重新扫描车辆周围的环境，检测与车位边缘、周围障碍物的距离，以确保泊车完成的安全性，当确认无误之后，系统将自动熄火。虽然目前自动泊车任务已经在多个车型上实现量产，但要在复杂、动态的真实环境中实现完全可靠的自动化泊车仍需进一步改善环境感知、路径规划、系统实时性和控制精度等方面的问题。随着技术的持续进步，未来自动泊车技术有望变得更可靠和智能，为用户提供更安全、便捷的停车体验。

7.3.2　车联网对自动泊车的影响

通常所述的自动泊车均依赖于单车传感器，虽然也取得了较好的性能，然而受限于单车感知的局限性，仍然存在较大的提升空间。车联网技术通过车辆与外部信息的互联互通，使得系统可以获得更加全面的环境信息，从而优化车位搜索、路径规划和避障控制等关键环节，促进泊车过程更加智能、安全和高效。在自动泊车方面，车联网的改进作用主要有以下方面。

（1）提高车位搜索的效率

在执行自动泊车任务时，车联网技术使车辆可以直接与停车场基础设施或周围车辆进行信息交互。通过实时通信，自动泊车系统能够及时接收停车场内空闲车位的位置、大小等车位信息，使得车辆在进入停车场时无须逐个寻找车位，而是可以直接前往空闲车位，从而显著提升了泊车效率。这种提高车位搜索效率的优势在大型停车场或高峰期的停车场景中表现尤为明显。

（2）提升路径规划的准确性和适应性

基于单车智能的自动泊车系统仅能依赖车辆自身的传感器感知周围环境，感知范围较为有限且容易受到视线、遮挡等因素的影响。而车联网技术能够为自动泊车系统提供更全面的环境信息，车辆可以从停车场的基础设施中获取车位边界等准确的信息，使路径规划算法能够更好地适应复杂停车场景。此外，如果停车场内突然出现其他车辆、行人或临时障碍物，通过车联网可以将信息及时发送给正在泊车的车辆，从而进行避让或重新规划路径，有效提升了路径规划的准确性和适应性。

（3）提升系统的控制精度

在车位较小或复杂的环境中，车辆需要进行更高精度的动作来完成停车任务，而依赖于传感器的小范围精准感知仍然存在性能不足的问题。车联网通过V2I通信可以将周围环境的精确信息发送给车辆，这种信息补充可以帮助车辆更准确地控制转向角度、车速以及制动时间，使得车辆能够在入库的最后阶段微调车身姿态，确保车身与车位边界对齐，减少停车过程中进出车位的次数，达到更加适合的泊车效果。

（4）提供更好的用户体验

通过车联网技术，自动泊车还可以为用户带来更加便捷和人性化的体验。例如，当车辆进入停车场时，车联网可以将空闲车位、车位距离等停车场信息直接传递给车载导航系统，使用户可以根据需求选择最合适的车位。此外，在大规模停车场中，车联网还可以为用户提供车位记忆和寻车功能，用户可以在返回停车场时通过导航快速找到车辆。智能化的泊车功能可以有效提升用户的体验，减少停车和取车所用时间。

在自动泊车任务中，V2X 通过信息共享有效提高了车位搜索的效率、路径规划的准确性和适应性、系统的控制精度以及更好的用户体验等方面的性能，虽然也存在某些固有缺陷，然而通过不断的研究与改进，其必将成为未来智能交通系统的核心组成部分，促进整个系统的安全发展。

7.4　高精度地图建模

7.4.1　高精度地图建模任务讨论

随着自动驾驶技术的不断发展，高精度地图建模任务已经成为支撑自动驾驶和高级驾驶辅助系统的核心技术之一，其不仅仅是传统导航地图的改进版本，更提供了详尽的道路几何、交通设施、动态交通规则等复杂且动态的环境数据[605-607]。相比仅依赖车载传感器所提供的实时感知数据进行决策，高精度地图能够为自动驾驶车辆提供超越传感器感知范围的全局环境信息，从而为车辆的高精度定位、路径规划、环境感知以及安全决策提供充分保障。高精度地图建模示意图如图 7-10 所示。

在复杂场景的智能驾驶任务中，高精度地图建模的主要作用有以下几点：

图 7-10　高精度地图建模示意图

1）高精度定位。高精度地图中的关键点与 GPS、IMU、摄像头等传感器所采集的数据相匹配，可以实现车道级高精度定位。

2）路径规划。高精度地图提供了详细的道路信息，可以帮助自动驾驶车辆在复杂道路环境中进行更合理的路径规划。

3）环境感知。高精度地图包含丰富的环境静态信息，可以帮助车辆提前感知前方道路情况，减轻对系统动态感知的压力，从而降低潜在的安全风险。

4）安全决策。基于高精度地图，自动驾驶系统能够更好地规划和执行车辆行为，减少突发事件响应时间，提高驾驶安全性。

为了实现精确定位和环境信息获取，实现智能驾驶场景中的高精度地图建模任务主要包含以下步骤：

1）数据采集。丰富的数据是构建高精度地图的基础，通常通过搭载激光雷达、摄像头、GPS、IMU、毫米波雷达等多种传感器的移动平台进行采集，以确保对道路环境的全面感知。

2）数据预处理。采集的原始数据可能存在噪声和冗余信息，因此需要进行去噪、过滤等预处理操作，以提升数据质量和一致性。

3）数据融合与配准。在多传感器采集的情况下，预处理后的数据还需进一步融合和配准，以保证不同数据源在空间和语义上的一致性，为后续建模提供高精度的输入。

4）地图建模。基于数据融合结果，通过 3D 点云建模、语义分割与标注、几何信息提取等步骤，构建出具备几何和语义信息的高精度地图。

5）数据存储。高精度地图数据量通常较大，为便于传输和存储，通常进行适当压缩，并确保解压后数据的完整性。同时，采用多分辨率或分层存储结构，以提高存取效率。

6）地图更新与维护。为适应道路变化、交通设施调整等动态情况，高精度地图需要进行定期更新。通过众包数据更新和动态同步机制，确保地图信息的实时性和准确性。

尽管高精度地图建模在智能驾驶的环境感知、决策控制等方面有重要的作用，然而由于多传感器数据融合方法、庞大的数据量、动态环境适应性、实时更新频率、恶劣天气下的数据采集、自动化标注及准确性等多方面的因素，其在实际应用中仍然存在多种问题，这也反映了高精度地图在技术、数据和应用场景上的复杂性。为了进一步降低高精度地图建模在实际场景中应用的难度并提高可靠性，未来仍需从算法、传感器集成方案等方面不断优化，以推动高精度地图在智能驾驶中的实际应用和推广。

7.4.2 车联网对高精度地图建模的影响

高精度地图建模过程依赖于对环境的准确感知。基于车联网技术，车辆可以实时与云端、其他车辆和道路基础设施进行信息交换，从而大幅提升地图的数据采集效率、更新频率和实时性等，扩大共享范围。车联网使得地图建模系统具备更强的动态适应性和更新能力，能够更迅速、全面地响应道路变化、交通状况和基础设施的实时调整需求。在高精度地图建模方面，车联网的改进作用主要有以下方面。

（1）提升地图更新的实时性

车联网支持车辆将实时数据上传至云端，极大地提升了高精度地图的更新效率，这对于城市道路中频繁发生的施工和改道等临时变化极为重要。通过众多车辆的实时数据上传，地图建模系统可以及时检测和标记这些变化，使高精度地图能够快速适应环境的动态变化。

（2）支持地图的动态环境感知能力

传统高精度地图主要记录静态环境信息，而车联网使得地图可包含实时的动态信息。车辆通过车联网可以将检测到的临时障碍物、行人等信息及时上传至云端，进而在高精度地图中实时更新。其他车辆可以在高精度地图接收到这些信息，从而看到临时物体的实时位置及运动轨迹，提前做出避让，使得地图具有动态环境感知能力。

（3）降低高精度地图的本地存储压力

高精度地图的数据量极为庞大，在单车上存储完整的地图具有较高的存储需求。利用车联网可以优化单车的存储需求，使得车辆仅存储和使用当前行驶路线附近的地图数据。当行驶路线变化时，车辆也能够通过车联网随时获取最新的高精度地图数据，降低了对本地存储空间的压力。

（4）促进高精度地图的标准化发展

基于车联网的高精度地图建模推动了车辆、道路基础设施、地图服务商和云端服务商之间的协同合作，将自动驾驶车辆与高精度地图紧密联系在一起。不同车辆和系统之间的数据互通加速了高精度地图的标准化进程，有助于技术的共同发展和行业标准的统一。

在高精度地图建模任务中，车联网通过多方协作提升了地图更新的实时性、地图动态环境感知能力、存储和数据负担的优化、标准化发展等方面的性能。车联网不仅使得高精度地图能够更灵活地应对动态环境，还使地图系统具备自适应能力和智能化水平，为实现自动驾驶提供了重要的技术基础。虽然仍存在某些固有缺陷，然而通过不断的研究与改进，其必将成为未来智能交通系统的核心组成部分，促进整个系统的安全发展。

7.5　智能驾驶在典型特殊场景中的落地应用

7.5.1　机场自动驾驶托运车

随着全球航空业的快速增长，机场的旅客流量和货物运输量显著增加，由此带来行李托运和货物搬运的需求也在不断攀升。传统的人工操作在处理大量行李时效率较低，容易导致排队等待、搬运延迟等问题。此外，人工搬运成本高、劳动强度大、运输效率不稳定。随着人工智能及智能车辆技术研究的不断深入，汽车行业各相关领域内均在做无人驾驶的研究及多场景的应用落地。鉴于封闭的机场环境相对简单、规范，对车速要求较低，研究人员将自动驾驶技术应用于机场行李托运车。借助自动驾驶技术，机场行李转运的群体智能托运车辆可以无人化全天候作业，从而提高行李转运能力，解决行业痛点[608-609]。

机场自动驾驶托运车近年来发展迅速，并逐步在全球范围内推广。驭势科技是国内较早研究相关技术的科技公司[610]，并率先在香港国际机场实现常态化运行，这是全球首个在机场实际操作环境下运行的无人驾驶常态化运营项目，其研发的机场自动驾驶托运车如图 7-11 所示。

图 7-11　驭势科技机场自动驾驶托运车

与此同时，长安大学、中船海为高科技有限公司等单位联合研制的无人行李托运平台也在国内机场成功试运行，成功推动了相关行业的发展，其研发的机场无人行李托运平台如图 7-12 所示。

图 7-12　长安大学等单位研制的机场无人行李托运平台

随着自动驾驶托运车在部分机场中的成功试运行，目前全球多个大型机场已经在试点或正式部署了自动驾驶托运车，可以进一步推动自动驾驶在该领域的落地应用，其应用的主要优势可以总结如下：

1）提升运输效率。自动驾驶托运车可以全天候不间断作业，其通过自主路径规划和最优路线选择，使行李托运过程更加高效，极大缩短行李处理和运输的时间，进而减少旅客的等待时间。

2）降低运营成本。自动驾驶托运车可以减少对人工操作的依赖，通过无人化运输的推广，机场可以在减少人工成本的同时避免因人为因素造成的失误，从而降低运营成本。

3）提高安全性。自动驾驶托运车通过环境感知和智能避障，能够在行驶中及时识别前方障碍物、其他车辆和行人，在发现危险时自动做出避让动作，减少因人为疏忽而导致的碰撞或意外事故，进而提升行李运输过程的安全性。

随着智能驾驶技术和机场无人化需求的不断增长，机场自动驾驶托运车的应用必将进一步扩展，并向网联化、协同化方向发展。未来，随着车联网技术的大规模应用，其还将与机场内的其他智能设备进行深度集成，实现真正的全流程行李自动化托运。

7.5.2　矿业自动驾驶货车

随着全球矿业的快速发展，矿业开采和物料运输的需求显著增加，而矿区大多位于偏远、恶劣的地区，常常充满了不确定性和潜在的危险因素。传统的运输方式在面对大量矿产运输任务时，人工操作效率不稳定、劳动强度大等因素使得运输效率和安全性难以保障。鉴于矿区通常为封闭环境，路径相对固定且规范，同时对车辆速度的要求较低，因此矿区成了较为适合自动驾驶技术落地应用的场景。随着智能驾驶技术的不断进步，自动驾驶逐渐在矿业场景中得到应用推广。借助自动驾驶技术，矿业自动驾驶货车[611-613]能够无人化、全天候地执行运输任务，大大提高了矿业的物料运输能力，有效缓解了传统作业中的痛点。

矿业自动驾驶货车近年来发展迅速，并逐步在全球范围内推广。中科慧拓是国内较早研究相关技术的科技公司，其与国能准能集团、航天重工携手打造的中国最大露天矿无人驾驶项目，顺利完成了黑岱沟露天煤矿、哈尔乌素露天煤矿第一阶段的验收。中科慧拓最新研发的矿山新能源智能运载装备开创性地取消了传统驾驶室，实现了无人驾驶系统前装，可用于露天金属矿山、非金属矿山等多场景的重载物料运输，其研发的矿业自动驾驶货车如图 7-13 所示。

图 7-13　中科慧拓研发的矿业自动驾驶货车

与此同时，安得迅、跃薪智能、北路智控、宇通等公司也均在该领域投入了大量的研发精力，并推出了一系列具有竞争力的无人矿用货车产品。相关企业所研发交付新疆圣雄黑山露天煤矿的新能源无人驾驶矿用货车如图7-14所示。

大量企业所推出的无人矿用货车产品不仅为解决矿区运输难题提供了有效的方案，还提高了矿区的整体作业效率和安全性，为矿业智能化和自动化转型奠定了基础。同时，这些无人矿用货车产品已经在部分矿区投入试运营，通过实际应用验证了其在复杂地形、恶劣天气条件下的适应

图7-14 交付新疆圣雄黑山露天煤矿的新能源无人驾驶矿用货车

性与稳定性，其应用的主要优势可以总结如下：

1）提高安全性。由于矿业环境较为复杂和危险，自动驾驶货车通过精准的导航系统和智能避障技术可以有效降低人为驾驶失误带来的事故风险，降低了因疲劳驾驶或判断失误导致的事故概率，从而有效改善矿区运输的整体安全性。

2）提升生产效率。自动驾驶货车能够在全天候条件下持续作业，在极端天气、夜间等环境下仍能高效运转，避免了人为因素导致的效率降低问题。同时，自动驾驶货车可以进行最优路径规划和高效调度，减少运输时间和等待时间，从而有效提高矿业的总体生产效率。

3）降低运营成本。自动驾驶货车在初期投入之后，能够减少大量的人力成本，同时自动驾驶系统能够实现精准控制，可以有效降低设备空转带来的维护成本和油耗，从而降低矿业的总体运营成本。

4）智能化管理：矿业自动驾驶货车配备了大量传感器和数据采集系统，能够实时监控矿区的作业状态和设备状况，通过数据分析可以获得较为全面的矿区运行信息，从而实现智能化的矿业管理。

随着智能驾驶技术和矿业无人化的不断成熟，矿业必将朝着更加安全、高效和可持续的方向迈进。这一技术进步不仅帮助矿业更好地适应全球新兴产业的发展趋势，也为矿业的未来开辟了全新的模式和发展方向。

7.5.3　港口货运自动驾驶货车

随着国际贸易的快速发展，海运成为国际贸易的主要运输方式，世界各地

港口的货物吞吐量逐年增长，使得集装箱码头面临着极高的货物周转压力。传统的人工运输方式在面对大量货物运输时，由于人工操作效率不稳定、劳动强度大等因素，容易产生装卸效率低的问题，此外还可能发生港口拥堵，增加了货物等待时间和周转成本。港口作为封闭的半结构化环境，其场地相对固定且操作流程高度规范化，非常适合自动驾驶技术的落地应用。自动驾驶货车可以根据预设的路径和精确的调度系统完成高效、精准的货物运输，有效避免人工驾驶中的不确定因素，进而缓解传统作业中的痛点[614-616]。

港口货运自动驾驶货车近年来发展迅速，并逐步在全球范围内推广。主线科技是国内较早研究相关技术的科技公司，其推出的港口运输自动驾驶解决方案已经在天津港、宁波舟山港、深圳海星港等地常态化运营，实现了全天候、全方位、真无人化深度混行，同时验证了智慧港口无人驾驶解决方案的巨大推广应用价值，其研发的无人集卡车队如图 7-15 所示。

图 7-15　主线科技研发的无人集卡车队

与此同时，西井科技、斯年智驾、东风等公司也均在该领域投入了大量的研发精力，并逐步扩展码头货运自动驾驶的应用场景，将其扩展到更多物流货运场景中，致力于打造覆盖多场景的智能物流运输系统。其中，西井科技服务的泰国林查班港码头，已经成为全球首个全场区无人驾驶与人工驾驶无隔离混合作业的地区，其研发的自动驾驶货车如图 7-16 所示。

大量企业所推出的自动驾驶货车产品为解决码头货运问题提供了有效的方案，全球多个港口码头已在逐渐部署自动驾驶货车，进一步推动了自动驾驶在该领域的落地应用，其应用的主要优势可以总结如下：

图 7-16　西井科技研发的自动驾驶货车

1）提高安全性。港口码头是一个高负荷的作业场所，人工驾驶容易因疲劳驾驶、疏忽大意等导致意外事故。自动驾驶货车通过环境感知与智能避障，可以有效减少人为因素导致的安全隐患，提升了货物和工作人员的安全。

2）提升作业效率。码头货运自动驾驶货车能够 24h 不间断作业，避免了因人员疲劳导致的等待和低效情况。此外，其通过自动调度和路径优化，可以有效减少货物周转时间，确保码头能够快速、连续地处理大量货物需求，进而提升整个港口的物流效率。

3）降低运营成本。自动驾驶货车在初期投入之后，能够减少对人力资源的依赖，同时自动驾驶系统能够实现精准控制，可以有效降低设备空转带来的维护成本和油耗，从而降低港口货运行业的总体运营成本。

4）智能化管理：自动驾驶货车配备了大量传感器和数据采集系统，能够实时监测运输作业状况并传输至港口管理系统，港口通过数据分析可以优化调度管理和资源配置，从而实现更加智能化的运营模式。

随着智能驾驶技术的不断发展，港口货运自动驾驶货车不仅解决了传统港口运营中的诸多痛点，还推动了港口向自动化和智能化方向的升级，同时也为整个物流和供应链行业的未来发展提供了新的方向和解决方案。

7.5.4　自动驾驶清扫车

随着城市化进程的加速，城市道路、公共广场和园区等区域的清洁需求日益增加。传统的清洁方式主要依赖人力，但随着人力成本逐年上升和劳动力结构老龄化，越来越多的城市开始面临清洁工人短缺的问题。此外，城市清洁工作劳动强度较高，长期作业对清洁工人的健康也带来了诸多风险。相比之下，自动驾驶清扫车可有效解决上述问题，而对于城市清洁工作，清扫区域通常相对固定，操作流程高度规范化，非常适合自动驾驶技术的落地应用。自动驾驶清扫车不仅能够适应复杂的城市道路和多变的天气条件，还可在夜间或凌晨等时段作业，避免对城市居民的日常生活造成干扰，有效减少清扫工作对城市交通的影响[617-619]。

自动驾驶清扫车近年来发展迅速，并逐步在全球范围内推广。仙途智能是国内较早研究相关技术的科技公司，其推出的多用无人清扫车是共享自动驾驶底盘在环卫场景创新应用的集中体现。该清扫车以通用自动驾驶底盘搭配模块化上装，通过可分离上装的灵活切换可以实现清扫、冲洗、垃圾转运等多种功能的变换。仙途智能研发的无人清扫车如图7-17所示。

图7-17　仙途智能研发的无人清扫车

　　由于智能清扫车的投入相对较低、市场前景广阔等优势，国内在该领域进行研究的公司较多，云创智行、飞马智行、龙鼎智能等多家公司均将该场景作为智能驾驶产业化的重要破局点。云创智行研发的无人清扫车如图 7-18 所示，其将清扫与安防功能进行结合，在完成清扫工作的同时对区域进行智能巡检，有效拓宽了清扫车的应用功能。

图 7-18　云创智行研发的无人清扫车

　　大量企业所推出的自动驾驶清扫车产品为解决城市清洁问题提供了有效的方案，智慧城市的不断发展，进一步推动了自动驾驶在该领域的落地应用，其应用的主要优势可以总结如下：

　　1）提高安全性。城市的清扫作业常常需要在车流密集的道路上进行，而人的行为容易因各种不可控因素引发安全事故。自动驾驶清扫车通过高精度的定位和自主避障系统可以在完成清扫任务的同时有效避免可能的危险，提升城市清扫作业的安全性。

　　2）提高作业效率。自动驾驶清扫车可以全天候不间断作业，它们能够根据事先设定的清扫路径，自动完成大面积的清扫任务，大大提升了清扫作业的效率。同时，自动驾驶清扫车特别适合在夜间或清晨进行清扫，在避免影响城市日间交通的同时提高了清洁的整体效率。

　　3）降低人工成本。通过推动清扫车的智能化，不仅能够缓解城市清扫工的劳动力短缺问题，还可以有效降低大量城市清扫作业中的人工成本，从而降低城市管理的总体运营成本。

　　4）智能化管理。自动驾驶清扫车配备了大量传感器和数据采集系统，能够实时监测有关城市路况、垃圾分布等数据。通过数据分析，城市可以更有效地规划清扫频率、优化资源分配，从而实现更智能化的管理方式。

　　随着智能驾驶技术的不断发展，自动驾驶清扫车不仅在一定程度上解决了传统清洁方式效率低、成本高和安全性差等诸多痛点，为居民提供更清洁、安全的生活环境，还可以推动城市环境管理的智能化、绿色化发展。

7.6 本章小结

　　复杂感知技术使车辆能够实时感知和理解周围环境，从而精准检测行人、车辆、道路标识及各类障碍物，是实现高级驾驶辅助及完全自主驾驶的信息基础。本章首先对障碍物检测及跟踪、碰撞预警与制动、自动泊车、高精度地图建模等复杂感知技术在智能驾驶场景中的实际应用展开详细讨论。这些技术的相互协同有效提升了车辆的环境感知能力，进而改善行车的安全性和便捷性。然后，在此基础上，对智能驾驶在典型特殊场景中的落地应用进行了详细阐述，包括机场自动驾驶托运车、矿业自动驾驶货车、港口货运自动驾驶货车、自动驾驶清扫车等典型案例，其表明了复杂感知技术在动态交通场景中的适应能力与发展潜力。本章内容可为智能驾驶复杂场景感知的发展提供重要的参考价值，并推动自动驾驶技术的发展应用。

参考文献

［1］国家统计局. 中国统计年鉴 2023［M］. 北京:中国统计出版社, 2023.

［2］蒋印. 基于驾驶员因素的道路交通安全管理对策研究［D］. 重庆:重庆大学, 2016.

［3］SUN C, ZHENG S F, MA Y L, et al. An active safety control method of collision avoidance for intelligent connected vehicle based on driving risk perception［J］. Journal of Intelligent Manufacturing, 2020, 32(5): 1249 – 1269.

［4］钱玉宝, 余米森, 郭旭涛, 等. 无人驾驶车辆智能控制技术发展［J］. 科学技术与工程, 2022, 22(10): 3846 – 3858.

［5］CUI G Z, ZHANG W L, XIAO Y Q, et al. Cooperative perception technology of autonomous driving in the internet of vehicles environment: A review［J］. Sensors, 2022, 22(15) DOI: 10. 3390/s22155535.

［6］CHEN Q P, XIE Y F, GUO S F, et al. Sensing system of environmental perception technologies for driverless vehicle: A review of state of the art and challenges［J］. Sensors and Actuators A-Physical, 2021, 319: 112566.

［7］SHAN X, JIE H, LONG X, et al. Research on driving decision of smart vehicles based on reinforcement learning［C］// IEEE 4th Advanced Information Management, Communicates, Electronic and Automation Control Conference (IMCEC). New York: IEEE, 2021: 1466 – 1469.

［8］郭景华, 李克强, 罗禹贡. 智能车辆运动控制研究综述［J］. 汽车安全与节能学报, 2016, 7(2): 151 – 159.

［9］WANG S H, HUI Y J, SUN X Q, et al. Neural network sliding mode control of intelligent vehicle longitudinal dynamics［J］. IEEE Access, 2019, 7: 162333 – 162342.

［10］BENGLER K, DIETMAYER K, FARBER B, et al. Three decades of driver assistance systems review and future perspectives［J］. IEEE Intelligent Transportation Systems Magazine, 2014, 6(4): 6 – 22.

［11］YIN J L, CHEN B H, LAI K H R, et al. Automatic dangerous driving intensity analysis for advanced driver assistance systems from multimodal driving signals［J］. IEEE Sensors Journal, 2018, 18(12): 4785 – 4794.

［12］YANG J C, LIU S, SU H S, et al. Driving assistance system based on data fusion of multisource sensors for autonomous unmanned ground vehicles［J］. Computer Networks, 2021, 192: 108053.

［13］工业和信息化部, 发展改革委, 科技部. 工业和信息化部 发展改革委 科技部关于印发《汽车产业中长期发展规划》的通知［J］. 中华人民共和国国务院公报, 2017, 28: 91 – 101.

［14］中共中央, 国务院. 中共中央 国务院印发《国家综合立体交通网规划纲要》［J］. 中华人民共和国国务院公报, 2021, 8: 25 – 37.

[15] 王伟龙，王健龙，谢成兴，等. "中国制造2025"试点示范城市建设对城市绿色发展效率的影响[J]. 中国人口·资源与环境，2023，33(9)：147-158.

[16] 黄群慧，贺俊. 中国制造业的核心能力、功能定位与发展战略——兼评《中国制造2025》[J]. 中国工业经济，2015，6：5-17.

[17] 张林浩. 从《汽车产业中长期发展规划》看当前汽车的产业发展[J]. 汽车工业研究，2017，12：10-11.

[18] 汪光焘，王婷. 贯彻《交通强国建设纲要》，推进城市交通高质量发展[J]. 城市规划，2020，44(3)：31-42.

[19] 张涛. 落实《国家综合立体交通网规划纲要》精神加快建设交通强国[J]. 中国水运，2021，4：10-13.

[20] 张亚勤，李震宇，尚国斌，等. 面向自动驾驶的车路云一体化框架[J]. 汽车安全与节能学报，2023，14(3)：249-273.

[21] THORPE C, HERBERT M, KANADE T, et al. Toward autonomous driving：The CMU Navlab. Ⅰ. Perception[J]. IEEE Expert, 1991, 6(4)：31-42.

[22] THORPE C, HERBERT M, KANADE T, et al. Toward autonomous driving：The CMU Navlab. Ⅱ. Architecture and systems[J]. IEEE Expert, 1991, 6(4)：44-52.

[23] 闫玺池，冀瑜. SAE分级标准视角下的自动驾驶汽车事故责任承担研究[J]. 标准科学，2019，12：50-54.

[24] 穆康乐. 无人驾驶汽车发展现状及未来展望[J]. 电子技术与软件工程，2017，21：112-114.

[25] 高泽晋. 创新扩散视角下对百度Apollo智能驾驶开放平台的观察与研究[J]. 中国科技论坛，2020，11：147-152.

[26] 吴冬升，曾少旭，邝文华，等. 国际V2X业务应用场景分析[J]. 智能网联汽车，2023，6：23-26.

[27] 贾伟，王宏善，蒋飞. 5G V2X赋能车路协同系统[J]. 科技创新与应用，2024，14(17)：10-14，20.

[28] 陈晓冬，张佳琛，庞伟凇，等. 智能驾驶车载激光雷达关键技术与应用算法[J]. 光电工程，2019，46(7)：34-46.

[29] 魏秋明，梁军，鲍泓，等. 异构计算平台图像边缘检测算法优化研究[J]. 计算机工程，2017，43(5)：240-247.

[30] 刘瑞明，周韬，王志伟，等. 灰色关联融合霍夫变换的碳纤维板材边缘检测[J]. 工程塑料应用，2024，52(4)：141-147.

[31] 郭瑞峰，贾榕. LK光流法的多信息融合目标跟踪算法研究[J]. 现代电子技术，2019，42(18)：55-59.

[32] 钟志旺，唐涛，王峰. 基于PLSA和SVM的道岔故障特征提取与诊断方法研究[J]. 铁道学报，2018，40(7)：80-87.

[33] LUO X, ZOU F M, REN Q, et al. Advancing speed limit detection in ADAS：A novel data-driven approach using Pareto-GBDTMO[J]. Journal of King Saud University-Computer and Information Sciences, 2024, 36(2)：1319-1578.

［34］郭应时，苏彦奇，付锐，等. 换道操作对智能车辆乘客舒适性的影响研究［J］. 中国公路学报，2022，35（5）：221 – 230.

［35］SUN Q Y，WANG C，FU R，et al. Lane change strategy analysis and recognition for intelligent driving systems based on random forest［J］. Expert Systems with Applications，2021，186. DOI：10. 1016/j. eswa. 2021. 115781.

［36］欧桂良，何玉林，张曼静，等. 风险最小化加权朴素贝叶斯分类器［J/OL］. 计算机科学，2024［2025 – 02 – 20］. http://kns. cnki. net/kcms/detail/50. 1075. tp. 20240912. 0929. 008. html.

［37］张洁，张萌萌，李虹燕. 基于二元 Logistic 模型的城市道路交通事故严重程度分析［J］. 交通信息与安全，2022，40（5）：70 – 79.

［38］王三超，刘朋朋. 机器学习在计算机视觉处理中的应用［J］. 集成电路应用，2023，40（3）：336 – 337.

［39］卢宏涛，张秦川. 深度卷积神经网络在计算机视觉中的应用研究综述［J］. 数据采集与处理，2016，31（1）：1 – 17.

［40］赵永强，饶元，董世鹏，等. 深度学习目标检测方法综述［J］. 中国图象图形学报，2020，25（4）：629 – 654.

［41］范佳琦，李鑫，霍天娇，等. 基于单阶段算法的智能汽车跨域检测研究［J］. 中国公路学报，2022，35（3）：249 – 262.

［42］NIU C，SONG Y，ZHAO X. SE-lightweight YOLO：Higher accuracy in YOLO detection for vehicle inspection［J］. Applied Sciences，2023，13（24）. DOI：10. 3390/app132413052.

［43］LIN J J，GUO J I，SHIVANNA V M，et al. Deep learning derived object detection and tracking technology based on sensor fusion of millimeter-wave radar/video and its application on embedded systems［J］. Sensors，2023，23（5）：2746.

［44］邱嘉钰，张雅声，方宇强，等. 基于事件相机的目标检测与跟踪算法综述［J］. 激光与光电子学进展，2024，62（4）. DOI：10. 3788/LOP241073.

［45］周治国，曹江微，邱顺帆. 3D 激光雷达 SLAM 算法综述［J］. 仪器仪表学报，2021，42（9）：13 – 27.

［46］赵望宇，李必军，单云霄，等. 融合毫米波雷达与单目视觉的前车检测与跟踪［J］. 武汉大学学报（信息科学版），2019，44（12）：1832 – 1840.

［47］刘玉，郭迎春，朱叶，等. 基于双交叉注意力 Transformer 网络的小样本图像语义分割［J］. 液晶与显示，2024，39（11）：1494 – 1505.

［48］赵爽，周义昂，王振龙，等. 基于改进 DGCNN 的室内点云语义分割方法研究［J］. 机械设计与研究，2024，40（5）：193 – 197，203.

［49］苏健民，杨岚心，景维鹏. 基于 U – Net 的高分辨率遥感图像语义分割方法［J］. 计算机工程与应用，2019，55（7）：207 – 213.

［50］刘建伟，宋志妍. 循环神经网络研究综述［J］. 控制与决策，2022，37（11）：2753 – 2768.

［51］温志勇，翁小雄，谢帮权. 基于多层复杂网络的循环神经网络交通量预测模型［J］. 现代电子技术，2024，47（22）：173 – 178.

［52］QIN P，LI H，LI Z，et al. A CNN-LSTM car-following model considering generalization ability［J］. Sensors，2023，23（2）：660.

［53］王增平，赵兵，纪维佳，等. 基于 GRU-NN 模型的短期负荷预测方法［J］. 电力系统自动化，2019，43（5）：53 – 58.

[54] 常学鹏. 基于多任务学习的智能汽车环境感知方法研究[D]. 哈尔滨:哈尔滨工业大学, 2023.

[55] 曹杰, 孙亚楠, 梁龙, 等. 激光雷达三维成像仿真技术研究与现状[J/OL]. 激光与光电子学进展, 1 – 21[2025 – 02 – 20]. http://kns. cnki. net/kcms/detail/31. 1690. TN. 20241008. 1428. 044. html.

[56] 李升凯, 吴长水. 智能驾驶硬件计算平台及 CAN 通信软件设计[J]. 软件工程, 2022, 25(7): 51 – 54.

[57] 林一松, 唐玉华, 唐滔. GPGPU 技术研究与发展[J]. 计算机工程与科学, 2011, 33 (10): 85 – 92.

[58] 李红莲. AI 专用化芯片正成大趋势加速安防产业智能化变革与升级[J]. 中国安防, 2018, 6: 2 – 11.

[59] 毛建国, 柏方超, 沈峘, 等. 复杂场景下动态目标视觉跟踪方法[J]. 传感器与微系统, 2010, 29(3): 23 – 25, 28.

[60] 裴焗, 邱文涛, 王森, 等. 基于 Transformer 动态场景信息生成对抗网络的行人轨迹预测方法[J]. 电子学报, 2022, 50(7): 1537 – 1547.

[61] PEARRE N S, RIBBERINK H. Review of research on V2X technologies, strategies, and operations[J]. Renewable and Sustainable Energy Reviews, 2019, 105: 61 – 70.

[62] KHALID I, MAGLOGIANNIS V, NAUDTS D, et al. Optimizing hybrid V2X communication: An intelligent technology selection algorithm using 5G, C – V2X PC5 and DSRC[J]. Future Internet, 2024, 16(4): 107.

[63] 杨林瑶, 陈思远, 王晓, 等. 数字孪生与平行系统: 发展现状、对比及展望[J]. 自动化学报, 2019, 45(11): 2001 – 2031.

[64] 覃琪, 谭松鹤. 无线传感器网络低能耗多跳路由协议仿真[J]. 计算机仿真, 2019, 36 (3): 281 – 284.

[65] 夏怡凡, 鲁万波, 王文松. 衰减信道下的决策融合问题[J]. 数理统计与管理, 2008, 6: 1126 – 1134.

[66] XIAO Z Y, YANG D G, WEN F X, et al. A unified multiple-target positioning framework for intelligent connected vehicles[J]. Sensors, 2019, 19(9): 1967.

[67] SONY S, SADHU A. Synchrosqueezing transform-based identification of time-varying structural systems using multi-sensor data[J]. Journal of Sound and Vibration, 2020, 486: 115576.

[68] 陈果. 基于多传感器数据融合的环境感知算法研究[D]. 绵阳:西南科技大学, 2024.

[69] 贺红春. 基于多传感器融合的智能汽车环境感知技术研究[D]. 长春:长春工业大学, 2023.

[70] 白辉, 卢光跃, 王晓侃. 非信任环境中一致卡尔曼滤波的数据融合算法[J]. 西安邮电学院学报, 2012, 17(5): 10 – 14.

[71] 周治利, 薛安克, 申屠晗, 等. 面向多目标跟踪的 PHD 滤波多传感器数据融合算法[J]. 火力与指挥控制, 2017, 42(8): 39 – 43.

[72] 姚璐, 吴韶波. 基于优化 AVOD 算法的多传感器融合车辆检测[J]. 北京信息科技大学学报(自然科学版), 2022, 37(2): 76 – 80.

［73］ LIU R, YANG S B, TANG W S, et al. Multi-task environmental perception methods for autonomous driving[J]. Sensors, 2024, 24(17): 5552.

［74］ LV P, HUANG J, LIU H. Cooperative environmental perception task offloading for connected and autonomous vehicles[J]. Electronics. 2023, 12(17): 3714.

［75］ 赵杰, 孙伟, 徐中达, 等. 基于形态学预处理的数字图像相关方法研究[J]. 实验力学, 2022, 37(5): 629 – 637.

［76］ 王春智, 牛宏侠. 基于直方图均衡化与MSRCR的沙尘降质图像增强算法[J]. 计算机工程, 2022, 48(9): 223 – 229.

［77］ 夏希林. 图像滤波去噪及边缘检测技术研究与实验分析[D]. 长春: 吉林大学, 2021.

［78］ 吴婷. 基于非均匀有序直方图和锐化的红外图像增强[J]. 半导体光电, 2020, 41(1): 135 – 140.

［79］ 郑佳慧, 俞晓迪, 赵生妹, 等. 基于均值滤波的关联成像去噪[J]. 光学学报, 2022, 42(22): 49 – 56.

［80］ 杨雷, 唐瑞尹, 王兴朝. 中值滤波在噪声图像匹配中的应用[J]. 现代计算机, 2021, 17: 135 – 139.

［81］ 姒绍辉, 胡伏原, 顾亚军, 等. 一种基于不规则区域的高斯滤波去噪算法[J]. 计算机科学, 2014, 41(11): 313 – 316.

［82］ 张海荣. 双边滤波去噪方法及其应用研究[D]. 合肥: 合肥工业大学, 2014.

［83］ 王芊人, 武德安. 一种提高小目标检测准确率的数据增强方法[J]. 激光杂志, 2021, 42(11): 41 – 45.

［84］ 何爱媛. 基于CNN和数据增强的遥感图像目标检测与识别[D]. 西安: 西安电子科技大学, 2020.

［85］ 何卓逊. 图像识别中数据增强方法的理解与改进[D]. 上海: 上海交通大学, 2020.

［86］ 黄雷. 基于图像增强方法的小目标检测技术研究[D]. 桂林: 桂林电子科技大学, 2021.

［87］ ZHANG H Y, CISSE M, DAUPHIN Y N, et al. Mixup: Beyond empirical risk minimization[J]. arXiv: 1710.09412, 2018.

［88］ DEVRIES T, TAYLOR G W. Improved regularization of convolutional neural networks with cutout[J]. arXiv: 1708.04552v2, 2017.

［89］ YUN S, HAN D, OH S J, et al. CutMix: Regularization strategy to train strong classifiers with localizable features[C]//Proceedings of the IEEE/CVF International Conference on Computer Vision. New York: IEEE, 2019: 6022 – 6031.

［90］ LECUN Y, BOTTOU L, BENGIO Y, et al. Gradient-based learning applied to document recognition[J]. Proceedings of the IEEE, 1998, 86(11): 2278 – 2324.

［91］ SUN L N, CHEN Z X, WU Q M J, et al. AMPNet: Average-and max-pool networks for salient object detection[J]. IEEE Transactions on Circuits and Systems for Video Technology, 2021, 31(11): 4321 – 4333.

［92］ ROODSCHILD M, SARDINAS J G, WILL A. A new approach for the vanishing gradient problem on sigmoid activation[J]. Progress in Artificial Intelligence, 2020, 9(4): 351 – 360.

［93］ MARRA S, IACHINO M A, MORABITO F C. Tanh-like activation function implementation for high-performance digital neural systems[C]//Proceedings of the 2nd Conference on Research in Microelectronics and Electronics. [S. l.: s. n.], 2006.

［94］ GLOROT A, BORDES A, BENGIO Y. Deep sparse rectifier neural networks［C］// Proceedings of the 14th International Conference on Artificial Intelligence and Statistics. ［S. l. : s. n. ］, 2011: 315 – 323.

［95］ RAMACHANDRAN P, ZOPH B, LE Q V. Swish: A self-gated activation function［J］. lognitive Psychology, 2017. DOI: 10. 48550/arXiv. 1710. 05941.

［96］ IOFFE S, SZEGEDY C. Batch normalization: Accelerating deep network training by reducing internal covariate shift［C］//Proceedings of the 32nd International Conference on Machine Learning. ［S. l. : s. n. ］, 2015: 448 – 456.

［97］ 史加荣, 王丹, 尚凡华, 等. 随机梯度下降算法研究进展［J］. 自动化学报, 2021, 47 (9): 2103 – 2119.

［98］ 郭明霄, 王宏伟, 王佳, 等. 基于动量分数阶梯度的卷积神经网络优化方法［J］. 计算机工程与应用, 2022, 58(6): 80 – 87.

［99］ DUCHI J, HAZAN E, SINGER Y. Adaptive subgradient methods for online learning and stochastic optimization［J］. Journal of Machine Learning Research, 2011, 12: 2121 – 2159.

［100］ HUK M. Stochastic optimization of contextual neural networks with RMSprop［C］// Proceedings of the 12th Asian Conference on Intelligent Information and Database Systems. ［S. l. : s. n. ］, 2020: 343 – 352.

［101］ WANG S P, SUN J, XU Z B. Hyper adam: A learnable task-adaptive adam for network training［C］//Proceedings of the 33rd AAAI Conference on Artificial Intelligence / 31st Innovative Applications of Artificial Intelligence Conference / 9th AAAI Symposium on Educational Advances in Artificial Intelligence. ［S. l. : s. n. ］, 2019: 5297 – 5304.

［102］ KRIZHEVSKY A, SUTSKEVER I, HINTON G E. ImageNet classification with deep convolutional neural networks［J］. Communications of The ACM, 2017, 60(6): 84 – 90.

［103］ SRIVASTAVA N, HINTON G, KRIZHEVSKY A, et al. Dropout: A simple way to prevent neural networks from overfitting［J］. Journal of Machine Learning Research, 2014, 15: 1929 – 1958.

［104］ SIMONYAN K, ZISSERMAN A. Very deep convolutional networks for large-scale image recognition［J］. Computer Science, 2014. DOI: 10. 48550/ arXiv. 1409. 1556.

［105］ LIANG X Z, WANG X B, LEI Z, et al. Soft-margin Softmax for deep classification［C］// Proceedings of the 24th International Conference on Neural Information Processing. ［S. l. : s. n. ］, 2017: 413 – 421.

［106］ SZEGEDY C, LIU W, JIA Y Q, et al. Going deeper with convolutions［C］//Proceedings of the IEEE Conference on Computer Vision and Pattern Recognition. ［S. l. : s. n. ］, 2015: 1 – 9.

［107］ SZEGEDY C, VANHOUCKE V, IOFFE S, et al. Rethinking the inception architecture for computer vision［C］//Proceedings of the IEEE Conference on Computer Vision and Pattern Recognition. ［S. l. : s. n. ］, 2016: 2818 – 2826.

［108］ SZEGEDY C, IOFFE S, VANHOUCKE V, et al. Inception-v4, inception-ResNet and the impact of residual connections on learning［C］//Proceedings of the 31st AAAI Conference on Artificial Intelligence. ［S. l. : s. n. ］, 2017: 4278 – 4284.

［109］ LI Z M, PENG C, YU G, et al. DetNet: Design backbone for object detection［C］// Proceedings of the 15th European Conference on Computer Vision.［S. l.: s. n.］, 2018: 339 –354.

［110］ KHALDI R, AFIA A E, CHIHEB R, et al. What is the best RNN-cell structure to forecast each time series behavior［J］. Expert Systems with Applications, 2023, 215: 119140.

［111］ 何智成, 杜磊浩, 周恩临, 等. 基于改进连续型 Hopfield 神经网络的 CAN 总线负载率优化［J］. 汽车工程, 2023, 45(12): 2338–2347.

［112］ 张宁. 基于 Jordan 神经网络的城市道路交通状态研究［D］. 贵阳: 贵州大学, 2009.

［113］ KOLANOWSKI K, SWIETLICKA A, KAPELA R, et al. Multisensor data fusion using Elman neural networks［J］. Applied Mathematics and Computation, 2018, 319: 236–244.

［114］ 李胜男. 基于 LSTM 的智能车辆拟人化驾驶意图识别和轨迹预测［D］. 长春: 吉林大学, 2023.

［115］ 汪小淳, 刘长玉, 王俊彦, 等. 基于 GRU 网络的仿优秀驾驶员换道轨迹模型研究［J］. 交通工程, 2024, 24(7): 24–29, 43.

［116］ 董志伟. 基于神经图灵机的序列模型软硬件协同设计研究［D］. 哈尔滨: 哈尔滨工业大学, 2021.

［117］ 朱张莉, 饶元, 吴渊, 等. 注意力机制在深度学习中的研究进展［J］. 中文信息学报, 2019, 33(6): 1–11.

［118］ WANG M Y, ZHANG Y M D, CUI G L. Human motion recognition exploiting radar with stacked recurrent neural network［J］. Digital Signal Processing, 2019, 87: 125–131.

［119］ 黄昕宇. 基于注意力机制的 LSTM 区域人流量预测研究［D］. 南昌: 南昌大学, 2023.

［120］ 邹长宽. 基于邻域聚合和注意力机制的双 GRU 交通速度预测研究［D］. 北京: 北京石油化工学院, 2023.

［121］ SCHUSTER M, PALIWAL K K. Bidirectional recurrent neural net-works［J］. IEEE Transactions on Signal Processing, 1997, 45: 2673–2681.

［122］ ZENG C, MA C X, WANG K, et al. Parking occupancy prediction method based on multi factors and stacked GRU-LSTM［J］. IEEE Access, 2022, 10: 47361–47370.

［123］ SIVHUGWANA K S, RANGANAI E. Short-term wind speed prediction via sample entropy: A hybridisation approach against gradient disappearance and explosion［J］. Computation, 2024, 12(8): 163.

［124］ 王坤峰, 苟超, 段艳杰, 等. 生成式对抗网络 GAN 的研究进展与展望［J］. 自动化学报, 2017, 43(3): 321–332.

［125］ JIANG S R, CHEN Y R, YANG J C, et al. Mixture variational autoencoders［J］. Pattern Recognition Letters, 2019, 128: 263–269.

［126］ VASWANI A, SHAZEER N, PARMMAR N, et al. Attention is all you need［C］// Proceedings of the 31st International Conference on Neural Information Processing Systems. New York: ACM, 2017: 6000–6010.

［127］ 樊海玮, 秦佳杰, 孙欢, 等. 基于 BERT 与 BiGRU-CRF 的交通事故文本信息提取模型［J］. 计算机与现代化, 2022, 5: 10–15.

［128］ 蒋超, 朱学芳. 基于 GPT-4 数据增强与对比学习的多模态谣言检测研究［J］. 图书情报

工作, 2024, 68(23): 76 - 87.

[129] WU X J, XU S K, LIU Y D, et al. A new ECT image reconstruction algorithm based on Vision transformer(ViT)[J]. Flow Measurement and Instrumentation, 2024, 97: 102611.

[130] HAN K, WANG Y H, CHEN H T, et al. A survey on vision transformer[J]. IEEE Transactions on Pattern Analysis and Machine Intelligence, 2023, 45(1): 87 - 110.

[131] LIU Z, HU H, LIN Y T, et al. Swin transformer V2: Scaling up capacity and resolution [C]//Proceedings of 2022 IEEE/CVF Conference on Computer Vision and Pattern Recognition(CVPR). New York: IEEE, 2022: 11999 - 12009.

[132] 蒋雷, 汤海林, 陈瑜瑾. 基于 Transformer 模型的自然语言处理研究综述[J]. 现代计算机, 2024, 30(14): 31 - 35.

[133] 陈佛计, 朱枫, 吴清潇, 等. 生成对抗网络及其在图像生成中的应用研究综述[J]. 计算机学报, 2021, 44(2): 347 - 369.

[134] 赵增顺, 高寒旭, 孙骞, 等. 生成对抗网络理论框架、衍生模型与应用最新进展[J]. 小型微型计算机系统, 2018, 39(12): 2602 - 2606.

[135] RADFORD A, METZ L, CHINTALA S. Unsupervised representation learning with deep convolutional generative adversarial networks[J]. Computer Ence, 2015. DOI: 10.48550/arXiv.1511.06434.

[136] DENTON E, CHINTALA S, SZLAM A, et al. Deep generative image models using a laplacian pyramid of adversarial networks[C]//Proceedings of the International Conference on Neural Information Processing Systems. Cambridge: MIT Press, 2015.

[137] ZHANG H, GOODFELLOW I, METAXAS D, et al. Self-attention generative adversarial networks[C]// Proceedings of 2021 IEEE International Geosience and Remote Sensing Symposium. New York: IEEE, 2021: 4644 - 4647.

[138] RAZAVI A, OORD A V D, VINYALS O. Generating diverse high-fidelity images with VQ-VAE-2[C]// Proceedings of the 32nd Conference on Neural Information Processing Systems. Cambridge: MIT Press, 2019.

[139] REN S C, WANG Z Y, ZHU H R, et al. Rejuvenating image-GPT as strong visual representation learners[C]. Proceedings of the 41st International Conference on Machine Learning. New York: ACM, 2024: 42449 - 42461.

[140] JIANG Y F, CHANG S Y, WANG Z Y. TransGAN: Two pure transformers can make one strong GAN, and that can scale up[J]. arXiv: 2102.07074, 2021.

[141] 唐贤伦, 杜一铭, 刘雨微, 等. 基于条件深度卷积生成对抗网络的图像识别方法[J]. 自动化学报, 2018, 44(5): 855 - 864.

[142] 段友祥, 张含笑, 孙歧峰, 等. 基于拉普拉斯金字塔生成对抗网络的图像超分辨重建算法[J]. 计算机应用, 2021, 41(4): 1020 - 1026.

[143] OCAL A, OZBAKIR L. Supervised deep convolutional generative adversarial networks [J]. Neurocomputing, 2021, 449: 389 - 398.

[144] 张恩琪, 顾广华, 赵晨, 等. 生成对抗网络 GAN 的研究进展[J]. 计算机应用研究, 2021, 38(4): 968 - 974.

[145] 张仁斌, 左艺聪, 周泽林, 等. 基于多模态生成对抗网络的多元时序数据异常检测[J].

计算机科学, 2023, 50(5): 355 – 362.

[146] ZOU Z X, SHI Z W, GUO Y H, et al. Object detection in 20 Years: A survey[J]. Proceedings of the IEEE, 2023, 111(3): 257 – 276.

[147] LIU L, OUYANG W L, WANG X G, et al. Deep learning for generic object detection: A survey[J]. International Journal of Computer Vision, 2020, 128(2): 261 – 318.

[148] XIAO Y Q, ZHOU K, CUI G Z, et al. Deep learning for occluded and multi-scale pedestrian detection: A review[J]. IET Image Processing, 2021, 15(2): 286 – 301.

[149] HASSAN E, KHALIL Y, AHMAD I. Learning deep feature fusion for traffic light detection[J]. Journal of Engineering Research, 2024, 12(1): 100 – 106.

[150] TABERNIK D, SKOCAJ D. Deep learning for large-scale traffic-sign detection and recognition[J]. IEEE Transactions on Intelligent Transportation Systems, 2020, 21(4): 1427 – 1440.

[151] PAPAGEORGIOU C P, OREN M, POGGIO T. A general framework for object detection [C]//Proceedings of the 6th International Conference on Computer Vision. [S. l. : s. n.], 1998: 555 – 562.

[152] DALAL N, TRIGGS B. Histograms of oriented gradients for human detection[C]// Proceedings of the 2005 IEEE Conference on Computer Vision and Pattern Recognition. [S. l. : s. n.], 2005: 886 – 893.

[153] CORTES C, VAPNIK V. Support-vector networks[J]. Machine Learning, 1995, 20(3): 273 – 297.

[154] KELLER J M, GRAY M R, GIVENS J A. A fuzzy K-nearest neighbor algorithm[J]. IEEE Transactions on Systems Man and Cybernetics, 1985, 15(4): 580 – 585.

[155] GLUMOV N I, KOLOMIYETZ E I, SERGEYEV V V. Detection of objects on the image using a sliding window mode[J]. Optics and Laser Technology, 1995, 27(4): 241 – 249.

[156] GUALDI G, PRATI A, CUCCHIARA R. Multistage particle windows for fast and accurate object detection[J]. IEEE Transactions on Pattern Analysis and Machine Intelligence, 2012, 34(8): 1589 – 1604.

[157] ZHANG K P, ZHANG Z P, LI Z F, et al. Joint face detection and alignment using multitask cascaded convolutional networks[J]. IEEE Signal Processing Letters, 2016, 23 (10): 1499 – 1503.

[158] KHAN T, SARKAR R, MOLLAH A F. Deep learning approaches to scene text detection: A comprehensive review[J]. Artificial Intelligence Review, 2021, 54(5): 3239 – 3298.

[159] BAI C S, BAI X F, WU K J, et al. A review: Remote sensing image object detection algorithm based on deep learning[J]. Electronics, 2023, 12: 4902.

[160] LI Z, WANG Y C, ZHANG N Z, et al. Deep learning-based object detection techniques for remote sensing images: A survey[J]. Remote Sensing, 2022, 14: 2385.

[161] JI L Y, GENG X R. Hyperspectral target detection methods based on statistical information: The key problems and the corresponding strategies[J]. Remote Sensing, 15 (15): 3835.

[162] 陆化普. 智能交通系统主要技术的发展[J]. 科技导报, 2019, 37(6): 27 – 35.

[163] SUN D G, YANG Y, LI M, et al. A scale balanced loss for bounding box regression[J]. IEEE Access, 2020, 8: 108438 – 108448.

[164] LIU H, YANG X C, LIU H P, et al. Near-duplicated loss for accurate object localization [C]//Proceedings of the 7th IEEE International Conference on Data Science and Advanced Analytics. New York: IEEE, 2020: 273 – 281.

[165] FENG Z H, KITTLER J, AWAIS M, et al. Wing loss for robust facial landmark localisation with convolutional neural networks[C]//Proceedings of the 31st IEEE/CVF Conference on Computer Vision and Pattern Recognition. New York: IEEE, 2018: 2235 – 2245.

[166] TIAN D, HAN Y, WANG S, et al. Absolute size IoU loss for the bounding box regression of the object detection[J]. Neurocomputing, 2022, 500: 1029 – 1040.

[167] REZATOFIGHI H, TSOI N, GWAK J Y, et al. Generalized intersection over union: A metric and a loss for bounding box regression[C]//Proceeding of the 32nd IEEE/CVF Conference on Computer Vision and Pattern Recognition. New York: IEEE, 2019: 658 – 666.

[168] ZHENG Z H, WANG P, LIU W, et al. Distance-IoU loss: Faster and better learning for bounding box regression [C]//Proceedings of the AAAI Conference on Artificial Intelligence. [S. l. : s. n.], 2019.

[169] HE J B, ERFANI S, MA X J, et al. Alpha-IoU: A family of power intersection over union losses for bounding box regression[C]//Proceedings of the NeurIPS 2021 Workshop on Machine Learning of the Developing World: Global Changes. [S. l. : s. n.], 2021.

[170] LI H, ZHOU Q, MAO Y, et al. Alpha-SGANet: A multi-attention-scale feature pyramid network combined with lightweight network based on Alpha-IoU loss[J]. Plos One, 17 (10): e0276581.

[171] 廖春林, 张宏军, 廖湘琳, 等. 开源自然语言处理工具综述[J]. 计算机工程与应用, 2023, 59(22): 36 – 56.

[172] 刘翀, 杜军平. 一种基于深度 LSTM 和注意力机制的金融数据预测方法[J]. 计算机科学, 2020, 47(12): 125 – 130.

[173] 金侃. 注意力机制在计算机视觉中的应用研究[D]. 南昌: 南昌大学, 2021.

[174] 张万玉. 计算机视觉注意力机制建模研究[D]. 西安: 西安工业大学, 2022.

[175] MNIH V, HEESS N, GRAVES A, et al. Recurrent models of visual attention [C]// Proceedings of the 28th International Conference on Neural Information Processing Systems. New York: ACM, 2014: 2204 – 2212.

[176] GAO H N, YU L, KHAN I A, et al. Visual object detection and tracking for internet of things devices based on spatial attention powered multidomain network[J]. IEEE Internet of Things Journal, 2021, 10(4): 2811 – 2820.

[177] JADERBERG M, SIMONYAN K, ZISSERMAN A, et al. Spatial transformer networks [C]//Proceedings of the 29th Annual Conference on Neural Information Processing Systems. [S. l. : s. n.], 2015.

[178] WANG X L, GIRSHICK R, GUPTA A, et al. Non-local neural networks[C]//Proceedings of the 31st IEEE/CVF Conference on Computer Vision and Pattern Recognition. New York: IEEE, 2018: 7794 – 7803.

[179] HU J, SHEN L, SUN G. Squeeze-and-excitation networks[C]//Proceedings of the 31st IEEE/CVF Conference on Computer Vision and Pattern Recognition. New York: IEEE, 2018: 7132 – 7141.

[180] GAO Z L, XIE J T, WANG Q L, et al. Global second-order pooling convolutional networks[C]//Proceedings of the 32nd IEEE/CVF Conference on Computer Vision and Pattern Recognition. New York: IEEE, 2019: 3019 – 3028.

[181] WANG Q L, WU B G, ZHU P F, et al. ECA-net: Efficient channel attention for deep convolutional neural networks [C]//Proceedings of 2020 IEEE/CVF Conference on Computer Vision and Pattern Recognition. New York: IEEE, 2020: 11531 – 11539.

[182] ZHANG Y X, ZHAO P, LI D G, et al. Spatial attention based real-time object detection network for Internet of things devices[J]. IEEE Access, 2020, 8: 165863 – 165871.

[183] SINGH D, SRIVASTAVA R. Channel spatial attention based single-shot object detector for autonomous vehicles[J]. Multimedia Tools and Applications, 2022, 81: 22289 – 22305.

[184] WOO S H, PARK J, LEE J Y, et al. CBAM: Convolutional block attention module[C]// Proceedings of the 15th European Conference on Computer Vision. Berlin: Springer, 2018, 11211: 3 – 19.

[185] FU J, LIU J, TIAN H J, et al. Dual attention network for scene segmentation[C]// Proceedings of the 32nd IEEE/CVF Conference on Computer Vision and Pattern Recognition. New York: IEEE, 2019: 3141 – 3149.

[186] WANG X, WANG A, YI J L, et al. Small object detection based on deep learning for remote sensing: A comprehensive review[J]. Remote Sensing, 2023, 15(13): 3265.

[187] SINGH B, DAVIS L S. An analysis of scale invariance in object detection-SNIP[C]//Proceedings of the 31st IEEE/CVF Conference on Computer Vision and Pattern Recognition. New York: IEEE, 2018: 3578 – 3587.

[188] SINGH B, NAJIBI M, DAVIS L S. SNIPER: Efficient multi-scale training [C]// Proceedings of the 32nd International Conference on Neural Information Processing Systems. Canada: [s. n.], 2018: 9333 – 9343.

[189] KIM Y, DENTON C, HOANG L, et al. Structured attention networks[C]// Proceedings of International Conference on Learning Representations 2014. [S. l. : s. n.], 2014.

[190] REN S Q, HE K M, GIRSHICK R, et al. Faster R-CNN: Towards real-time object detection with region proposal networks[J]. IEEE Transactions on Pattern Analysis and Machine Intelligence, 2017, 39(6): 1137 – 1149.

[191] HE K M, ZHANG X Y, REN S Q, et al. Spatial pyramid pooling in deep convolutional networks for visual recognition[J]. IEEE Transactions on Pattern Analysis and Machine Intelligence, 2015, 37(9): 1904 – 1916.

[192] REDMON J, DIVVALA S, GIRSHICK R, et al. You only look once: Unified, real-time object detection [C]//Proceedings of 2016 IEEE Conference on Computer Vision and Pattern Recognition (CVPR). New York: IEEE, 2016: 779 – 788.

[193] LIU W, ANGUELOV D, ERHAN D, et al. SSD: Single shot multibox detector[C]// Computer Vision-ECCV 2016. Berlin: Springer, 2016.

[194] REDMON J, FARHADI A. YOLOv3：An incremental improvement [J]. arXiv：1804.02767, 2018.

[195] 朱佳佳，杨学志，梁宏博，等. 结合双非局部注意力感知的 SAR 和光学图像金字塔细节融合网络[J]. 计算机系统应用, 2024, 33(8)：155 - 165.

[196] LIN T, DOLLÁR P, GIRSHICK R, et al. Feature pyramid networks for object detection [C]//Proceedings of 2017 IEEE Conference on Computer Vision and Pattern Recognition (CVPR). New York：IEEE, 2017：936 - 944.

[197] LI C F, WANG B P. A YOLOv4 model with FPN for service plates detection[J]. Journal of Electrical Engineering & Technology, 2022, 17(4)：2469 - 2479.

[198] YıLMAZ M A, TEKALP A M. DFPN：Deformable frame prediction network [C]//Proceedings of 2021 IEEE International Conference on Image Processing (ICIP). New York：IEEE, 2021：1944 - 1948.

[199] FU C Y, LIU W, RANGA A, et al. DSSD：Deconvolutional single shot detector[J]. arXiv：1701.06659, 2017.

[200] LI Z X, YANG L, ZHOU F Q. FSSD：Feature fusion single shot multibox detector[J]. arXiv：1712.00960, 2017.

[201] LIU S, QI L, QIN H F, etal. Path aggregation network for instance segmentation[J]. arXiv：1803.01534, 2018.

[202] GIRSHICK R, DONAHUE J, DARRELL T, et al. Rich feature hierarchies for accurate object detection and semantic segmentation[J]. arXiv：1311.2524, 2014.

[203] GIRSHICK R. Fast R-CNN[C]//Proceedings of 2015 IEEE International Conference on Computer Vision (ICCV). New York：IEEE, 2015：1440 - 1448.

[204] SHELHAMER E, LONG J, DARRELL T. Fully convolutional networks for semantic segmentation[J]. IEEE Transactions on Pattern Analysis and Machine Intelligence, 2017, 39(4)：640 - 651.

[205] DAI J F, LI Y, HE K M, et al. R-FCN：Object detection via region-based fully convolutional networks[J]. arXiv：1605.06409, 2016.

[206] CAI Z F, VASCONCELOS N. Cascade R-CNN：High quality object detection and instance segmentation[J]. IEEE Transactions on Pattern Analysis and Machine Intelligence, 2021, 43(5)：1483 - 1498.

[207] REDMON J, FARHADI A. YOLO9000：Better, faster, stronger [C]//Proceedings of 2017 IEEE Conference on Computer Vision and Pattern Recognition (CVPR). New York：IEEE, 2017：6517 - 6525.

[208] BOCHKOVSKIY A, WANG C Y, LIAO H Y. YOLOv4：Optimal speed and accuracy of object detection[J]. arXiv：2004.10934, 2020.

[209] WANG C Y, LIAO H Y, WU Y H, et al. CSPNet：A new backbone that can enhance learning capability of CNN[C]//Proceedings of 2020 IEEE/CVF Conference on Computer Vision and Pattern Recognition Workshops (CVPRW). New York：IEEE, 2020：1571 - 1580.

[210] CHEN H, CHEN Z, YU H. Enhanced YOLOv5：An efficient road object detection method [J]. Sensors, 2023, 23(20)：8355.

[211] WANG J, PAN Q R, LU D H, et al. An efficient ship-detection algorithm based on the improved YOLOv5[J]. Electronics, 2023, 12(17): 3600.

[212] LI C Y, LI L L, JIANG H J, et al. YOLOv6: A single-stage object detection framework for industrial applications[J]. arXiv: 2209. 02976, 2022.

[213] WANG C Y, BOCHKOVSKIY A, LIAO H Y M. YOLOv7: Trainable bag-of-freebies sets new state-of-the-art for real-time object detectors[J]. arXiv: 2207. 02696, 2022.

[214] VARGHESE R, SAMBATH M. YOLOv8: A novel object detection algorithm with enhanced performance and robustness[C]//Proceedings of 2024 International Conference on Advances in Data Engineering and Intelligent Computing Systems (ADICS). [S. l. : s. n.], 2024.

[215] ZHANG S F, WEN L Y, BIAN X, et al. Single-shot refinement neural network for object detection[J]. arXiv: 1711. 06897, 2017.

[216] LIN T Y, GOYAL P, GIRSHICK R, et al. Focal loss for dense object detection[J]. IEEE Transactions on Pattern Analysis and Machine Intelligence, 2020, 42(2): 318 – 327.

[217] WANG W N, GOU Y Y. An anchor-free lightweight object detection network[J]. IEEE Access, 2023, 11: 110361 – 110374.

[218] LAW H, DENG J. CornerNet: Detecting objects as paired keypoints[J]. arXiv: 1808. 01244, 2018.

[219] NEWELL A, YANG K Y, DENG J. Stacked hourglass networks for human pose estimation [J]. arXiv: 1603. 06937, 2016.

[220] DUAN K W, BAI S, XIE L X, et al. CenterNet: Keypoint triplets for object detection [J]. arXiv: 1904. 08189, 2019.

[221] TIAN Z, SHEN CH, CHEN H , et al. FCOS: A simple and strong anchor-free object detector[J]. IEEE Transactions on Pattern Analysis and Machine Intelligence, 2022, 44 (11): 1922 – 1933.

[222] 罗会兰, 彭珊, 陈鸿坤. 目标检测难点问题最新研究进展综述[J]. 计算机工程与应用, 2021, 57(5): 36 – 46.

[223] 陈科圻, 朱志亮, 邓小明, 等. 多尺度目标检测的深度学习研究综述[J]. 软件学报, 2021, 32(4): 1201 – 1227.

[224] 员娇娇, 胡永利, 孙艳丰, 等. 基于深度学习的小目标检测方法综述[J]. 北京工业大学学报, 2021, 47(3) : 293 – 302.

[225] WANG Y N, LIU X, GUO R C. An object detection algorithm based on the feature pyramid network and single shot multibox detector[J]. Cluster Computing, 2022, 25(5): 3313 – 3324.

[226] PENG S F, FAN X, TIAN S W, et al. PS-YOLO: A small object detector based on efficient convolution and multi-scale feature fusion[J]. Multimedia Systems, 2024, 30 (5): 241.

[227] 尹昱航. 基于特征融合的交通场景目标检测方法研究[D]. 大连: 大连理工大学, 2021.

[228] MA G, YANG X, ZHANG B, et al. Multi-feature fusion deep networks[J]. Neurocomputing, 2016, 2018: 164 – 171.

[229] SHRIVASTAVA A, GUPTA A, GIRSHICK R. Training region-based object detectors with online hard example mining[C]//Proceedings of 2016 IEEE Conference on Computer Vision and Pattern Recognition. New York: IEEE, 2016: 761 - 769.

[230] LI M N, ZHANG Z N, YU H, et al. S-OHEM: Stratified online hard example mining for object detection[J]. arXiv: 1705. 02233, 2017.

[231] LI B Y, LIU Y, WANG X G. Gradient harmonized single-stage detector[J]. arXiv: 1811. 05181, 2018.

[232] ZHANG T Z, LIU S, XU C S, et al. Mining semantic context information for intelligent video surveillance of traffic scenes[J]. IEEE Transactions on Industrial Informatics, 2013, 9(1): 149 - 160.

[233] LIU Y, WANG R P, SHAN S G, et al. Structure inference net: Object detection using scene-level context and instance-level relationships[C]//Proceedings of 31st IEEE/CVF Conference on Computer Vision and Pattern Recognition. New York: IEEE, 2018: 6985 - 6994.

[234] CHANG Y Y, LIU Y, BU Z H, et al. Three-dimensional millimeter-wave object detector based on the enhancement of local-global contextual information[J]. IEEE Access, 2024, 12: 130963 - 130971.

[235] HOU Z Q, SUN Y, GUO H, rt al. M-YOLO: An object detector based on global context information for infrared images[J]. Journal of Real-Time Image Processing, 2022, 19: 1009 - 1022.

[236] ULLAH I, JIAN M, HUSSAIN S, et al. Global context-aware multi-scale features aggregative network for salient object detection[J]. Neurocomputing, 2021, 455: 139 - 153.

[237] BODLA N, SINGH B, CHELLAPPA R, et al. Soft-NMS-improving object detection with one line of code[C]//Proceedings of the 16th IEEE International Conference on Computer Vision. New York: IEEE, 2017: 5562 - 5570.

[238] HE Y H, ZHANG X Y, SAVVIDES M, et al. Softer-NMS: Rethinking bounding box regression for accurate object detection[J]. arXiv: 1809. 08545v1, 2018.

[239] TYCHSEN S L, PETERSSON L. Improving object localization with fitness NMS and bounded IoU loss[C]//Proceedings of the 31st IEEE/CVF Conference on Computer Vision and Pattern Recognition. New York: IEEE, 2018: 6877 - 6885.

[240] JIANG S W, XU T F, LI J N, et al. IdentifyNet for Non-Maximum Suppression[J]. IEEE Access, 2019, 7: 148245 - 148253.

[241] ROTHE R, GUILLAUMIN M, GOOL L V. Non-maximum suppression for object detection by passing messages between windows[C]//Proceedings of the 12th Asian Conference on Computer Vision. [S. l. : s. n.], 2014(9003): 290 - 306.

[242] WAN L, EIGEN D, FERGUS R. End-to-end integration of a convolutional network, deformable parts model and non-maximum suppression[J]. arXiv: 1411. 5309, 2014.

[243] HOSANG J, BENENSON R, SCHIELE B. Learning non-maximum suppression[C]//Proceedings of the 30th IEEE/CVF Conference on Computer Vision and Pattern Recognition. New York: IEEE, 2017: 6469 - 6477.

［244］ SERMANET P, EIGEN D, ZHANG X, et al. OverFeat：Integrated recognition, localization and detection using convolutional networks［J］. arXiv：1312. 6229, 2013.

［245］ PENG C Y, JIN S H, BIAN G, et al. Sample augmentation method for side-scan sonar underwater target images based on CBL-sinGAN［J］. Journal of Marine Science and Engineering, 2024, 12(3)：467.

［246］ YU J H, JIANG Y N, WANG Z Y, et al. UnitBox：An advanced object detection network ［J］. arXiv：1608. 01471, 2016.

［247］ CHEN D, MIAO D Q. Control distance IoU and control distance IoU loss for better bounding box regression［J］. Pattern Recognition, 2023, 137：109256.

［248］ WANG J Y, HUA R Z, JIANG X Z, et al. Selective feature block and joint IoU loss for object detection［J］. Transactions of the Institute of Measurement and Control, 2024, 46 (14)：2757 – 2767.

［249］ DU S J, ZHANG B F, ZHAGN P. Scale-sensitive IoU loss：An improved regression loss function in remote sensing object detection［J］. IEEE Access, 2021, 9：141258 – 141272.

［250］ LI W J, SHANG R H, JU Z H, et al. Ellipse IoU loss：Better learning for rotated bounding box regression［J］. IEEE Geoscience and remote sensing letters, 2023, 21：6001705.

［251］ WANG J W, CHU L, GUO C, et al. Target track enhancement based on asynchronous radar and camera fusion in intelligent driving system［J］. IEEE Sensors Journal, 2024, 24 (3)：3131 – 3143.

［252］ 罗荣. 面向城区环境下智能驾驶中的多目标跟踪方法研究［D］. 广州：华南理工大学, 2023.

［253］ 熊昌镇, 郭传玺, 王聪. 基于动态位置编码和注意力增强的目标跟踪算法［J］. 浙江大学学报, 2024, 58(12)：2427 – 2437.

［254］ DAI Y, HU Z Y, ZHANG S Q, et al. A survey of detection-based video multi-object tracking［J］. Displays, 2022, 75：102317.

［255］ 李尚杰, 殷国栋, 耿可可, 等. 基于图像和点云实例匹配的智能车目标检测和跟踪［J］. 机械工程学报, 2024, 60(22)：302 – 310.

［256］ 王凯, 戴芳, 郭文艳, 等. 融合目标相似性和作用力的多目标跟踪［J］. 中国图象图形学报, 2024, 29(7)：1984 – 1997.

［257］ LEICHTER I, LINDENBAUM M, RIVLIN E. Mean shift tracking with multiple reference colorhistograms［J］. Computer Vision and Image Understanding, 2010, 114(3)：400 – 408.

［258］ YAMASAKI R, TANAKA T. Convergence analysis of mean shift［J］. IEEE Transactions on Pattern Analysis and Machine Intelligence, 2024, 46(10)：6688 – 6698.

［259］ CHEN J J, ZHANG S F, AN G C, et al. A generalized mean shift tracking algorithm［J］. Science China Information Sciences, 2011, 54(11)：2373 – 2385.

［260］ 敖邦乾, 杨莎, 刘小雍, 等. 基于改进 CamShift 的目标跟踪系统算法［J］. 探测与控制学报, 2021, 43(6)：92 – 100.

［261］ 汤学猛, 陈志国, 傅毅. 基于核滤波器实时运动目标的抗遮挡再跟踪［J］. 光电工程, 2020, 47(1)：54 – 63.

[262] 邱照原, 倪龙强, 姚桐, 等. 一种改进滤波算法及其在目标跟踪中的应用研究[J]. 火炮发射与控制学报, 2024, 45(1): 68 – 73 + 81.

[263] 缪泽鑫, 张会生, 任磊. 引入注意力机制的 AdaBoost 算法[J]. 计算机仿真, 2022, 39(7): 337 – 341.

[264] 胡正平, 张晔. 基于 SVM 能量模型的改进主动轮廓图像分割算法研究[J]. 电子学报, 2006, 5: 930 – 933.

[265] 胡欣, 张朝勇, 杨进, 等. 改进 MOSSE 的小面积滑动指纹图像追踪算法[J]. 电子测量与仪器学报, 2023, 37(3): 57 – 65.

[266] 张海鹏, 王亚平, 张宝华, 等. 基于区域细化的 Siamese 网络目标跟踪算法[J]. 传感器与微系统, 2024, 43(6): 137 – 140.

[267] SUN L F, ZHANG J Y, YANG Z, et al. Long-term object tracking based on joint tracking and detection strategy with Siamese network[J]. Multimedia Systems, 2024, 30(3): 162.

[268] MIN Z J, HASSAN G M, JO G S. Rethinking motion estimation: An outlier removal strategy in SORT for multi-object tracking with camera moving[J]. IEEE Access, 2024, 12: 142819 – 142837.

[269] 赵晋芳, 李权, 赵晋利. 基于改进 SSD-MobileNetV3 网络和 SORT 的车辆识别与跟踪[J]. 自动化与仪器仪表, 2023, 11: 16 – 19 + 24.

[270] 杜磊. 基于 SORT 算法的图像轨迹跟踪混合控制方法[J]. 现代电子技术, 2024, 47(13): 32 – 35.

[271] 叶浩, 徐今强, 黄杰. 基于改进 YOLOv5 和 SORT 算法的车辆跟踪系统[J]. 自动化应用, 2024, 65(13): 12 – 15.

[272] 张丽娟, 张紫薇, 姜雨彤, 等. 复杂环境下基于改进 DeepSORT 的行人实时稳定跟踪方法[J]. 液晶与显示, 2023, 38(8): 1128 – 1138.

[273] 黄浩. 基于 DeepSORT 多目标跟踪算法的研究与实现[D]. 南京: 南京信息工程大学, 2024.

[274] 赵兴坤. 基于 YOLOv5 与 DeepSORT 无人机视角下小目标跟踪研究[D]. 保定: 河北大学, 2024.

[275] 何水龙, 张靖佳, 张林俊, 等. 基于 Transformer 改进的 YOLOv5 + DeepSORT 的车辆跟踪算法[J]. 汽车技术, 2024, 7: 9 – 16.

[276] 何维堃, 彭育辉, 黄炜, 等. 基于 DeepSort 的动态车辆多目标跟踪方法研究[J]. 汽车技术, 2023, 11: 27 – 33.

[277] 程鑫, 周经美, 刘霈源, 等. 基于任务联合的三维车辆检测与跟踪集成算法[J]. 中国公路学报, 2023, 36(9): 288 – 301.

[278] MUNJAL B, AFTAB A R, AMIN S, et al. Joint detection and tracking in videos with identification features[J]. Image and Vision Computing, 2020, 100: 103932.

[279] XU Q, LIN X W, CAI M C, et al. End-to-end joint multi-object detection and tracking for intelligent transportation systems [J]. Chinese Journal of Mechanical Engineering, 2023, 36(1): 138.

[280] 文成宇, 房卫东, 陈伟. 多目标跟踪的对象初始化综述[J]. 计算机科学, 2022, 49(3): 152 – 162.

[281] 罗海波, 许凌云, 惠斌, 等. 基于深度学习的目标跟踪方法研究现状与展望[J]. 红外与激光工程, 2017, 46(5): 14 - 20.

[282] 高文, 汤洋, 朱明. 目标跟踪中目标模型更新问题的半监督学习算法研究[J]. 物理学报, 2015, 64(1): 113 - 121.

[283] 姜来为, 王策, 杨宏宇. 基于深度学习的多目标跟踪研究进展综述[J/OL]. 吉林大学学报(工学版), 1 - 17[2025 - 02 - 21]. http://doi.org/10.13229/j.cnki.jdxbgxb.20240149.

[284] ZHOU Y, ZHENG X H, OUYANG W L, et al. A strip dilated convolutional network for semantic segmentation[J]. Neural Process Letters, 2023, 55(4): 4439 - 4459.

[285] 冯松松, 王斌君. 基于 Sobel 算子的池化算法设计[J]. 科学技术与工程, 2023, 23(3): 1145 - 1151.

[286] 刘宇涵, 闫河, 陈早早, 等. 强噪声下自适应 Canny 算子边缘检测[J]. 光学精密工程, 2022, 30(3): 350 - 362.

[287] 肖明尧, 李雄飞, 张小利, 等. 基于多尺度的区域生长的图像分割算法[J]. 吉林大学学报, 2017, 47(5): 1591 - 1597.

[288] 王妍, 王履程, 郑玉甫, 等. 基于区域生长的极光图像分割方法[J]. 计算机工程与应用, 2016, 52(23): 190 - 195, 212.

[289] FENG J P, WANG X G, LIU W Y. Deep graph cut network for weakly-supervised semantic segmentation [J]. Science China Information Sciences, 2021, 64(3): 130105.

[290] 顾滢, 李霖, 朱海红. 基于改进超体素与图割的室内场景点云分割[J]. 测绘通报, 2024, 1: 65 - 71.

[291] 王栋, 唐晶磊. 一种改进的 One-Cut 交互式图像分割算法[J]. 计算机工程与科学, 2018, 40(6): 1111 - 1118.

[292] 曹俊辉. 基于图的多视图聚类图像分割算法研究[D]. 太原: 太原科技大学, 2024.

[293] 时鹏飞. 基于自适应信息融合的模糊聚类图像分割算法研究[D]. 青岛: 青岛大学, 2023.

[294] 张燕. 基于聚类算法的图像分割技术研究[D]. 烟台: 鲁东大学, 2023.

[295] 徐金东, 赵甜雨, 冯国政, 等. 基于上下文模糊 C 均值聚类的图像分割算法[J]. 电子与信息学报, 2021, 43(7): 2079 - 2086.

[296] 祖宏亮. 基于模糊聚类的图像分割算法研究[D]. 哈尔滨: 哈尔滨理工大学, 2020.

[297] 邵佳, 金百锁. 基于层次聚类的图像分割算法[J]. 计算机应用, 2022, 42(S2): 211 - 216.

[298] 王爱莲, 伍伟丽, 陈俊杰. 基于 K-means 聚类算法的图像分割方法比较及改进[J]. 太原理工大学学报, 2014, 45(3): 372 - 375.

[299] DU S Y, ZHANG R H. U-Net models for representing wind stress anomalies over the tropical pacific and their integrations with an intermediate coupled model for ENSO studies [J]. Advances in Atmospheric Sciences, 2024, 41(7): 1403 - 1416.

[300] YUAN S Y, ZHAO Y, XIE T, et al. SegNet-based first-break picking via seismic waveform classification directly from shot gathers with sparsely distributed traces [J]. Petroleum Science, 2022, 19 (1): 162 - 179.

[301] 孟俊熙, 张莉, 曹洋, 等. 基于 Deeplab v3 + 的图像语义分割算法优化研究[J]. 激光与光电子学进展, 2022, 59(16): 161 - 170.

[302] 李维刚, 邵佳乐, 田志强. 基于双注意力机制和多尺度融合的点云分类与分割网络[J/OL]. 计算机应用, 1 - 10[2025 - 02 - 21]. http: //kns. cnki. net/kcms/detail/51. 1307. TP. 20241030. 1458. 008. html.

[303] 汝康磊. 基于编码器 - 解码器结构的医学图像分割方法研究[D]. 上海: 东华大学, 2023.

[304] XU H X, HUANG Y J, HANCOCK E R, et al. Pooling attention-based encoder-decoder network for semantic segmentation [J]. Computers & Electrical Engineering, 2021, 93: 107260.

[305] IBRAHEM H, SALEM A, KANG H S. SDDS-Net: Space and depth encoder-decoder convolutional neural networks for real-time semantic segmentation[J]. IEEE Access, 2023, 11: 119362 - 119372.

[306] 肖哲璇. 基于多尺度特征的道路场景语义分割方法研究[D]. 淮南: 安徽理工大学, 2024.

[307] 王存宝. 基于多尺度特征融合的实时语义分割方法研究[D]. 南京: 南京信息工程大学, 2024.

[308] 杨晓文, 靳瑜昕, 韩慧妍, 等. 融合编码器多尺度特征的 RGB-D 图像语义分割[J]. 计算机仿真, 2024, 41(9): 205 - 212 + 227.

[309] LI R, WANG L B, ZHANG C, et al. A2-FPN for semantic segmentation of fine-resolution remotely sensed images[J]. International Journal of Remote Sensing, 43(3): 1131 - 1155.

[310] LI Z Q, CHEN X, JIANG J, et al. Cascaded multiscale structure with self-smoothing atrous convolution for semantic segmentation[J]. IEEE Transactions on Geoscience and Remote Sensing, 2021, 60: 5605713.

[311] 马书浩, 安居白, 于博. 改进 DeepLabv2 的实时图像语义分割算法[J]. 计算机工程与应用, 2020, 56(18): 157 - 164.

[312] ANILKUMAR P, VENUGOPAL P. An enhanced multi-objective-derived adaptive DeepLabv3 using G-RDA for semantic segmentation of aerial images[J]. Arabian Journal for Science and Engineering, 2024, 48(8): 10745 - 10769.

[313] CHOUAI M, DOLEZEL P, STURSA D, et al. New end-to-end strategy based on DeepLabv3 + semantic segmentation for human head detection[J]. Sensors, 2021, 21 (17): 5848.

[314] 史健锋, 高治明, 王阿川. 结合 ASPP 与改进 HRNet 的多尺度图像语义分割方法研究[J]. 液晶与显示, 2021, 36(11): 1497 - 1505.

[315] 黄海新, 蔡明启, 王钰瑶. 基于图卷积神经网络的点云语义分割综述[J]. 计算机科学, 2024, 51(S1): 43 - 49.

[316] 高常鑫, 徐正泽, 吴东岳, 等. 深度学习实时语义分割综述[J]. 中国图象图形学报, 2024, 29(5): 1119 - 1145.

[317] 严毅, 邓超, 李琳, 等. 深度学习背景下的图像语义分割方法综述[J]. 中国图象图形学报, 2023, 28(11): 3342 - 3362.

［318］ ZHANG D, ZHANG LY, TANG J H. Augmented FCN: Rethinking context modeling for semantic segmentation[J]. Science China Information Sciences, 2023, 66(4): 142105.

［319］ HE K M, GKIOXARI G, DOLLÁR P, et al. Mask R-CNN[J]. IEEE Transactions on Pattern Analysis and Machine Intelligence, 2020, 42(2): 386 – 397.

［320］ DAI J F, HE K M, SUN J. Instance-aware semantic segmentation via multi-task network cascades[J]. arXiv: 1512.04412, 2015.

［321］ CHEN K, PANG J M, WANG J Q, et. al. Hybrid task cascade for instance segmentation [J]. arXiv: 1901.07518v2, 2019.

［322］ 田锦, 袁家政, 刘宏哲. 基于实例分割的车道线检测及自适应拟合算法[J]. 计算机应用, 2020, 40(7): 1932 – 1937.

［323］ 陈妍妍, 王海, 蔡英凤, 等. 基于检测的高效自动驾驶实例分割方法[J]. 汽车工程, 2023, 45(4): 541 – 550.

［324］ 李嘉明. 基于一阶段目标检测模型的实例分割方法[D]. 广州: 华南理工大学, 2020.

［325］ LI W, SHI Y, YANG W, et al. Interactive image segmentation via cascaded metric learning[C]//Proceedings of the IEEE International Conference on Image Processing. New York: IEEE, 2015: 2900 – 2904.

［326］ BUE B D, THOMPSON D R, GILMORE M S, et al. Metric learning for hyperspectral image segmentation[C]//Proceedings of the 3rd Workshop on Hyperspectral Image and Signal Processing: Evolution in Remote Sensing. [S. l.: s. n.], 2011.

［327］ KONG Y Y, WANG D F, SHI L, et al. Adaptive distance metric learning for diffusion tensor image segmentation[J]. Plos One, 2014, 9(3): e92069.

［328］ GAO N Y, SHAN Y H, WANG Y P, et al. SSAP: Single-shot instance segmentation with affinity pyramid[J]. IEEE Transactions on Circuits and Systems for Video Technology, 2021, 31(2): 661 – 673.

［329］ BRABANDERE B D, NEVEN D, GOOL L V. Semantic instance segmentation with a discriminative loss function[J]. arXiv: 1708.02551v1, 2017.

［330］ BAI M, URTASUN R. Deep watershed transform for instance segmentation[J]. arXiv: 1611.08303, 2017.

［331］ KIRILLOV A, LEVINKOV E, ANDRES B, et al. InstanceCut: From edges to instances with multicut[J]. arXiv: 1611.08272v1, 2016.

［332］ ARNAB A, TORR P H S. Pixelwise instance segmentation with a dynamically instantiated network[J]. arXiv: 1704.02386, 2017.

［333］ SHU L, JIA J Y, FIDLER S. et al. SGN: Sequential grouping networks for instance segmentation[C]//Proceedings of 2017 IEEE International Conference on Computer Vision. New York: IEEE, 2017.

［334］ BOLYA D, ZHOU C, XIAO F Y, et al. YOLACT: Real-time instance segmentation[J]. arXiv: 1904.02689, 2019.

［335］ 赵敬伟, 林珊玲, 梅婷, 等. 基于 YOLACT 与 Transformer 相结合的实例分割算法研究 [J]. 半导体光电, 2023, 44 (1): 134 – 140.

［336］ BOLYA D, ZHOU C, XIAO F Y, et al. YOLACT + + better real-time instance segmentation[J]. IEEE Transactions on Pattern Analysis and Machine Intelligence, 2022, 44(2): 1108-1121.

[337] XIE E Z, SUN P Z, SONG X G, et al. PolarMask: single shot instance segmentation with polar representation[J]. arXiv: 1909.13226v4, 2020.

[338] WANG X L, KONG T, SHEN C H, et al. SOLO: Segmenting objects by locations[J]. arXiv: 1912.04488v3, 2020.

[339] WANG X L, ZHANG R F, KONG T, et al. SOLOv2: Dynamic and fast instance segmentation[J]. arXiv: 2003.10152v3, 2020.

[340] PANG C, YAO H X, SUN X S, et al. Exploring part-aware segmentation for fine-grained visual categorization[J]. Multimedia Tools and Applications, 2018, 77(23): 30291-30310.

[341] DIJKSTRA K, VAN DE LOOSDRECHT J, ATSMA W A, et al. CentroidNetV2: A hybrid deep neural network for small-object segmentation and counting [J]. Neurocomputing, 2021, 423: 490-505.

[342] 张绪义, 曹家乐. 基于轮廓点掩模细化的单阶段实例分割网络[J]. 光学学报, 2020, 40(21): 113-121.

[343] 梁正兴, 王先兵, 何涛, 等. 实例分割和边缘优化算法的研究与实现[J]. 图学学报, 2020, 41(6): 939-946.

[344] CHEN X, LIAN Y C, JIAO L C, et al. Supervised edge attention network for accurate image instance segmentation [C]// European Conference on Computer Vision. [S. l.: s. n.], 2020.

[345] ZHAO W F, PERSELLO C, STEIN A. Building instance segmentation and boundary regularization from high-resolution remote sensing images[C]//Proceedings of 2020 IEEE International Geoscience and Remote Sensing Symposium. New York: IEEE, 2020.

[346] BADUE C, GUIDOLINI R, CARNEIRO R V, et al. Self-driving cars: A survey[J]. Expert Systems with Applications, 2021, 165: 113816.

[347] CHEN Q P, XIE Y F, GUO S F, et al. Sensing system of environmental perception technologies for driverless vehicle: A review of state of the art and challenges[J]. Sensors and Actuators A: Physical, 2021, 319: 112566.

[348] VARGAS J, ALSWEISS S, TOKER O, et al. An overview of autonomous vehicles sensors and their vulnerability to weather conditions[J]. Sensors, 2021, 21(16): 5397.

[349] LIU Q, LI Z R, YUAN S H, et al. Review on vehicle detection technology for unmanned ground vehicles[J]. Sensors, 2021, 21(4): 1354.

[350] OUYANG W L, ZENG X Y, WANG X G. Single-pedestrian detection aided by two-pedestrian detection[J]. IEEE Transactions on Pattern Analysis and Machine Intelligence, 2015, 37(9): 1875-1889.

[351] ZHAO Z Y, WANG Q, LI X L. Deep reinforcement learning based lane detection and localization[J]. Neurocomputing, 2020, 413: 328-338.

[352] MARSH B, SADKA A H, BAHAI H. A critical review of deep learning-based multi-sensor fusion techniques[J]. Sensors, 2022, 22(23): 9364.

[353] WANG Z J, WU Y, NIU Q Q. Multi-sensor fusion in automated driving: A survey[J].

IEEE Access, 2020, 8: 2847 – 2868.

[354] LIU F, CHEN Z Y, XIA B. Data dissemination with network coding in two-way vehicle-to-vehicle networks [J]. IEEE Transactions on Vehicular Technology, 2016, 65(4): 2445 – 2456.

[355] ZHU T T, LI C D, TANG Y Q, et al. On latency reductions in vehicle-to-vehicle networks by random linear network coding [J]. China Communications, 2021, 18(6): 24 – 38.

[356] KIM C, PARK J, HUH K. Target classification layer design via vehicle-to-vehicle communication [J]. Proceedings of the Institution of Mechanical Engineers Part D-Journal of Automobile Engineering, 2016, 230(13): 1849 – 1861.

[357] TAN K, BREMNER D, LE K J, et al. Intelligent handover algorithm for vehicle-to-Network communications with double-deep Q-Learning [J]. IEEE Transactions on Vehicular Technology, 2022, 71(7): 7848 – 7862.

[358] YU H B, LUO Y Z, SHU M, et al. DAIR-V2X: A large-scale dataset for vehicle-infrastructure cooperative 3D object detection [C]//Proceedings of the IEEE/CVF Conference on Computer Vision and Pattern Recognition. New York: IEEE, 2022: 21329 – 21338.

[359] CECCARELLI A, SECCI F. RGB cameras failures and their effects in autonomous driving applications [J]. IEEE Transactions on Dependable and Secure Computing, 2023, 20(4): 2731 – 2745.

[360] ZHANG B, LI L, CHENG S, et al. Research on obstacle avoidance of intelligent driving vehicles based on monocular camera [C]//Proceedings of the 19th COTA International Conference of Transportation Professionals (CICTP). [S. l. : s. n.], 2019: 5576 – 5586.

[361] HAN Z D, LIANG J Y, LI J B. Design of intelligent road recognition and warning system for vehicles based on binocular vision [J]. IEEE Access, 2018, 6: 62880 – 62889.

[362] FANG Z, LIN T L, LI Z S, et al. Automatic walking method of construction machinery based on binocular camera environment perception [J]. Micromachines, 2022, 13(5): 16.

[363] DING M, ZHANG X, CHEN W H, et al. Thermal infrared pedestrian tracking via fusion of features in driving assistance system of intelligent vehicles [J]. Proceedings of the Institution of Mechanical Engineers Part G-Journal of Aerospace Engineering, 2019, 233 (16): 6089 – 6103.

[364] KWAK J Y, KO B C, NAM J Y. Pedestrian tracking using online boosted random ferns learning in far-infrared imagery for safe driving at night [J]. IEEE Transactions on Intelligent Transportation Systems, 2017, 18(1): 69 – 81.

[365] KUMAR V R, EISING C, WITT C, et al. Surround-view fisheye camera perception for automated driving: Overview, survey & challenges [J]. IEEE Transactions on Intelligent Transportation Systems, 2023, 24(4): 3638 – 3659.

[366] EISING C, HORGAN J, YOGAMANI S. Near-field perception for low-speed vehicle automation using surround-view fisheye cameras [J]. IEEE Transactions on Intelligent Transportation Systems, 2022, 23(9): 13976 – 13993.

[367] LI Y, MOREAU J, IBANEZ G J. Emergent visual sensors for autonomous vehicles [J]. IEEE Transactions on Intelligent Transportation Systems, 2023, 24(5): 4716 – 4737.

[368] ZHOU B D, XIE D D, CHEN S B, et al. Comparative analysis of SLAM algorithms for mechanical LiDAR and solid-state LiDAR[J]. IEEE Sensors Journal, 2023, 23(5): 5325 – 5338.

[369] REN L, LI D Y, OUYANG Z C, et al. TSE-UNet: Temporal and spatial feature-enhanced point cloud super-resolution model for mechanical LiDAR[J]. Applied Sciences-Basel, 2024, 14(4): 1510.

[370] GARCÍA G P, ROYO S, Rodrigo N, et al. Geometric model and calibration method for a solid-state LiDAR[J]. Sensors, 2020, 20(10): 2898.

[371] XU H, YU W T, ZHANG Q, et al. Hierarchical fusion based high precision SLAM for solid-state LiDAR[J]. Measurement Science and Technology, 2024, 35(5): 055102.

[372] WANG D K, WATKINS C, XIE H K. MEMS mirrors for LiDAR: A review[J]. Micromachines, 2020, 11(5): 456.

[373] LI Y X, LI Q Y, ZHANG B, et al. The effect of closed-loop optimization enhances the MEMS LiDAR for rapid scanning[J]. Optik, 2020, 208: 164097.

[374] LI Z C, WANG F, WANG N Y, et al. LiDAR R-CNN: An efficient and universal 3D object detector[C]//Proceedings of the IEEE/CVF Conference on Computer Vision and Pattern Recognition. New York: IEEE, 2021: 7542 – 7551.

[375] XIE X, WEI H W, YANG Y J. Real-time LiDAR point-cloud moving object segmentation for autonomous driving[J]. Sensors, 2023, 23(1): 547.

[376] MENG Z L, XIA X, XU R S, et al. HYDRO-3D: Hybrid object detection and tracking for cooperative perception using 3D LiDAR[J]. IEEE Transactions on Intelligent Vehicles, 2023, 8(8): 4069 – 4080.

[377] JO K, LEE S, KIM C, et al. Rapid motion segmentation of LiDAR point cloud based on a combination of probabilistic and evidential approaches for intelligent vehicles[J]. Sensors, 2019, 19(19): 4116.

[378] LI Y, IBANEZ G J. Lidar for autonomous driving: The principles, challenges, and trends for automotive LiDAR and perception systems[J]. IEEE Signal Processing Magazine, 2020, 37(4): 50 – 61.

[379] XIANG Z, WANG B, TIAN X. Design of low sidelobe antenna array for 24GHz vehicular radar[J]. Electromagnetics, 2021, 41(7): 533 – 543.

[380] BANUPRAKASH R, HEBBAR H G, JANANI N, et al. Microstrip array antenna for 24GHz automotive radar[C]//Proceedings of the 7th IEEE International Conference on Smart Structures and Systems (ICSSS). New York: IEEE, 2020: 281 – 286.

[381] CHIPENGO U, SLIGAR A, CARPENTER S. High fidelity physics simulation of 128 channel MIMO sensor for 77GHz automotive radar[J]. IEEE Access, 2020, 8: 160643 – 160652.

[382] SALZBURG C G, VAUPEL T, BERTUCH T, etal. Feasibility of an automotive radar antenna at 77GHz on LTCC substrate[J]. IET Radar Sonar and Navigation, 2018, 12(10): 1172 – 1178.

[383] TIAN H Y, LIU C J, GU X. Proximity-coupled feed patch antenna array for 79GHz automotive radar[J]. Journal of Engineering-Joe, 2019, 2019(19): 6244 – 6246.

[384] FENG R Y, UYSAL F, AUBRY P, et al. MIMO-monopulse target localisation for automotive radar[J]. IET Radar Sonar and Navigation, 2018, 12(10): 1131 –1136.

[385] ZHOU T H, YANG M M, JIANG K, et al. MMW radar-based technologies in autonomous driving: A review[J]. Sensors, 2020, 20(24): 7283.

[386] ZHANG H, LIANG J, ZHANG Z Y. Active fault tolerant control of adaptive cruise control system considering vehicle-borne millimeter wave radar sensor failure[J]. IEEE Access, 2020, 8: 11228 –11240.

[387] ZHU B, SUN Y H, ZHAO J, et al. Millimeter-wave radar in-the-loop testing for intelligent vehicles[J]. IEEE Transactions on Intelligent Transportation Systems, 2022, 23 (8): 11126 –11136.

[388] ZHANG C L, WEI J M, DAI J A, et al. A roadside millimeter-wave radar calibration method based on connected vehicle technology[J]. IEEE Intelligent Transportation Systems Magazine, 2023, 15(3): 117 –131.

[389] DAI J Z, SHA S, YAO Y, et al. Anti-interference algorithm of environment-aware millimeter wave radar [C]//Proceedings of the 3rd IEEE International Workshop on Metrology for Automotive (IEEE MetroAutomotive). New York: IEEE, 2023: 240 –244.

[390] SONG S P, WU J, ZHANG S M, et al. Research on target tracking algorithm using millimeter-wave radar on curved road[J]. Mathematical Problems in Engineering, 2020, 21: 3749759.

[391] WANG X N, GAO Q, ZHANG P C. Automobile reversing radar based on ultrasonic wave [C]//Proceedings of the International Conference on Manufacturing Science and Technology (ICMST 2011). [S. l.: s. n.], 2011: 366 –371.

[392] XU Y Y, WANG Y. Design of vehicle intelligent anti-collision warning system[C]// Proceedings of the 6th International Conference on Computer-Aided Design, Manufacturing, Modeling and Simulation (CDMMS). [S. l.: s. n.], 2018.

[393] SHEN M Q, WANG Y Y, JIANG Y D, et al. A new positioning method based on multiple ultrasonic sensors for autonomous mobile robot[J]. Sensors, 2020, 20(1): 17.

[394] NESTI T, BODDANA S, YAMAN B, et al. Ultra-sonic sensor based object detection for autonomous vehicles[C]//Proceedings of the IEEE/CVF Conference on Computer Vision and Pattern Recognition (CVPR). New York: IEEE, 2023: 210 –218.

[395] DIEHL C, MAKAROW A, RÖSMANN C, et al. Time-optimal nonlinear model predictive control for radar-based automated parking[C]//Proceedings of the 11th IFAC Symposium on Intelligent Autonomous Vehicles (IAV). [S. l.: s. n.], 2022: 34 –39.

[396] DE SIMONE M C, RIVERA Z B, GUIDA D. Obstacle avoidance system for unmanned ground vehicles by using ultrasonic sensors [J]. Machines, 2018. DOI: 10. 3390/ machines6020018.

[397] SUN R, HAN K, HU J, et al. Integrated solution for anomalous driving detection based on BeiDou/GPS/IMU measurements [J]. Transportation Research Part C-Emerging Technologies, 2016, 69: 193 –207.

[398] KNOOP VL, DE BAKKER P F, TIBERIUS C, et al. Lane determination with GPS precise

point positioning[J]. IEEE Transactions on Intelligent Transportation Systems, 2017, 18 (9): 2503 – 2513.

[399] ATIA M M, HILAL A R, STELLINGS C, et al. A low-cost lane-determination system using GNSS/IMU fusion and HMM-based multistage map matching[J]. IEEE Transactions on Intelligent Transportation Systems, 2017, 18(11): 3027 – 3037.

[400] YANG P T, DUAN D L, CHEN C, et al. Multi-sensor multi-vehicle (MSMV) localization and mobility tracking for autonomous driving[J]. IEEE Transactions on Vehicular Technology, 2020, 69(12): 14355 – 14364.

[401] CAI H, HU Z Z, HUANG G, et al. Integration of GPS, monocular vision, and high definition (HD) map for accurate vehicle localization[J]. Sensors, 2018, 18(10): 16.

[402] LI X, CHEN W, CHAN C Y, et al. Multi-sensor fusion methodology for enhanced land vehicle positioning[J]. Information Fusion, 2019, 46: 51 – 62.

[403] DISSANAYAKE M W M G, NEWMAN P, CLARK S, et al. A solution to the simultaneous localization and map building (SLAM) problem[J]. IEEE Transactions on Robotics and Automation, 2001, 17(3): 229 – 241.

[404] KO S W, CHAE H, HAN K F, et al. V2X-based vehicular positioning: Opportunities, challenges, and future directions[J]. IEEE Wireless Communications, 2021, 28(2): 144 – 151.

[405] WANG J, SHAO Y M, GE Y M, et al. A survey of vehicle to everything (V2X) testing [J]. Sensors, 2019, 19(2): 334.

[406] SEHLA K, NGUYEN T M T, PUJOLLE G, et al. Resource allocation modes in C-V2X: From LTE-V2X to 5G-V2X[J]. IEEE Internet of Things Journal, 2022, 9(11): 8291 – 8314.

[407] WU L, ZHANG Z C, DANG J, et al. Frequency-domain intergroup interference coordination for V2V communications[J]. IEEE Signal Processing Letters, 2017, 24(11): 1739 – 1743.

[408] WANG H, YUAN X, CAI YF, et al. V2I-CARLA: A novel dataset and a method for vehicle reidentification-based V2I environment[J]. IEEE Transactions on Instrumentation and Measurement, 2022, 71: 2505609.

[409] PAN R Y, JIE L H, ZHANG X Y, et al. A V2P collision risk warning method based on LSTM in IOV [J]. Security and Communication Networks, 2022. DOI: 10.1155/2022/7507537.

[410] JANG W M. The 5G cellular downlink V2X implementation using V2N with spatial modulation[J]. IEEE Access, 2022, 10: 129105 – 129115.

[411] HASAN M, MOHAN S, SHIMIZU T, et al. Securing vehicle-to-everything (V2X) communication platforms[J]. IEEE Transactions on Intelligent Vehicles, 2020, 5(4): 693 – 713.

[412] ZHENG C J, FENG D Q, ZHANG S L, et al. Energy efficient V2X-enabled communications in cellular networks[J]. IEEE Transactions on Vehicular Technology, 2019, 68(1): 554 – 564.

[413] DECARLI N, GUERRA A, GIOVANNETTI C, et al. V2X sidelink localization of

connected automated vehicles[J]. IEEE Journal on Selected Areas in Communications, 2024, 42(1): 120 - 133.

[414] DUAN X T, JIANG H, TIAN D X, et al. V2I based environment perception for autonomous vehicles at intersections[J]. China Communications, 2021, 18(7): 1 - 12.

[415] WANG J Q, BIAN Y G, XU B, et al. V2I-based startup assistance system at signalized intersections[J]. Advances in Mechanical Engineering, 2015, 7(8). DOI:10.1177/1687814015 600667.

[416] NI Y Y, LI X Q, ZHAO H T, et al. An effective hybrid V2V/V2I transmission latency method based on LSTM neural network[J]. Physical Communication, 2022, 51: 101562.

[417] LIU H B, WU C, WANG H J. Real time object detection using LiDAR and camera fusion for autonomous driving[J]. Scientific Reports, 2023, 13(1): 8056.

[418] ZHANG S F, MENG X C, LIU Q, et al. Feature-decision level collaborative fusion network for hyperspectral and LiDAR classification [J]. Remote Sensing, 2023, 15 (17): 4148.

[419] FAYYAD J, JARADAT M A, GRUYER D, et al. Deep learning sensor fusion for autonomous vehicle perception and localization: A review [J]. Sensors, 2020, 20 (15): 4220.

[420] JOHN V, MITA S. Deep feature-level sensor fusion using skip connections for real-time object detection in autonomous driving[J]. Electronics, 2021, 10(4): 424.

[421] IGNATIOUS H A, EL-SAYED H, KULKARNI P. Multilevel data and decision fusion using heterogeneous sensory data for autonomous vehicles[J]. Remote Sensing, 2023, 15 (9): 2256.

[422] LOPEZCIFUENTES A, ESCUDEROVINOLO M, BESCOS J, et al. Semantic-driven multi-camera pedestrian detection[J]. Knowledge and Information Systems, 2022, 64(5): 1211 - 1237.

[423] LEE J H, CHOI J S, JEON E S, et al. Robust pedestrian detection by combining visible and thermal infrared cameras[J]. Sensors, 2015, 15(5): 10580 - 10615.

[424] SHAN Z Y, ZHU Q Q, ZHAO D N. Vehicle collision risk estimation based on RGB-D camera for urban road[J]. Multimedia Systems, 2017, 23(1): 119 - 127.

[425] CAO M C, WANG J M. Obstacle detection for autonomous driving vehicles with multi-LiDAR sensor fusion [J]. Journal of Dynamic Systems Measurement and Control-Transactions of the Asme, 2020, 142(2): 021007.

[426] WANG R, CHEN L, WANG J, et al. Research on autonomous navigation of mobile robot based on multi ultrasonic sensor fusion [C]//Proceedings of the IEEE 4th Information Technology and Mechatronics Engineering Conference (ITOEC). New York: IEEE, 2018: 720 - 725.

[427] XIE S C, YANG D G, JIANG K, et al. Pixels and 3-D points alignment method for the fusion of camera and LiDAR data [J]. IEEE Transactions on Instrumentation and Measurement, 2019, 68(10): 3661 - 3676.

[428] GU S, YANG J, KONG H, et al. A cascaded LiDAR-camera fusion network for road

detection [C]//Proceedings of the IEEE International Conference on Robotics and Automation (ICRA). New York: IEEE, 2021: 13308 – 13314.

[429] BAI X Y, HU Z Y, ZHU X G, et al. TransFusion: Robust LiDAR-camera fusion for 3D object detection with transformers [C]//Proceedings of the IEEE/CVF Conference on Computer Vision and Pattern Recognition (CVPR). New York: IEEE, 2022: 1080 – 1089.

[430] XU X L, DONG S C, XU T F, et al. FusionRCNN: LiDAR-camera fusion for two-stage 3D object detection[J]. Remote Sensing, 2023, 15(7): 1839.

[431] WANG J R, ZHU M, SUN D Y, et al. MCF3D: Multi-stage complementary fusion for multi-sensor 3D object detection[J]. IEEE Access, 2019, 7: 90801 – 90814.

[432] LI Y W, YU A W, MENG T J, et al. DeepFusion: Lidar-camera deep fusion for multi-modal 3D object detection[C]//Proceedings of the IEEE/CVF Conference on Computer Vision and Pattern Recognition (CVPR). New York: IEEE, 2022: 17161 – 17170.

[433] WANG Y S, HAN X B, WEI X X, et al. Instance segmentation frustum-pointpillars: A lightweight fusion algorithm for camera-LiDAR perception in autonomous driving [J]. Mathematics, 2024, 12(1): 22.

[434] XIAO Y X, LI Y, MENG C Z, et al. CalibFormer: A transformer-based automatic LiDAR-camera calibration network[J]. arXiv: 2311.15241, 2023.

[435] QI C Y, SONG C X, ZHANG N F, et al. Millimeter-wave radar and vision fusion target detection algorithm based on an extended network[J]. Machines, 2022, 10(8): 675.

[436] LIU Z, CAI Y F, WANG H, et al. Robust target recognition and tracking of self-driving cars with radar and camera information fusion under severe weather conditions[J]. IEEE Transactions on Intelligent Transportation Systems, 2022, 23(7): 6640 – 6653.

[437] DAS A, PAUL S, SCHOLZ N, et al. Fisheye camera and ultrasonic sensor fusion for near-field obstacle perception in bird's-eye-view[J]. arXiv: 2402.00637, 2024.

[438] NINGTHOUJAM B, NINGTHOUJAM J S, NAMRAM R S, et al. Image and ultrasonic sensor fusion for object size detection[C]//Proceedings of the 5th International Conference on Image Information Processing (ICIIP). [S. l.: s. n.], 2019: 137 – 140.

[439] LIU Y Y, CHANG S, WEI Z Q, et al. Fusing mm wave radar with camera for 3-D detection in autonomous driving[J]. IEEE Internet of Things Journal, 2022, 9(20): 20408 – 20421.

[440] CHADWICK S, MADDERN W, NEWMAN P, et al. Distant vehicle detection using Radar and Vision [C]//Proceedings of the IEEE International Conference on Robotics and Automation (ICRA). New York: IEEE, 2019: 8311 – 8317.

[441] ZEWGE N S, KIM Y, KIM J, et al. Millimeter-wave radar and RGB-D camera sensor fusion for real-time people detection and tracking[C]//Proceedings of the 7th International Conference on Robot Intelligence Technology and Applications (RiTA). [S. l.: s. n.], 2019: 93 – 98.

[442] CUI F C, ZHANG Q, WU J X, et al. Online multipedestrian tracking based on fused detections of millimeter wave radar and vision[J]. IEEE Sensors Journal, 2023, 23(14): 15702 – 15712.

[443] NESTI T, BODDANA S, YAMAN B, et al. Ultra-sonic sensor based object detection for

autonomous vehicles[C]//Proceedings of the IEEE/CVF Conference on Computer Vision and Pattern Recognition (CVPR). New York: IEEE, 2023: 210 – 218.

[444] XIAO Y H, LIU Y F, LUAN K, et al. Deep LiDAR-radar-visual fusion for object detection in urban environments[J]. Remote Sensing, 2023, 15(18): 4433.

[445] ROSERO L A, OSÓRIO F S. Calibration and multi-sensor fusion for on-road obstacle detection[C]//Proceedings of the 14th Latin American Robotics Symposium (LARS) / 5th BrazilianRobotics Symposium (SBR). [S. l. : s. n.], 2017.

[446] RAVINDRAN R, SANTORA M J, JAMALI M M. Camera, LiDAR, and radar sensor fusion based on bayesian neural network (CLR-BNN)[J]. IEEE Sensors Journal, 2022, 22(7): 6964 – 6974.

[447] WANG L C, CHEN T B, ANKLAM C, et al. High dimensional frustum pointNet for 3D object detection from camera, LiDAR, and radar[C]//Proceedings of the 31st IEEE Intelligent Vehicles Symposium (IV). New York: IEEE, 2020: 1615 – 1622.

[448] BAEK I, TAI T C, BHAT M M, et al. CurbScan: Curb detection and tracking using multi-sensor fusion[C]//Proceedings of the 23rd IEEE International Conference on Intelligent Transportation Systems (ITSC). New York: IEEE, 2020.

[449] DELL'ANNUNZIATA G N, ARRICALE V M, FARRONI F, et al. Estimation of vehicle longitudinal velocity with artificial neural network[J]. Sensors, 2022, 22(23): 9516.

[450] KUBIN L, BIANCONCINI T, DE ANDRADE D C, et al. Deep crash detection from vehicular sensor data with multimodal self-supervision[J]. IEEE Transactions on Intelligent Transportation Systems, 2022, 23(8): 12480 – 12489.

[451] XU R S, XIANG H, TU Z Z, et al. V2X-ViT: Vehicle-to-everything cooperative perception with vision transformer[C]//Proceedings of the 17th European Conference on Computer Vision (ECCV). [S. l. : s. n.], 2022: 107 – 124.

[452] SHAN M, NARULA K, WONG Y F, et al. Demonstrations of cooperative perception: Safety and robustness in connected and automated vehicle operations[J]. Sensors, 2021, 21(1): 200.

[453] KU J, MOZIFIAN M, LEE J, et al. Joint 3D proposal generation and object detection from view aggregation[C]//Proceedings of the 25th IEEE/RSJ International Conference on Intelligent Robots and Systems (IROS), New York: IEEE, 2018: 5750 – 5757.

[454] QI C R, LIU W, WU C X, et al. Frustum pointNets for 3D object detection from RGB-D data[C]//Proceedings of the 31st IEEE/CVF Conference on Computer Vision and Pattern Recognition (CVPR). New York: IEEE, 2018: 918 – 927.

[455] VORA S, LANG A H, HELOU B, et al. PointPainting: Sequential fusion for 3D object detection[C]//Proceedings of the IEEE/CVF Conference on Computer Vision and Pattern Recognition (CVPR). New York: IEEE, 2020: 4603 – 4611.

[456] HUANG T, LIU Z, CHEN X, et al. EPNet: Enhancing point features with image semantics for 3D object detection[C]//Proceedings of the 16th European Conference on Computer Vision (ECCV). [S. l. : s. n.], 2020: 35 – 52.

[457] XU S Q, ZHOU D F, FANG J, et al. FusionPainting: Multimodal fusion with adaptive

attention for 3D object detection[C]//Proceedings of the IEEE Intelligent Transportation Systems Conference (ITSC). New York: IEEE, 2021: 3047 – 3054.

[458] WANG C W, MA C, ZHU M, et al. PointAugmenting: Cross-modal augmentation for 3D object detection[C]//Proceedings of the IEEE/CVF Conference on Computer Vision and Pattern Recognition (CVPR). New York: IEEE, 2021: 11789 – 11798.

[459] BAI X Y, HU Z Y, ZHU X G, et al. TransFusion: Robust LiDAR-camera fusion for 3D object detection with transformers[C]//Proceedings of the IEEE/CVF Conference on Computer Vision and Pattern Recognition (CVPR). New York: IEEE, 2022: 1080 – 1089.

[460] HUCK T, WESTENBERGER A, FRITZSCHE M, et al. Precise timestamping and temporal synchronization in multi-sensor fusion[C]//Proceedings of the IEEE Intelligent Vehicles Symposium (IV). New York: IEEE, 2011: 242 – 247.

[461] SHAABANA A, ZHENG R. CRONOS: A post-hoc data driven multi-sensor synchronization approach[J]. Acm Transactions on Sensor Networks, 2019, 15(3): 26.

[462] LIU S, YU B, LIU Y, et al. The matter of time—A general and efficient system for precise sensor synchronization in robotic computing[C]//2021 IEEE 27th Real-Time and Embedded Technology and Application Symposium. New York: IEEE, 2021.

[463] HU H, WU J H, XIONG Z H, et al. A soft time synchronization framework for multi-sensors in autonomous localization and navigation[C]//Proceedings of the IEEE/ASME International Conference on Advanced Intelligent Mechatronics (AIM). New York: IEEE, 2018: 694 – 699.

[464] LI Y, ZHAO Z, CHEN Y, et al. A practical large-scale roadside multi-view multi-sensor spatial synchronization framework for intelligent transportation systems[J]. arXiv: 2311.04231, 2023.

[465] REHDER J, SIEGWART R, FURGALE P. A general approach to spatiotemporal calibration in multisensor systems[J]. IEEE Transactions on Robotics, 2016, 32(2): 383 – 398.

[466] 敖志刚, 唐长春, 付成群, 等. 多传感器自适应容积卡尔曼滤波融合算法[J]. 计算机应用研究, 2014, 31(5): 1312 – 1315 + 1331.

[467] 张江桥, 范平清, 陈勇. 基于主观贝叶斯多传感器数据融合的AGV精确定位研究[J]. 云南大学学报(自然科学版), 2023, 45(5): 1015 – 1021.

[468] 杨春, 郭健, 张磊, 等. 采用无迹信息滤波的多传感器容错融合算法[J]. 南京理工大学学报, 2017, 41(3): 269 – 277.

[469] 屈顺娇. 基于深度学习的多传感器信息融合车辆检测算法研究[D]. 重庆: 重庆大学, 2022.

[470] 张红, 程传祺, 徐志刚, 等. 基于深度学习的数据融合方法研究综述[J]. 计算机工程与应用, 2020, 56(24): 1 – 11.

[471] GAO X, WANG Z, FENG Y, et al. Benchmarking robustness of AI-enabled multi-sensor fusion systems: Challenges and opportunities[C]// Proceedings of the 31st ACM Joint European Software Engineering Conference and Symposium on the Foundations of Software Engineering. New York: ACM 2023: 871 – 882.

[472] 王金科, 左星星, 赵祥瑞, 等. 多源融合SLAM的现状与挑战[J]. 中国图象图形学报,

2022, 27(2): 368 – 389.

[473] 王海, 徐岩松, 蔡英凤, 等. 基于多传感器融合的智能汽车多目标检测技术综述[J].
汽车安全与节能学报, 2021, 12(4): 440 – 455.

[474] 高强, 陆科帆, 吉月辉, 等. 多传感器融合 SLAM 研究综述[J]. 现代雷达, 2024, 46
(8): 29 – 39.

[475] 刘江文, 张轩. 新能源汽车速度传感器故障检测与控制技术分析[J]. 内燃机与配件,
2024, (19): 111 – 113.

[476] 邱建琪, 沈佳晨, 史涔溦, 等. 基于残差卷积网络的多传感器融合永磁同步电机故障诊
断[J]. 电机与控制学报, 2024, 28(7): 24 – 33 + 42.

[477] 王伽豪, 那文波, 刘志威, 等. 双闭环比值控制系统传感器故障诊断方法[J]. 兵工学
报, 2024, 45(4): 1252 – 1263.

[478] 于明明, 宁玉桥, 沈诗雯, 等. 汽车网络安全实践性探索与研究[J]. 信息安全研究,
2023, 9(5): 476 – 481.

[479] 陈滢媛, 董振江, 董建阔, 等. 车联网安全防护技术综述[J]. 电信科学, 2023, 39(3):
1 – 15.

[480] 周建华, 侯英哲, 吕臣臣, 等. 智能网联汽车安全防护技术研究综述[J]. 武汉大学学
报(理学版), 2023, 69(5): 617 – 635.

[481] 罗立芳. 态势感知技术下多传感器隐私数据防篡改方法[J]. 计算机测量与控制,
2024, 32(10): 326 – 332.

[482] 韩敏娜. 基于多传感器数据融合的网络安全态势评估及预测模型研究[D]. 无锡: 江
南大学, 2013.

[483] CAO Y L, WANG N F, XIAO C W, et al. Invisible for both camera and lidar: Security of
multi – sensor fusion based perception in autonomous driving under physical-world attacks
[C]// 2021 IEEE Symposium on Security and Privacy (SP). New York: IEEE, 2021:
176 – 194.

[484] SHEN J J, WON J Y, CHEN Z Y, et al. Drift with devil: Security of multi-sensor fusion
based localization in high-level autonomous driving under GPS spoofing [C]// 29th
USENIX Security Symposium. [S. l.: s. n.], 2020: 931 – 948.

[485] 郭延永, 刘佩, 袁泉, 等. 网联自动驾驶车辆道路交通安全研究综述[J]. 交通运输工
程学报, 2023, 23(5): 19 – 38.

[486] 蒋阳升, 胡蓉, 姚志洪, 等. 智能网联车环境下异质交通流稳定性及安全性分析[J].
北京交通大学学报, 2020, 44(1): 27 – 33.

[487] 赵世佳, 徐可, 薛晓卿, 等. 智能网联汽车信息安全管理的实施对策[J]. 中国工程科
学, 2019, 21(3): 108 – 113.

[488] 方晖. 面向计算机的网络安全数据加密技术研究[J]. 无线互联科技, 2022, 19(9):
104 – 106.

[489] 刘衍斐. 基于移动通信网的端到端加密终端研究与实现[D]. 北京: 北京邮电大
学, 2009.

[490] 刘晗. 面向空地通信的多路径端到端传输安全系统研究与实现[D]. 重庆: 重庆邮电
大学, 2022.

[491] 杨久华. 基于区块链的物联网数据安全存储技术研究[D]. 南京：南京邮电大学, 2023.

[492] 周雄, 王峥, 程哲凡. 车联网中的区块链和可搜索加密数据共享方案[J/OL]. 小型微型计算机系统, 1 - 10[2025 - 02 - 21]. http：//kns. cnki. net/kcms/detail/21. 1106. TP. 20241105. 1704. 028. html.

[493] 王雨鑫, 郑东, 韩刚, 等. 基于区块链的车联网多因素跨域认证方案[J]. 信息安全研究, 2024, 10(11)：1074 - 1080.

[494] 沈卓炜, 汪仁博, 孙贤军. 基于 Merkle 树和哈希链的层次化轻量认证方案[J]. 信息网络安全, 2024, 24(5)：709 - 718.

[495] 韩明轩, 蒋文保, 郭阳楠. 基于报文哈希链的签名认证方法[J]. 计算机应用研究, 2022, 39(4)：1183 - 1189.

[496] 刘飞, 张仁斌, 李钢, 等. 基于哈希链与同步性机制的 Modbus/TCP 安全认证协议[J]. 计算机应用研究, 2018, 35(4)：1169 - 1173 + 1186.

[497] 赵长江, 刘小平, 黄永洪. 基于区块链技术的物联网数据存证标准化研究[J]. 信息技术与标准化, 2021, 9：15 - 20.

[498] 王文峰, 余雪梅, 徐冬梅. 无人系统互操作性标准化综述[J]. 中国标准化, 2020, 12：100 - 104.

[499] 黄婧璇. 无人驾驶汽车交通事故侵权责任主体认定研究[J]. 特区经济, 2024, 10：37 - 40.

[500] 陈卓毅. 无人驾驶汽车交通事故侵权的救济[J]. 大陆桥视野, 2023, 12：73 - 74 + 78.

[501] MAHMOOD A, BELTRAMELLI L, ABEDIN S F, et al. Industrial IoT in 5G-and-beyond Networks：Vision, architecture, and design trends[J]. IEEE Transactions on Industrial Informatics, 2022, 18(6)：4122 - 4137.

[502] LIN Z X, CUI H X, LIU Y. Distributed deep learning based on edge computing over Internet of vehicles：Overview, applications, and challenges[J]. IEEE Access, 2024, 12：133734 - 133747.

[503] CESARANO L, CROCE A, MARTINS L D, et al. A real-time energy-saving mechanism in Internet of vehicles systems[J]. IEEE Access, 2021, 9：157842 - 157858.

[504] SHI W S, CAO J, ZHANG Q, et al. Edge computing：Vision and challenges[J]. IEEE Internet of Things Journal, 2016, 3(5)：637 - 646.

[505] 施巍松, 张星洲, 王一帆, 等. 边缘计算：现状与展望[J]. 计算机研究与发展, 2019, 56(1)：69 - 89.

[506] JANG J, TULKINBEKOV K, KIM D H. Task offloading of deep learning services for autonomous driving in mobile edge computing[J]. Electronics, 2023, 12(15)：3223.

[507] 王宇靖. 面向后 5G 移动边缘计算系统的用户任务处理技术研究[D]. 南京：南京邮电大学, 2023.

[508] 陈钗君. 基于深度强化学习的 5G 移动边缘计算中的计算卸载研究[D]. 杭州：浙江工商大学, 2022.

[509] TALEB T, SAMDANIS K, MADA B, et al. On multi-access edge computing：A survey of the emerging 5G network edge architecture & orchestration[J]. IEEE Communications Surveys & Tutorials, 2017, 19(3)：1657 - 1681.

［510］YANG K, SUN P, YANG D K, et al. A novel hierarchical distributed vehicular edge computing framework for supporting intelligent driving[J]. Ad Hoc Networks, 2024, 153: 103343.

［511］LIU B, LUO Z Q, CHEN H B, et al. A survey of state-of-the-art on edge computing: Theoretical models, technologies, directions, and development paths［J］IEEE Access, 2022, 10: 54038 – 54063.

［512］王铭泽. 边缘云环境下的群智协同任务分配研究［D］. 烟台: 烟台大学, 2023.

［513］DAI F, LIU G Z, MO Q, et al. Task offloading for vehicular edge computing with edge-cloud cooperation［J］. World Wide Web-Internet and Web Information Systems. 2022, 25 (5): 1999 – 2017.

［514］MUSLIM N, ISLAM S, GREGOIRE J C. Offloading framework for computation service in the edge cloud and core cloud: A case study forface recognition［J］. International Journal of Network Management, 2021, 31(4): e2146.

［515］ZHANG Z R, WANG N F, WU H M, et al. MR-DRO: A fast and efficient task offloading algorithm in heterogeneous edge/cloud computing environments［J］. IEEE Internet of Things Journal, 2023, 10(4): 3165 – 3178.

［516］GOYAL V, DAS S, BERTACCO V. Hardware-friendly user-specific machine learning for edge devices［J］. ACM Transactions on Embedded Computing Systems, 2022, 21(5): 62.

［517］江炳青, 杜军, 王劲涛, 等. 面向边缘智能的通信计算一体化研究［J］. 中兴通讯技术, 2024, 30(S1): 16 – 23

［518］刘磊, 伊学君, 张佳芬. 基于边缘计算的高速光纤通信链路时延估计研究［J］. 激光杂志, 2024, 45(6): 199 – 203.

［519］WANG S G, ZHAO Y L, XU J L, et al. Edge server placement in mobile edge computing ［J］. Journal of Parallel and Distributed Computing, 2019, 127: 160 – 168.

［520］CHEN Y Y, WANG D Z, WU N L, et al. Mobility-aware edge server placement for mobile edge computing［J］. Computer Communications, 2023, 208: 136 – 146.

［521］CHEN C H, LIN M Y, LIU C C. Edge computing gateway of the industrial internet of things using multiple collaborative microcontrollers［J］. IEEE Network, 2018, 32(1): 24 – 32.

［522］HUANG J M, LI X Q, WU J J, et al. Challenges and trends in developing nonvolatile memory-enabled computing chips for intelligent edge devices［J］. IEEE Transactions on Electron Devices, 2020, 67(4): 1444 – 1453.

［523］王嘉炜, 赵小燕, 张朝晖, 等. 适用于工业物联网网关的智能边缘计算［J］. 电讯技术, 2024, 64(10): 1653 – 1658.

［524］徐策, 王俊江, 钟浩, 等. 基于物联网边缘计算的配电网故障定位方法［J］. 计算机应用与软件, 2024, 41(10): 95 – 103 + 109.

［525］MING. Exploration of the intelligent control system of autonomous vehicles based on edge computing［J］. PLoS ONE, 2023, 18(2): e0281294.

［526］KALYANI Y, COLLIER R. A systematic survey on the role of cloud, fog, and edge computing combination in smart agriculture［J］. Sensors, 2021, 21(17): 5922.

［527］ZAMORA I M A, SANTA J, MARTINEZ J A, et al. Smart farming IoT platform based on edge and cloud computing[J]. Biosystems Engineering, 2019, 177: 4 – 17.

[528] VARGA P, PETO J, FRANKO A, et al. 5G support for industrial IoT applications-challenges, solutions, and research gaps[J]. Sensors, 2020, 20(3): 828.

[529] 杜文俊, 刘超, 徐辉, 等. 高速场景下基于5G网络的内生感知技术研究[J]. 无线电通信技术, 2024: 1 – 13.

[530] RICO D, MERINO P. A survey of end-to-end solutions for reliable low-latency communications in 5G networks[J]. IEEE Access, 2020, 8: 192808 – 192834.

[531] ALJERI N, BOUKERCHE A. Mobility management in 5G-enabled vehicular networks: Models, protocols, and classification[J]. ACM Computing Surveys, 2020, 53(5): 92.

[532] NAVARRO O J, ROMERO D P, SENDRA S, et al. A survey on 5G usage scenarios and traffic models[J]. IEEE Communications Surveys & Tutorials, 2020, 22(2): 905 – 929.

[533] 唐雄. 基于5G的智能网联汽车远程驾驶平台研究[D]. 贵阳: 贵州大学, 2023.

[534] 王暖来. 5G车联网中高移动性边缘计算混合传输与信誉管理策略[D]. 青岛: 中国石油大学(华东), 2022.

[535] HASSAN N, YAU K L A, WU C. Edge computing in 5G: A Review[J]. IEEE Access, 2019, 7: 127276 – 127289.

[536] 蒋鹏. 面向移动边缘计算的节点部署与资源分配研究[D]. 重庆: 重庆大学, 2020.

[537] FANG F, WU X L. A win-win mode: The complementary and coexistence of 5G networks and edge computing[J]. IEEE Internet of Things Journal, 2021, 8(6): 3983 – 4003.

[538] WAN S H, LI X, XUE Y, et al. Efficient computation offloading for internet of vehicles in edge computing-assisted 5G networks[J]. The Journal of Supercomputing, 2020, 76: 2518 – 2547.

[539] FILALI A, ABOUAOMAR A, CHERKAOUI S, et al. Multi-access edge computing: A survey[J]. IEEE Access, 2020, 8: 197017 – 197046.

[540] 冯毅雄, 杨晨, 胡炳涛, 等. 基于5G多接入边缘计算的云化PLC系统架构设计与应用[J]. 计算机辅助设计与图形学学报, 2024, 36(1): 33 – 46.

[541] CRUZ P, ACHIR N, VIANA A C. On the edge of the deployment: A survey on multi-access edge computing[J]. ACM Computing Surveys, 2023, 55(5): 99.

[542] POCOVI G, PEDERSEN K I, MOGENSEN K. Joint link adaptation and scheduling for 5G ultra-reliable low-latency communications[J]. IEEE Access, 2018, 6: 28912 – 28922.

[543] SOLDANI D, GUO Y J, BARANI B, et al. 5G for ultra-reliable low-latency communications[J]. IEEE Network, 2018, 32(2): 6 – 7.

[544] ZHANG S L. An overview of network slicing for 5G[J]. IEEE Wireless Communications, 2019, 26(3): 111 – 117.

[545] KATSALIS K, NIKAEIN N, SCHILLER E, et al. Network slices toward 5G communications: Slicing the LTE network[J]. IEEE Communications Magazine, 2017, 55(8): 146 – 154.

[546] SHI Y M, YANG K, JIANG T, et al. Communication-efficient edge AI: Algorithms and systems[J]. IEEE Communications Surveys & Tutorials, 2020, 22(4): 2167 – 2191.

[547] KATARE D, PERINO D, NURMI J, et al. A survey on approximate edge AI for energy efficient autonomous driving services[J]. IEEE Communications Surveys & Tutorials, 2023, 25(4): 2714 – 2754.

[548] WITRISAL K, MEISSNER P, LEITINGER E, et al. High-accuracy localization for assisted living: 5G systems will turn multipath channels from foe to friend[J]. IEEE Signal Processing Magazine, 2016, 33(2): 59 – 70.

[549] 王耀武, 刘景成. 基于5G网络的高精度定位研究[J]. 信息通信, 2019, 11: 258 – 260.

[550] LI Y N, YU Y, SUSILO W, et al. Security and privacy for edge intelligence in 5G and beyond networks: Challenges and solutions[J]. IEEE Wireless Communications, 2021, 28 (2): 63 – 69.

[551] PREMALATHA B, PRAKASAM P. A review on FoG computing in 5G wireless technologies: Research challenges, issues and solutions [J]. Wireless Personal Communications, 2024, 134(4): 2455 – 2484.

[552] TRAN T X, HAJISAMI A, PANDEY P, et al. Collaborative mobile edge computing in 5G networks: New paradigms, scenarios, and challenges [J]. IEEE Communications Magazine, 2017, 55(4): 54 – 61.

[553] BHAT S A, SOFI I B, CHI C Y. Edge computing and its convergence with blockchain in 5G and beyond: Security, challenges, and opportunities[J]. IEEE Access, 2020, 8: 205340 – 205373.

[554] NYANGARESI V O, RODRIGUES A J. Efficient handover protocol for 5G and beyond networks[J]. Computers & Security, 2022, 113: 102546.

[555] 王永江, 孙文静, 张凌, 等. 物联网环境下的边缘算力部署研究[J]. 智能物联技术, 2024, 56(5): 149 – 152.

[556] 李菡. 动态边缘计算场景中资源预部署和迁移调度方法研究[D]. 北京: 北京邮电大学, 2024.

[557] 郭飞雁. 移动边缘计算环境下微服务部署与组合优化方法研究[D]. 湘潭: 湖南科技大学, 2023.

[558] ALSUBHI K. A secured intrusion detection system for mobile edge computing[J]. Applied Sciences-Basel, 2024, 14(4): 1432.

[559] OMETOV A, MOLUA O L, KOMAROV M, et al. A survey of security in cloud, edge, and fog computing[J]. Sensors, 2022, 22(3): 927.

[560] ZHANG J L, CHEN B, ZHAO Y C, et al. Data security and privacy-preserving in edge computing paradigm: Survey and open issues[J]. IEEE Access, 2018, 6: 18209 – 18237.

[561] SUN G F, XING X S, QIAN Z J, et al. Edge computing assisted privacy-preserving data computation for IoT devices[J]. Computer Communications, 2021, 166: 208 – 215.

[562] 贾园园, 方圆, 周文静. 面向边缘计算的数据安全防护技术[J]. 信息与电脑(理论版), 2023, 35(20): 223 – 225.

[563] 常敬超. 移动边缘计算接入安全防护技术研究[D]. 郑州: 中国人民解放军战略支援部队信息工程大学, 2023.

[564] 张伟成, 卫红权, 刘树新, 等. 移动边缘计算安全防护机制研究[J]. 信息工程大学学报, 2021, 22(5): 523 – 529.

[565] 刘大庆, 刘搏方, 石乐洋. 基于边缘计算的物联网安全架构[J]. 科学技术创新, 2021, 31: 88−90.

[566] WANG Z H, JIANG D D, WANG F, et al. A polymorphic heterogeneous security architecture for edge-enabled smart grids[J]. Sustainable Cities and Society, 2021, 67: 102661.

[567] SADIQUE K M, RAHMANI R, JOHANNESSON P. IMSC-EIoTD: Identity management and secure communication for edge IoT devices[J]. Sensors, 2020, 20(22): 6546.

[568] 王海峰. 基于同态加密的区块链和边缘计算隐私保护研究[D]. 湘潭: 湖南科技大学, 2022.

[569] 生晓斐. 边缘计算中的数据加密方案研究[D]. 曲阜: 曲阜师范大学, 2020.

[570] 林硕, 谢泓珊, 韩忠华, 等. 面向边缘计算的网络入侵检测方法研究[J]. 控制工程, 2024, 31(7): 1229−1236.

[571] BOZKAYA A E. Blockchain-based secure content caching and computation for edge computing[J]. IEEE Access, 2024, 12: 47619−47629.

[572] WANG H Y, AN J W. Dynamic stochastic game-based security of edge computing based on blockchain[J]. The Journal of Supercomputing, 2023, 79(14): 15894−15926.

[573] 孙帆, 雷旭, 李存华. 一种基于安全多方计算的边缘学习协议[J]. 江苏海洋大学学报 (自然科学版), 2023, 32(4): 84−89.

[574] 刘奇. 移动边缘计算中元数据多方安全检索方法研究[D]. 武汉: 华中科技大学, 2021.

[575] 顾笛儿, 卢华, 谢人超, 等. 边缘计算开源平台综述[J]. 网络与信息安全学报, 2021, 7(2): 22−34.

[576] 梁家越, 刘斌, 刘芳. 边缘计算开源平台现状分析[J]. 中兴通讯技术, 2019, 25(3): 8−14.

[577] ZHANG J N, LU C Q, CHENG G, et al. A blockchain-based trusted edge platform in edge computing environment[J]. Sensors, 2021, 21(6): 2126.

[578] 胡忠波, 贾芝婷, 王素贞. 边缘计算关键技术分析及应用平台比较研究[J]. 河北省科学院学报, 2021, 38(5): 41−49.

[579] 郭雄, 杨宏, 汪晶晶, 等. 基于 EdgeX Foundry 的边缘数据采集平台的设计与实现[J]. 自动化与仪器仪表, 2022, 10: 98−102.

[580] 孙钰茗, 郭成, 方正云. 基于 Edgex Foundry 的配电网无功电压云边协同控制方法研究[J]. 电力系统保护与控制, 2023, 51(21): 126−135.

[581] 宋志伟. 基于 OpenStack 的高校大数据实践云平台构建和实践探究[J]. 电脑知识与技术, 2024, 20(2): 59−62.

[582] 梅俊. Openstack 平台构建及应用实例[J]. 电脑与信息技术, 2023, 31(6): 58−61.

[583] 陈周欢, 杨云海, 张良. 基于 KubeEdge 的边缘计算管理平台的设计与开发[J]. 现代信息科技, 2024, 8(9): 91−96.

[584] 赵航, 刘胜, 罗坤, 等. 面向 KubeEdge 边缘计算系统应用研究[J]. 智能科学与技术学报, 2022, 4(1): 118−128.

[585] SENJAB K, ABBAS S, AHMED N, et al. A survey of Kubernetes scheduling algorithms

[J]. Journal of Cloud Computing, 2023, 12(1): 87.

[586] 马千里, 王通, 邵帅, 等. 路测环境下无人驾驶小巴复杂场景运行评价[J]. 交通运输系统工程与信息, 2024, 24(4): 300 – 310.

[587] 陆佳炜. 智能驾驶在现代物流中的应用及前景[J]. 重型汽车, 2024, 1: 41 – 42.

[588] 严健容. 高速场景下基于驾驶风格辨识的换道意图识别及轨迹预测模型研究[D]. 重庆: 重庆交通大学, 2024.

[589] 魏超, 吴西涛, 朱耿霆, 等. 基于视觉相机和激光雷达融合的无人车障碍物检测与跟踪研究[J]. 机械工程学报, 2025, 61(2): 296 – 309 + 320.

[590] 牛国臣, 田一博, 熊渝. 融合毫米波与激光雷达的障碍物检测与跟踪方法[J]. 北京航空航天大学学报, 2024, 50(5): 1481 – 1490.

[591] 钱伍, 王国中, 李国平. 改进 YOLOv5 的交通灯实时检测鲁棒算法[J]. 计算机科学与探索, 2022, 16(1): 231 – 241.

[592] 吴国庆, 王星星, 张旭东, 等. 基于图像处理的交通灯检测技术[J]. 现代电子技术, 2017, 40(8): 103 – 106.

[593] 杨环宇, 高潇, 杨丽君, 等. 基于多尺度特征融合的双模态行人检测方法[J]. 南京理工大学学报, 2024, 48(5): 650 – 660 + 533.

[594] 陈舒静, 蒙祖强. 多模态特征融合的行人检测算法[J]. 计算机工程与设计, 2024, 45(10): 3017 – 3025.

[595] DOLLAR P, WOJEK C, SCHIELE B, et al. Pedestrian detection: A benchmark[C]// Proceedings of 2009 IEEE Conference on Computer Vision and Pattern Recognition. New York: IEEE, 2009: 304 – 311.

[596] CHOI H J, LEE Y S, SHIM D S, etal. Effective pedestrian detection using deformable part model based on human model[J]. International Journal of Control, 2016, 14(6): 1618 – 1625.

[597] 秦文清, 赵尔敦, 王永强. 基于局部消失点的车道线检测方法研究[J/OL]. 计算机工程与应用, 1 – 15[2025 – 02 – 24]. http://kns. cnki. net/kcms/detail/11. 2127. TP. 20241106. 1604. 016. html.

[598] 蒋源, 张欢, 朱高峰, 等. 融合多尺度特征的残差车道线检测网络[J]. 测绘通报, 2024, 10: 71 – 76.

[599] 袁守利, 郭铮. 考虑驾驶员反应时间的车辆碰撞预警模型[J]. 安全与环境学报, 2021, 21(1): 270 – 276.

[600] 杨澜, 杨一鹏, 刘松岩, 等. 考虑前车制动意图的自动紧急制动策略及其测试评价方法[J]. 汽车技术, 2024, 2: 25 – 32.

[601] 杨贺博, 张小俊, 罗耿耿, 等. 基于动态碰撞时间的自动紧急制动策略设计[J]. 汽车技术, 2024, 2: 17 – 24.

[602] 田杰, 叶青. 自动泊车发展现状及运动规划研究进展[J]. 科学技术与工程, 2024, 24(21): 8825 – 8836.

[603] 陈晓明, 李柏, 范丽丽, 等. 自动泊车运动规划方法综述[J]. 控制与信息技术, 2024, 1: 1 – 13.

[604] LI Z H, XIE L, HU C, et al. A rapid iterative trajectory planning method for automated parking through differential flatness [J]. Robotics and Autonomous Systems, 2024,

182：104816.

[605] 杨明珠. 基于边缘计算的自动驾驶高精地图建图与定位方法[J]. 自动化博览，2019，9：30 - 33.

[606] 唐旭. 视觉 - 激光融合的机器人室内高精度定位和建图方法研究[D]. 天津：河北工业大学，2020.

[607] PENDAO C，MOREIRA A. FastGraph enhanced：High accuracy automatic indoor navigation and mapping[J]. IEEE Transactions on Mobile Computing，2021，20(3)：1027 - 1045.

[608] YANG X Q，FENG R C，XU P C，et al. Internet-of-things-augmented dynamic route planning approach to the airport baggage handling system[J]. Computers & Industrial Engineering，2023，175：108802.

[609] 任芳. 机场物流系统无人化升级[J]. 物流技术与应用，2021，26(4)：115 - 116.

[610] 驭势科技. 全球首个机场行李运输无人物流车项目落地香港[J]. 物流技术与应用，2020，25(3)：84 - 86 + 88.

[611] 薛忠新，欧阳敏，毕跃起，等. 矿用无人驾驶电动皮卡车底层设计与整车改造[J]. 煤炭工程，2022，54(10)：188 - 192.

[612] 程铄棋，伊力哈木 · 亚尔买买提，谢丽蓉，等. 露天矿山下无人矿卡的轻量级障碍检测算法研究[J/OL]. 煤炭科学技术，1 - 12[2025 - 02 - 24]. http：//kns. cnki. net/kcms/detail/11. 2402. td. 20240806. 1638. 003. html.

[613] 张伦，高振飞，白仁喜. 露天煤矿矿卡无人驾驶系统安全技术方法研究[J]. 工矿自动化，2023，49(S2)：115 - 117 + 121.

[614] 郭晓晗，彭理群，马定辉. 基于车联网 BSM 数据与路侧视频融合的港口集装箱卡车碰撞危险辨识方法[J]. 交通信息与安全，2023，41(1)：1 - 12.

[615] 史学鑫，丁同文，郑宇飞，等. 基于无人集卡的自动化集装箱码头仿真研究[J]. 港工技术，2022，59(5)：15 - 17 + 25.

[616] 邓明浩，赵令民，甘子觋，等. 自动化集装箱码头无人车队智能管控平台研发[J]. 港口装卸，2024，4：32 - 35.

[617] 于越. 基于时空联合规划的无人车轨迹规划算法研究[D]. 长春：吉林大学，2024.

[618] 高瞩，丁栋，姜乾喆，等. 基于场景交互理论的智能道路清扫车安全设计研究[J]. 包装工程，2023，44(6)：410 - 419.

[619] 熊璐，李志强，姚杰. 面向低速清扫车的信息融合车辆跟踪方法[J]. 中国公路学报，2019，32(6)：61 - 70.